DEPORTE, OCIO Y NACIONALIZACIÓN EN BRASIL Y ESPAÑA

DEPORTE, OCIO Y NACIONALIZACIÓN EN BRASIL Y ESPAÑA

DIÁLOGOS TRANSNACIONALES

Carles Santacana y Cleber Dias
(eds.)

Sílex

Esta publicación forma parte de los trabajos del Grup de Recerca Consolidat del CEHI de la Universitat de Barcelona, financiado por el SGR 01079 (Generalitat de Catalunya).

Editor: Ramiro Domínguez Hernanz

C/ San Gregorio, 8, 2, 2ª Madrid
España
www.silexediciones.com

ISBN: 978-84-10267-75-6
Depósito Legal: M-28350-2024
Colección: Sílex Universidad

Impreso y encuadernado en España

CONTENIDO

Sílex Universidad es una colección de Historia nacida hace más de 20 años para publicar novedades historiográficas y transportar una historia crítica, analítica y rigurosa.

Colección Sílex Universidad

El presente libro ha sido evaluado por el sistema de revisión por pares académicos.
Los dictámenes correspondientes están depositados en el seno de la editorial.

La editorial Sílex ocupa la posición n.º 6 del *Scholarly Publishers Indicators in Humanities and Social Sciences* (SPI) de 2022 en prestigio editorial en la disciplina de Historia con un ICEE de 84.

Propuestas de publicación

Las propuestas de edición serán enviadas a:
gestion@silexediciones.com
en un archivo pdf. La colección se pondrá en contacto con el remitente para informarle del proceso de revisión por pares, las condiciones de edición y su potencial programación.

INTRODUCCIÓN

La organización de campos académicos dedicados al estudio del deporte y del ocio se remonta aproximadamente a la década de 1970. Fue en esta época cuando se fundaron asociaciones científicas y revistas académicas íntegramente dedicadas a estos temas. La *Leisure Studies Association*, por ejemplo, se creó en Inglaterra en 1975 y pronto lanzó la revista *Leisure Studies*, que está en circulación y sirve como un importante vehículo para difundir las investigaciones sobre el tema hasta hoy. Al otro lado del Atlántico, en 1972 se creó la *North American Society for Sport History*, que poco después lanzó su *Journal of Sport History*. Hasta principios de los años 1980, además de estas iniciativas, se crearon aún la *British Society of Sports History* y publicaciones como el *Journal of Sport History y* el *International Journal of the History of Sport*, entre otras iniciativas del género.

Diferentes factores se pueden señalar como relevantes para explicar el surgimiento de estos campos de estudio, que tenían una orientación más interdisciplinaria, como es el caso de los "estudios del ocio", o se referían a determinadas especialidades disciplinarias, como es el caso de la "historia del deporte". Por un lado, un contexto social de relativa prosperidad económica, crecimiento demográfico y expansión de los cursos universitarios en los Estados Unidos y en partes de la Europa occidental. La ampliación del número de estudiantes universitarios, asociado a una lenta pero creciente reducción de la jornada laboral, creó circunstancias favorables para la incorporación de preocupaciones sobre el uso del tiempo libre en asociaciones y publicaciones científicas.[1]

Por otro lado, no menos importante, también se produjeron transformaciones teóricas en los paradigmas que guiaron el estudio de diversos fenómenos sociales en esta misma época. Generalmente

[1] Hans Mommas (ed.), *Leisure Research in Europe: Methods and Traditions*, Cab Intl, Wallingford, 1997.

identificada como "giro cultural", esta transformación teórica afectó a varias disciplinas de las Humanidades. En Historia, específicamente, la creciente asimilación de estas influencias dio como resultado lo que convencionalmente se llama "historia cultural".[2] En este contexto, temas hasta entonces desatendidos fueron gradualmente incorporados como legítimos. Este fue precisamente el caso de los temas de ocio y de los deportes.[3] Los escritos sobre deportes hechos precisamente en esta época por influyentes teóricos sociales como Norbert Elias y Pierre Bourdieu son una prueba más de estas mismas transformaciones.

El horizonte teórico de estas primeras investigaciones sobre ocio y deporte tenía una fuerte inclinación multidisciplinar; es decir, era común que la investigación sobre los deportes tuviera en cuenta el ocio, de manera más general. Sin embargo, con el tiempo, este enfoque se perdió en favor de una creciente especialización. Los estudiosos del deporte y del ocio se distinguieron cada vez más, hasta el punto de formar comunidades académicas separadas e independientes; especies de guetos universitarios con sus propias asociaciones, congresos y publicaciones. Se construyó así un muro entre los estudiosos del deporte y del ocio. Además de competir entre sí en el mercado académico por la distribución de prestigio y recursos financieros para la investigación, los especialistas en ocio o deportes también pueden tener visiones conceptuales divergentes acerca de sus respectivos objetos de investigación, por muy cercanos y similares que puedan ser en la práctica.

Además de la creciente especialización, otro aspecto destacado en el desarrollo del estudio de estos fenómenos, algo que también ocurre en otros ámbitos, fue el mantenimiento del confinamiento de las áreas de investigación a las fronteras nacionales. Con pocas excepciones, los enfoques transnacionales o comparativos nunca

---

[2] Victoria E. Bonnell y Lynn Hunt (eds.), *Beyond the Cultural Turn: New Directions in the Study of Society and Culture*, University of California Press, London, 1999.

[3] Victor Andrade de Melo, *Esporte e lazer: conceitos – uma introdução histórica*, Apicuri, Rio de Janeiro, 2010; Amy Bass, "State of the field: Sports history and the "cultural turn", *The Journal of American History*, 101(1), (2014), pp. 148-172.

fueron comunes, por lo que cada investigador tendió a limitar en gran medida su conocimiento a la bibliografía sobre su propio país.

Los años en que se estaba fraguando el interés académico internacional por estos temas coincidieron con una etapa de la historia de España marcada por el final de la dictadura franquista y la transición a la democracia. Años en que el lógico interés por las cuestiones políticas no solo eran una vivencia ciudadana, sino que se trasladaban también a los sectores interesados en las humanidades y las ciencias sociales. Además, el uso que la dictadura franquista hizo del deporte alejó a la intelectualidad de izquierdas del interés por estudiar este fenómeno, que se zanjaba rápidamente considerándolo el nuevo opio del pueblo. Las excepciones a esa tendencia fueron mínimas, aunque vale la pena señalar el papel que desempeñó el escritor y periodista Manuel Vázquez Montalbán, que ya en esa época mostró interés en analizar el deporte y la cultura popular en una clave social y política. Al margen de casos particulares, las circunstancias que se han relatado explican que el interés científico por estas cuestiones experimentara un notable retraso. No fue, por ejemplo, hasta 1990 que Jorge Uría, referente imprescindible entre los historiadores contemporaneístas en relación al ocio, presentó su tesis doctoral –*Estructuras del ocio y de la cultura en la España contemporánea*–, a partir de la cual ha desarrollado un extenso programa de investigación sobre fiestas, sociabilidad y espacios de ocio, conectado metodológicamente con la historia social. En el caso del deporte, los análisis académicos que entendían su objeto de estudio como una parte de la historia de la sociedad también tardaron en aparecer. Al margen del caso aislado de la tesis de José Florit, de 1971, no fue hasta finales de la década de 1980 que empezaron aparecer algunos trabajos que se inspiraban en referentes como Norbert Elias, Eric Dunnig, Pierre Arnaud, y otros autores, especialmente franceses, italianos y anglosajones. Entre estos trabajos pioneros cabe señalar el de Duncan Shaw, que en 1987 publicó *Fútbol y franquismo*[4], el dossier que publicó *Revista de Occidente* en 1986 y los de Xavier Pujadas y Carles Santacana, que en 1990 publicaron *L'altra olimpiada. Barcelona'36. Esport, societat i*

[4] Duncan Shaw, *Fútbol y franquismo*, Alianza, Madrid, 1987.

política a Catalunya (1900-1936)[5], al que siguió una extensa producción de los mismos autores a lo largo de esa misma década. También se despertó un interés desde la sociología, con trabajos pioneros de Manuel García Ferrando[6], Núria Puig[7] y Francisco Lagardera[8]. Se estaban poniendo unas bases que alcanzarían un notable desarrollo en las décadas siguientes, con una profusión de investigadores y una diversificación de los temas de trabajo, que quedaron reflejados en la obra que sintetizaba estos avances. Se trata de *Atletas y ciudadanos. Historia social del deporte en España, 1870-2010*[9], coordinada en 2011 por Xavier Pujadas, en la que once investigadores sintetizaron los conocimientos acumulados hasta esa fecha. La introducción de esta obra dedica unas interesantes páginas a describir los avances de la historiografía del deporte en España, resaltando los principales temas de investigación y los autores de referencia. La trayectoria expuesta allí, reciente pero rica y diversificada es la que permite ofrecer nuevas perspectivas en el libro que el lector tiene en sus manos.

En Brasil, el estudio de la historia del ocio y del deporte se remonta a finales de los años 1970 y principios de los años 1980. En ese momento, los estudios sobre estos temas eran aún escasos, pero tuvieron gran influencia en las discusiones posteriores sobre estos temas, que poco a poco crecieron en extensión. La asimilación de reflexiones sobre la historia cultural y especialmente la llamada "historia desde abajo", con el historiador inglés Edward Thompson como principal referente, impulsó el inicio de investigaciones sobre la vida cotidiana y la cultura, incluidos diversos hábitos de ocio. El libro *Trabalho, Lar e Botequim* [*Trabajo, Hogar y Tabernas*], de Sidney Chalhoub, publicado por primera vez en 1986, pero presentado originalmente poco antes como tesis de master, sigue siendo una referencia importante en

[5] Carles Santacana y Xavier Pujadas, *L'altra olimpíada. Barcxelona'36. Esport, societat i política a Catalunya (1900-1936)*, Llibres de l'Índex, Badalona, 1990.

[6] Manuel García Ferrando, *Aspectos sociales del deporte. Una reflexión sociológica*, Alianza, Madrid, 1990.

[7] El primer libro de su extensa producción, en coautoria con Ángel Zaragoza, *Oci, esport i societat*, Promociones y Publicaciones Universitarias, Barcelona, 1990.

[8] Francisco Lagardera, "Notas para una historia social del deporte en España", *Historia de la educación*, 14-15 (1996), pp. 151-172.

[9] Xavier Pujadas (coord.), *Atletas y ciudadanos. Historia social del deporte en España 1870-2010*, Alianza, Madrid, 2011.

este sentido.[10] Posteriormente se desarrollaron varias investigaciones dedicadas a la historia de las fiestas, de las sociabilidades formales e informales, o de diversas actividades culturales específicas, como el teatro, el cine y también los deportes, constituyendo actualmente una rica y diversa masa crítica.[11] Los deportes, específicamente, tuvieron a los antropólogos como pioneros, con énfasis en las investigaciones lideradas por Roberto da Matta, quien poco antes también había analizado el carnaval.[12] Como ocurrió en España y en otros lugares, hasta entonces, el registro predominante sobre el deporte acentuaba la dimensión supuestamente alienante de estas prácticas, es decir, el deporte como "opio del pueblo". Estas primeras investigaciones antropológicas, sin embargo, intentaron cuestionar estas miradas, criticándolas por su simplicidad y también por su distancia elitista de los puntos de vista populares. Los historiadores, por su parte, tardaron un poco más en interesarse en el ámbito deportivo. Solamente a finales de los años 90 y especialmente a partir de principios de los años 2000 se escribieron las primeras tesis doctorales y luego los primeros libros académicos sobre la historia del deporte en Brasil, con énfasis en las obras de Leonardo Affonso de Miranda Pereira y Víctor Andrade de Melo, que siguen como referencias importantes. Actualmente, el tema cuenta con una extensa bibliografía, como lo demuestran los capítulos de este volumen.[13]

Este libro intenta desarrollar una mirada alternativa a dos características que se han consolidado en el estudio del ocio y del deporte:

---

[10] Sidney Chalhoub, *Trabalho, lar e botequim: o cotidiano dos trabalhadores no Rio de Janeiro da belle époque*, Editora da Unicamp, Campinas, 2001.

[11] Para una visión sobre la historiografía brasileña sobre el ocio: Dias, Cleber, "Introdução", en Cleber Dias (org.), *História das indústrias culturais em Minas Gerais*, Mercado das Letras, Campinas, 2023, pp. 9-33; Andrea Marzano e Victor Andrade de Melo (orgs.), *Vida divertida*: histórias do lazer no Rio de Janeiro (1830-1930), Rio de Janeiro, Apicuri, 2010.

[12] La obra sobre el fútbol es Roberto DaMatta y *et al.*, *Universo do futebol: esporte e sociedade*, Pinakotheke, Rio de Janeiro, 1982. La obra sobre el carnaval es Roberto DaMatta, *Carnavais, Malandros e Heróis: para uma sociologia do dilema brasileiro*, Rocco, Rio de Janeiro, 1979.

[13] Además de lo que se ve en los capítulos de este libro, se pueden encontrar síntesis temáticas y bibliográficas en Mary del Priore e Victor Andrade de Melo (orgs.), *História do esporte no Brasil: do Império aos dias atuais*, Unesp, São Paulo, 2009; Victor Andrade de Melo (org.), *Os sports e as cidades brasileiras*: *transição dos séculos 19 e 20*, Apicuri, Rio de Janeiro, 2010.

la separación de estos temas, por un lado, y el confinamiento a las fronteras nacionales con poca o ningún esfuerzo comparativo, de otro. Por lo demás, buscamos también un enfoque integrador, tanto en lo que respecta a las evidentes relaciones del deporte como forma de ocupar el tiempo libre, como en una comparación entre estos fenómenos en España y Brasil.

Una aproximación entre las historiografías de estos países puede ser bastante oportuna, pues el desarrollo histórico del ocio y de los deportes en Brasil y España, llenos de particularidades, por supuesto, tienen también importantes puntos de contacto. La historia del teatro en Brasil en el periodo colonial (1500-1822), por ejemplo, estuvo muy influenciada por la dramaturgia de España antes que esta influencia fuese sustituida por autores de Italia y Francia. Autores del Siglo de Oro español, como Francisco Calderón de la Barca, estuvieron entre los más conocidos y difundidos en Brasil durante este periodo. De hecho, hasta finales del siglo XVIII, el castellano era lengua corriente en los círculos literarios brasileños.[14] Posteriormente, hacia mediados del siglo XIX, algunos de los llamados "géneros chicos" del teatro español, en particular la zarzuela, también gozaron de relativa popularidad en Brasil, en particular debido al atractivo sensual que ejercían las mujeres.[15] Poco después, inmigrantes de España (así como también de Italia y Francia), jugaron un papel histórico relevante en el desarrollo de la industria del entretenimiento en Brasil. Francisco Serrador, por ejemplo, nacido en Valencia en 1872 y que llegó a Brasil en 1887, donde vivió hasta el final de su vida, fue uno de los mayores empresarios del sector del entretenimiento en Brasil a principios del siglo XX.[16] Propietario de decenas de cines, hoteles y casinos, el nombre de Francisco Serrador está literalmente escrito en el paisaje histórico de la cultura brasileña: hay una estatua suya en el centro de una de las plazas más importantes y concurridas de

[14] Décio de Almeida Prado, "Entreato hispânico e itálico", en João Roberto Faria (dir.). *História do teatro brasileiro*, Perspectiva e Edições Sesc-SP, São Paulo, 2012.

[15] Joana Marins Saraiva, *Diálogos transatlânticos: a circulação da habanera nas cidades do Rio de Janeiro e Buenos Aires (1850-1888)*, Tesis (Doutorado em Música), Universidade Federal do Estado do Rio de Janeiro, 2020, p. 86.

[16] Julio Lucchesi Moraes, *São Paulo, Capital Artística: a cafeicultura e as artes na Belle Époque (1906-1922)*. Beco do Azougue, Rio de Janeiro, 2014.

Rio de Janeiro (Cinelândia). Finalmente, como un ejemplo más de esta histórica relación comercial, cultural y transatlántica entre Brasil y España, a principios de la década de 1930, Fausto y Jaguaré, los primeros futbolistas brasileños que marcharan afuera para jugar en clubes europeos, tenían como destino el poderoso Futbol Club Barcelona. Tras una larga disputa sobre el valor moral del amateurismo, como ocurrió de forma muy similar en otros innumerables países, el inicio del traslado de estos jugadores a España precipitó la profesionalización del fútbol en Brasil.[17] Por otro lado, la presencia de jugadores extranjeros en los clubes de fútbol españoles luego se ha convertido en una cuestión política importante en España, como analiza Santacana en uno de los capítulos de este libro.

No cabe duda que plantear estas cuestiones en un ejercicio comparativo es estimulante y arriesgado al mismo tiempo. Estimulante porque sitúa las dinámicas particulares en un horizonte más amplio, en que realidades que parecen obvias en un país no lo son de forma automática en otro, aunque los grandes temas de fondo siempre son coincidentes. En el caso del volumen que ahora presentamos nadie duda de la interconexión entre el ocio y la estratificación social, en el papel de las actividades lúdicas como reflejo de los cambios sociales, y también de las disputas por la hegemonía. Un ámbito de actividad en que además juegan un papel importante las formas de adopta la religiosidad. Así, pues, la codificación de estas actividades es un elemento clave en la consolidación de la sociedad contemporánea, que aquí vemos reflejados en los trabajos de Cleber Dias y Jordi Roca, que se reúnen en la primera parte del libro, dedicada al ocio festivo y su significación social. En el caso brasileño observamos la concatenación de diversos factores, marco en el que toma protagonismo la realidad esclavista, que actúa como una decisiva línea divisoria social, que posteriormente es sustituida por la diversidad racial, que marca también el papel de cada grupo en los carnavales. La investigación sobre la ciudad de Barcelona parte también del análisis social del

[17] João Manuel Casquinha Malaia Santos, *Revolução Vascaína (1915-1934): a profissionalização do futebol e a inserção sócioeconômica de negros e portugueses no Rio de Janeiro do início do século XX*. Tesis (Doutroado em História Econômica), Universidade de São Paulo, 2010.

carácter del Carnaval, pero en una sociedad donde la cuestión racial era inexistente, y en que la cuestión central era la pugna entre las clases sociales surgidas en el marco de la industrialización capitalista que desarrollaba también una industria del ocio. Los dos trabajos coinciden en otorgar una atención notable a la sociabilidad, formal e informal, que se desarrolló en relación a los carnavales, con las oportunas distinciones entre las sociedades elitistas y las de corte popular.

La segunda parte está dedicada a analizar el deporte como agente de nacionalización de la población y ámbito en que también se manifiesta la acción de los distintos agentes políticos y del mismo estado. En cuanto al papel del deporte como elemento de nacionalización Euclides Freitas pone el acento en el fútbol, como máxima muestra de ligazón entre las supuestas características de la nación brasileña y su expresión deportiva. En un viaje por todo el siglo XX y los inicios del XXI, propone una lectura crítica de la identificación entre el genio brasileño y una forma especial de practicar el fútbol, que sería para algunos un elemento fundamental de una supuesta identidad brasileña. También estudia el uso del fútbol, y de algunas de sus figuras por parte de las distintas etapas de gobiernos dictatoriales, y señala finalmente la apropiación de una identidad nacional asociada al fútbol por parte del bolsonarismo, que tendría como consecuencia la crisis de esa representación nacional, puesto que no sería compartida por el conjunto de la sociedad. También en el caso español, trazado por Carles Santacana, hubo en el pasado intentos de atribuir un carácter genuino al fútbol hispánico, a partir del mito de la "furia española", explotado largo tiempo, pero que era más difícil de atribuir a los éxitos logrados al margen de la selección nacional. Es el caso de la transcendencia de los éxitos del Real Madrid en los años cincuenta, con jugadores extranjeros decisivos. Más allá de la cronología de este texto, se podría añadir que los éxitos de la selección en el siglo XXI se explicaron a través de un estilo de juego opuesto al de la "furia". Este capítulo señala también una característica específica, que son los proyectos nacionalistas alternativos, singularmente el catalán y el vasco, que han intentado visualizarse públicamente también a través del deporte, por ejemplo con el reconocimiento de selecciones deportivas propias de carácter nacional, circunstancia que no se ha producido Más allá de la implicación de las instituciones públicas en el uso del deporte como elemento de nacionalización, es evidente que los estados no han podido ni querido obviar la presencia de las actividades deportivas promovidas por la sociedad civil, y han desarrollado políticas específicas en relación al deporte. Joao Manuel Casquinha Malaia pone el énfasis en las íntimas relaciones entre el estado brasileño y las élites al definir la intervención pública en el caso brasileño. Documenta innumerables casos concretos de relaciones personales entre dirigentes de clubs y organismos públicos, que denotan una comunión de intereses de sectores significativos de la élite social. Unos lazos y un intervencionismo que se mantuvo más allá de los cambios de régimen político, ya fuese con la construcción de estadios, ya fuese con la organización de eventos internacionales. En un recorrido cronológico amplio, el texto pone de manifiesto la continuidad de estos elementos en las grandes competiciones internacionales organizadas por Brasil en los inicios del siglo XXI. El contrapunto a este relato lo establece Sixte Abadia refiriéndose a la política pública española, en este caso centrada en el período democrático que se abrió a partir de 1975-78 y hasta la actualidad. Abadia señala que la atención del estado por el deporte inició entonces un ciclo histórico totalmente nuevo, que rompía absolutamente con la política de la dictadura. Oficialmente, el acceso al deporte fue reconocido como un derecho del conjunto de la sociedad, que se fue concretando a partir de diversas leyes, que configuraron un sistema en el que intervenía el estado central, las comunidades autónomas y los municipios. El artículo expone el peculiar sistema de gobernanza deportiva del estado español, consecuencia del papel que tienen las comunidades autónomas y los municipios en los servicios del estado del bienestar, entre los cuáles el acceso a la práctica deportiva. Estas administraciones públicas lograron ampliar muy notablemente el número de practicantes, aunque no consiguieron erradicar algunas desigualdades sociales y de género, que se siguen manifestando en la actualidad, aunque notablemente disminuidas. Cierran la segunda parte dos artículos centrados en las implicaciones políticas de los grupos de animación en los estadios, un fenómeno que llama la atención sobre las interrelaciones entre las culturas juveniles, la politización social, la violencia y el deporte. Felipe Tavares Lopes presenta el panorama brasileño referido a los años del gobierno de Jair Bolsonaro, centrando su análisis en la pugna entre grupos de hinchas de fútbol de distintas adscripciones ideológicas. Frente a una idea preconcebida que en muchas ocasiones asocia esos grupos a la extrema derecha, Tavares estudia la trayectoria de grupos de hinchas de los tres principales clubs de la ciudad de Sao Paulo de carácter antifascista, definiendo cuál es su imaginario y sus formas de actuación. El exhaustivo trabajo de campo del autor le permite proponer unas conclusiones que cuestionan tesis tradicionales, como por ejemplo la que considera que el fútbol es una variante del "opio del pueblo". Contrariamente, en el texto se propone considerar el fútbol como una actividad cuyos significados están en disputa, a los que cabe interrogar en cada caso concreto. Por su parte, Carles Viñas traza un recorrido sobre lo que denomina "hinchadas radicales", denominación que considera más adecuada que la de grupos ultra. Sitúa el surgimiento de estos grupos en el caso español en la década de 1980, aunque la etapa más prolífica se inició en la década posterior. Viñas señala distintas etapas posteriores, y advierte de la relevancia que supusieron novedades como la introducción de la estética *skin*. Más allá de la polarización que enfrentaba a estos grupos por su adscripción ideológica, el texto señala una particularidad. Se trata de la identificación nacionalista, que en el territorio español presenta el contraste entre grupos españolistas y otros identificados con nacionalistas catalanes, vascos y gallegos. En relación a estos últimos constata que alcanzaron su máxima proyección precisamente cuando las reivindicaciones nacionalistas tenían menos apoyos sociales. Alcanzaron visibilidad porque destacaban del conjunto de sus sociedades.

La tercera parte centra su atención en la presencia de las mujeres en el deporte. Aira Bonfim ofrece las claves para interpretar la relevancia de la ley promulgada en Brasil en 1941, que impidió desde ese año y hasta 1983 la práctica de diversas modalidades deportivas, entre las cuales el fútbol, por parte de las mujeres, por considerarse que era incompatible con la naturaleza femenina. Una prohibición que no solo respondía a la ideología de la dictadura, sino que era una respuesta a una realidad que ha sido tradicionalmente silenciada, la de la notable presencia de equipos de fútbol femeninos en Brasil desde la década de 1920. Una realidad que la autora pone de relieve a partir de una exhaustiva y novedosa investigación. Por su parte, Xavier Pujadas analiza el caso español en una perspectiva cronológica extensa, desde los momentos en que las actividades deportivas femeninas respondían a un estereotipo de feminidad enfocado a la maternidad, a la irrupción en las décadas de 1920/1930 de una actividad fundamentada en otros criterios, con un modelo de mujer socialmente activa. Pujadas explica el retroceso que supuso la dictadura franquista, con un férreo control social, moral y sexual, que impidió a las mujeres muchas prácticas deportivas. Sólo en los últimos cuarenta años la práctica femenina ha ido ganando espacios sociales y reduciendo la brecha de género, tanto entre las actividades en pro de la salud, como en las competitivas, como puede observarse en competiciones como los Juegos olímpicos.

La cuarta parte fija su atención sobre una dinámica de desarrollo muy reciente, a partir de los vínculos entre el fútbol como espectáculo, su difusión internacional a través de los medios de comunicación audiovisuales, el marketing y las industrias del entretenimiento global. En definitiva, sobre su conversión en una actividad que debe ser analizada desde la perspectiva económica, en términos de negocio. Luis Henrique Rolim muestra como esta transformación impacta en los clubs brasileños, y sobre todo en su modelo de gobernanza y su carácter asociativo. Los retos son majúsculos y compartidos en todo el mundo, pero presentan algunas especificidades: por una parte el endeudamiento crónico y por otra la dificultad para establecer un sistema de gestión común, con una realidad muy diversa, con clubs que adoptan la fórmula de sociedades anónimas y otros que no. Todo ello con el interrogante sobre una posible liga profesional desvinculada de una competición tradicional con poco atractivo desde la perspectiva del negocio. Unas dinámicas que miran al futuro, pero que están muy condicionadas por estructuras de poder tradicional muy sólidas. Aunque la problemática de fondo es la misma en todo el mundo, en el caso español la Ley del deporte de 1990 ya marcó una diferencia clara entre el deporte de base y el deporte profesional. Xavier Ginesta analiza lo que ha supuesto esta diferenciación en el fútbol profesional, con clubes que se convirtieron en sociedades anónimas, con dos excepciones que compiten en el mercado internacional: el Real Madrid y el Futbol Club Barcelona. Y la diferenciación también entre la Real Federación Española de Fútbol y La Liga, entidad que explota las competiciones profesionales, y que se ha convertido en una empresa que actúa en el mercado mediático global, con acuerdos con fondos de inversión internacionales para intentar competir comercialmente con la Premier League. Un contexto en que el aficionado se convierte en consumidor, cada vez más en modo de "fan digital". Ginesta, por último, plantea unos interrogantes sobre el futuro inmediato, que en el fútbol profesional español pasan especialmente por la capacidad de adaptación de sus dos principales marcas, que son todavía propiedad de los socios, en una situación de desventaja respecto de los imperios deportivos y los fondos soberanos propietarios de los clubs con que compiten.

En definitiva, el conjunto de las doce aportaciones que se presentan en este volumen pretenden poner de relieve la relevancia del análisis del ocio y del deporte para la comprensión de las dinámicas sociales. A partir de este eje investigador, los textos aportan reflexiones históricas sobre cambios culturales, factores de sociabilidad, espacios de jerarquización social, la variable de género, las prácticas nacionalizadoras, la acción política de los estados autoritarios, la sociabilidad juvenil, los medios de comunicación, y también perspectivas actuales e incluso de futuro sobre la polarización política y las nuevas industrias del entretenimiento global. Y todo ello en una dinámica comparativa entre Brasil y España, dos sociedades aparentemente alejadas, de dos continentes distintos, pero que los textos permiten entrelazar en base a ámbitos de análisis conjuntos. Esperamos que el esfuerzo de conjuntar autores de los dos lados del Atlántico en este proyecto sea útil como ejercicio intelectual y provechoso para los lectores.

Carles Santacana y Cleber Dias

PRIMERA PARTE

OCIO FESTIVO, CARNAVALES Y SIGNIFICACIÓN SOCIAL

FIESTAS PÚBLICAS Y CAMBIOS CULTURALES EN EL LARGO SIGLO XIX EN BRASIL[1]

Cleber Dias
Universidad Federal de Minas Gerais

Como en casi todas las sociedades, en Brasil también hubo innumerables tipos de fiestas. A lo largo de todo el periodo colonial (1500-1822), la documentación de archivos brasileños y portugueses registra diversas fiestas públicas. Las dos principales motivaciones de estas fiestas en el periodo colonial parecían ser políticas y sobre todo religiosas. Los cumpleaños, las bodas o nacimientos de la familia real portuguesa ofrecían ocasiones para festividades cívicas, del mismo modo que las celebraciones de la Iglesia católica ofrecían innumerables ocasiones para festividades religiosas. En ambos casos, además de sus dimensiones ceremoniales y rituales, estas festividades también tenían un marcado carácter lúdico. De hecho, estas fiestas constituyeron una de las principales oportunidades de ocio en el periodo colonial.[2]

A pesar de las diferencias en las motivaciones de estos dos tipos de celebraciones, muchas de las actividades que las constituían eran similares. Habitualmente había luces especiales en las ciudades, juegos pirotécnicos, representaciones teatrales, presentaciones de bandas de música, misas y procesiones religiosas, además de otros entretenimientos, como corridas de toros o "*cavalhadas*" (representaciones dramáticas de una lucha entre moros y cristianos a través de caballos). Otra característica común de estas fiestas fue el protagonismo del Estado. Su programación, así como los recursos necesarios para financiarlas, dependían entera o al menos en gran medida de las autoridades públicas.

---

[1] Trabajo realizado con apoyo financiero de Capes - Coordenação de Aperfeiçoamento de Pessoal de Nível Superior

[2] José Ramos Tinhorão, *As festas no Brasil colonial*, Editora 34, São Paulo, 2000.

Cada festival, así como todo su programa, era una ocasión para representar las jerarquías sociales de la comunidad colonial. La posición de cada grupo en una procesión, en la misa en las iglesias o incluso en las representaciones teatrales, era objeto de una regulación detallada y también de conflictos.[3] Distintos grupos sociales reclamaban una posición más destacada en estas ocasiones, al mismo tiempo que sectores de la élite criticaban el permiso a los esclavos para realizar danzas dramáticas en las que un hombre negro era coronado como rey. En 1720, por ejemplo, el gobernador de Minas Gerais condenó y prohibió la coronación solemne de reyes negros en celebraciones religiosas, en lo que consideró "un acto repugnante", máxime teniendo en cuenta la "humilde condición de los esclavizados", según sus palabras.[4]

Las fiestas públicas, sin embargo, a pesar de su importancia, no eran las únicas oportunidades de diversión en Brasil durante el periodo colonial. También hubo fiestas privadas.[5] En este caso, los propietarios de haciendas contrataban músicos y mantenían bandas con el propósito específico de servir en ocasiones festivas. Ya en 1610, el francés Pyrard de Laval registró en su libro de viajes una visita a una hacienda en la provincia de Bahía. Durante esta visita, el viajero francés menciona una banda compuesta por 30 esclavos, mantenida por el dueño del lugar, a quien describió como alguien que vivía al estilo de los "barones medievales".[6] Al igual que las ceremonias

---

[3] Pedro Cardim, "Entradas solenes: rituais comunitários e festas políticas, Portugal e Brasil, séculos XVI e XVII", em Istvan Jancsó e Iris Kantor (eds.), *Festa: cultura e sociabilidade na América portuguesa* (vol. 1), Hucitec, São Paulo, 2001, pp. 97-123; Rodrigo Bentes Monteiro, "Entre festas e motins: afirmação do poder régio bragantino na América portuguesa (1690-1763)", en Istvan Jancsó e Iris Kantor (eds.), *Festa: cultura e sociabilidade na América portuguesa* (vol. 1), Hucitec, São Paulo, pp. 127-148, 2001; José Pedro Paiva, "Etiqueta e cerimônias públicas na esfera da Igreja (séculos XVII-XVIII)", en Istvan Jancsó e Iris Kantor (eds.), *Festa: cultura e sociabilidade na América portuguesa* (vol. 1), Hucitec, São Paulo, 2001, pp. 75-95.

[4] Elizabeth W. Kiddy, "Quem é o rei do Congo? Um novo olhar sobre os Reis Africanos e Afro-Brasileiros no Brasil", em Linda M. Heywood (ed.), *Diáspora Negra no Brasil*, Editora Contexto, São Paulo, 2008, p. 173.

[5] Mary del Priore, "Em casa, fazendo graça": domesticidade, família e lazer entre a Colônia e o Império, en Andrea Marzano e Victor Andrade de Melo (eds.), *Vida divertida: histórias do lazer no Rio de Janeiro (1830-1930)*, Apicuri, Rio de Janeiro, 2010.

[6] José Ramos Tinhorão, *Música popular de índios, negros e mestiços*, Vozes, Petrópolis, 1972, pp. 73-74.

públicas, las fiestas privadas también ofrecían oportunidades para representar jerarquías y exhibir prestigio. Tener músicos esclavos en este contexto, además de satisfacer una demanda de entretenimiento, también era una forma de expresar riqueza y poder.

Fuera de los círculos aristocráticos, la vida cotidiana de los trabajadores libres pobres e incluso de los esclavizados también permitía diversas fiestas privadas. En este contexto, las fiestas eran oportunidades para construir, mantener o ampliar redes de relaciones sociales y espacios de autonomía.[7] Los viajeros europeos que visitaron Brasil a lo largo del siglo XIX registraron repetidamente en sus libros de viajes fiestas que salpicaban la vida cotidiana de la población más pobre. En 1810, por ejemplo, el portugués Henry Koster, hijo de padres ingleses y que vivió en Brasil durante unos diez años, registró en su libro de viajes cómo los esclavos de Pernambuco huían de noche de las haciendas para celebrar fiestas. Según sus palabras, "[yo] escuché el murmullo de voces en el cuarto de esclavos, aunque pensaban que estaba dormido. Vi salir a un hombre negro, caminando sigilosamente para visitar a un conocido que vivía a poca distancia o para participar en alguna diversión nocturna".[8]

En 1814, en la misma línea, Georg Freyreiss, un naturalista alemán que visitó Brasil en aquella época, presenció una fiesta en Minas Gerais donde "todas las casas estaban llenas de gente" y "muchos esclavos se reunían en los patios para bailar toda la noche"[9]. Auguste de Saint-Hilarie, botánico y naturalista francés, de viaje por el país en 1816 también descubrió danzas en las que los negros aplaudían y "golpeaban la tierra con los pies". En palabras de este francés:

> "Durante el día no ves a nadie y no escuchas el más mínimo ruido. Sin embargo, después de que se pone el sol, todo cobra vida. La gente habla, camina, toca la guitarra, canta y baila. Hasta la una de la madrugada, o incluso más tarde, quienes quieren dormir se

[7] João José Reis, "A greve negra de 1857 na Bahia", *Revista USP*, 18(1), (1998), p. 29.
[8] Henry Koster, *Viagens ao Nordeste do Brasil*, Companhia Editora Nacional, Rio de Janeiro, 1942, p. 291.
[9] Léa Freitas Perez (coord.), *Festas e viajantes em Minas Gerais no século XIX: compêndio de citações*, Editora da UFMG, Belo Horizonte, 2018. p. 134.

ven perturbados por los sonidos de la guitarra, las palmas de los interminables bailarines o esas conversaciones que se desarrollan en la calle o frente a las casas".[10]

Las actitudes de las élites brasileñas respecto de las fiestas de esclavizados[11] y trabajadores pobres oscilaron entre la prohibición y la tolerancia.[12] Ciertamente, siempre hubo preocupación por las diversiones populares, pero parecen haber cambiado de contenido a partir de finales del siglo XVIII. Al margen de la escala de valores de la Ilustración que fueron asimilados progresivamente por las élites luso-brasileñas a partir de la segunda mitad del siglo XVIII, con un énfasis creciente en el control racional del trabajo orientado a la producción, el aumento de la población libre en Brasil – a menudo llamados por las autoridades políticas de la época de "hombres sin señores" – también despertaron preocupaciones entre estas élites.[13] Además, en ese momento, la "Revolución Haitiana", una gran revuelta liderada por esclavizados negros en Haití, persiguió a las élites de toda América Latina, quienes luego comenzaron a temer que algo similar también ocurriera en otros lugares.[14] En este contexto, las fiestas eran

[10] Ibídem, p. 102.

[11] La historiografía brasileña y también de otros países ha abogado por el uso del término 'esclavizado' en lugar de 'esclavo'. El argumento en favor del término 'esclavizado' da respuesta a demandas conceptuales e interpretativas, pero también políticas que involucran la historia de la esclavitud en las Américas. Según este marco, el término 'esclavo' sueña como una condición definitiva y natural, al revés de algo impuesto y además pasajero, una vez que los esclavizados siempre han reivindicado su libertad. El término 'esclavizado', por su parte, intenta enfatizar justamente la dimensión circunstancial de individuos privados de libertad, subrayando su agencia, mismo en circunstancias tan brutales. Para más detalles sobre esta discusión: James Robert Burns, 'Slaves' and 'Slaves Owners' or 'Enslaved People' and 'Enslavers'? Transactions of Royal Historical Society, 2023.

[12] Martha Abreu, "Festas religiosas no Rio de Janeiro: perspectivas de controle e tolerância no século XIX", *Estudos Históricos*, 7(14), (1994), pp. 183-203; João José Reis, "Batuque negro: repressão e permissão na Bahia oitocentista", en Istvan Jancsó e Iris Kantor (Eds.), *Festa: cultura e sociabilidade na América portuguesa* (vol. 1), Hucitec, São Paulo, 2001, pp. 339-360.

[13] Luiz Geraldo Silva, "Da festa à sedição: sociabilidades, etnia e controle social na América portuguesa (1766-1814)", en Istvan Jancsó e Iris Kantor (eds.), *Festa: cultura e sociabilidade na América portuguesa* (vol. 1), Hucitec, São Paulo, 2001, pp. 313-335.

[14] Washington Santos Nascimento, ""São Domingos, o grande São Domingos": repercussões e representações da Revolução Haitiana no Brasil escravista (1791-1840)", *Dimensões*, 21, (2008), pp. 126-142; Carlos Eugênio Soares & Flávio Gomes,

especialmente preocupantes, porque ofrecían ocasiones comúnmente utilizadas por grupos de esclavizados para llevar a cabo revueltas.[15]

En Brasil, en particular, donde la repercusión de la Revolución Haitiana fue grande, tanto entre las élites como entre la población en general, el temor a las rebeliones, así como el reconocimiento de la necesidad de momentos de ocio y diversión entre los trabajadores (libres o esclavizados), dividieron las opiniones de las autoridades brasileñas, cuyas decisiones oscilaron entre la prohibición represiva y una cierta permisividad. Los debates políticos de esa época registran las divergencias y vacilaciones que dividieron a las autoridades ante las festividades populares. En Bahía, a mediados del siglo XIX, por ejemplo, mientras algunos políticos denunciaban lo que consideraban una "libertad excesiva" entre los esclavizados para los bailes y fiestas durante las ceremonias religiosas, otros argumentaban que tales "libertades" eran "el medio más seguro y eficaz de evitar el desorden".[16]

Los cambios graduales en el régimen disciplinario y económico a lo largo del siglo XIX, con una progresiva expansión de las relaciones de mercado, parecen haber afectado la forma en que se juzgaban las fiestas y las formas de ocupar el tiempo fuera del trabajo. En este contexto, además de las preocupaciones morales habituales y del temor siempre presente de rebeliones, las formas de pasar el tiempo fuera del trabajo también han llegado a ser cada vez más evaluadas en relación con su impacto potencial sobre la productividad económica. Las elites brasileñas se quejaban cada vez más del número de días festivos, que consideraban excesivos. Desde principios del

"Sedições, hatianismo e conexões no Brasil escravista: outras margens do Atlântico negro", *Novos Estudos Cebrap*, 63(2), (2002), pp. 131-144.

[15] Luciano Figueiredo, "A revolta é uma festa: relações entre protestos e festas na América portuguesa", en Istvan Jancsó e Iris Kantor (eds.), *Festa: cultura e sociabilidade na América portuguesa* (vol. 1), Hucitec, São Paulo, 2001, pp. 263-273; João José Reis, "Tambores e temores: a festa negra na Bahia na primeira metade do século XIX", en Maria Clementina Pereira Cunha (ed.), *Carnavais e outras f(r)estas*, Editora da Unicamp, Campinas, 2002, p. 101–156; Carlos Eugênio Soares, "Festa e violência: os capoeiras e as festas populares na Corte do Rio de Janeiro (1809-1890)", en Maria Clementina Pereira Cunha (ed.), *Carnavais e outras f(r)estas*, Editora da Unicamp, Campinas, 2002, pp. 281-310.

[16] João José Reis, "Batuque negro: repressão e permissão na Bahia oitocentista", en Istvan Jancsó e Iris Kantor (eds.), *Festa: cultura e sociabilidade na América portuguesa* (vol. 1), Hucitec, São Paulo, 2001, pp. 339-360.

siglo XIX se argumentaba que ciertas fiestas eran vistas como un mero desperdicio de energía durante un periodo en el que los trabajadores deberían estar recuperando fuerzas para otra semana de trabajo.[17] No se trataba, por tanto, sólo de desaprobación de la moral que animaba estos momentos o de miedo a la posibilidad de rebeliones y pérdida de control social de la población, que en cualquier caso formaba parte de este horizonte de análisis, sino también de insatisfacción con las frecuentes interrupciones del trabajo, que naturalmente afectaron el régimen de acumulación.

La situación tendió a empeorar con el fin de la esclavitud en 1888 y la consiguiente universalización del trabajo asalariado. No en vano, la última década del siglo XIX y los primeros años del XX fueron momentos marcados por una notable intensificación de la represión de diversas costumbres populares.[18] Con el fin de la esclavitud y el surgimiento de un régimen político republicano (1889), la población pobre y negra, que hasta entonces ni siquiera había sido concebida como parte de la sociedad, ya que era vista y tratada como meros objetos a quienes sus propietarios podían disponer según su conveniencia, necesitaría ser asimilado como ciudadano. En este contexto, las diferencias que separaban las costumbres de ricos y pobres, blancos y negros, europeos y africanos, ganaron protagonismo y se hicieron más visibles. Estas diferencias siempre han existido, a menudo, de forma tensa. Sin embargo, la desigualdad jurídica formal que separaba a los diferentes grupos sociales antes de la República mitigó, en cierta medida, conflictos más abiertos. En rigor, las disputas a este respecto fueron relativamente limitadas, ya que las creencias o costumbres de los pobres y los negros se concebían formal y explícitamente como algo de segunda clase o incluso ajeno a la sociedad. Como dijeron Peter Fry, Sérgio Carrara y Ana Luiza Martins-Costa, "si a los negros

[17] Peter Fry, Sérgio Carrara & Ana Luiza Martins-Costa, "Negros e brancos no carnaval da Velha República", en João José Reis (ed.), *Escravidão e invenção da liberdade: estudos sobre o negro no Brasil*, Brasiliense, Rio de Janeiro, 1988, pp. 232-263.

[18] Martha Abreu, *O império do Divino: festas religiosas e cultura popular no Rio de Janeiro, 1830-1900*, Nova Fronteira, Rio de Janeiro, 1999; Sidney Chalhoub, *Trabalho, lar e botequim: o cotidiano dos trabalhadores no Rio de Janeiro da belle époque*, Editora da Unicamp, Campinas, 2001; Suetônio Soares Valença, "Polca, lundu, polca-lundu, choro, maxixe", en Antonio Herculano Lopes (ed.), *Entre Europa e África: a invenção do carioca*, TopBooks, Rio de Janeiro, 2000, pp. 49-78.

como esclavos se les permitió, para bien o para mal, mantener sus valores y creencias, esto se debió probablemente al hecho de que fueron concebidos como seres fuera de la sociedad".[19]

Con la República, sin embargo, debido al reconocimiento de una condición jurídica en el que todos los ciudadanos eran declarados formalmente iguales, aunque en la práctica existían muchas desigualdades, se planteó el problema sobre qué se debía asimilar como parte de esta comunidad. Con la República, grupos que antes no eran formalmente reconocidos como parte de la sociedad pasaron a serlo, de modo que la acomodación de sus creencias y costumbres en el tejido social se convirtió en un problema más abierto y explícito. Después de todo, ¿qué costumbres podrían o no admitirse como parte legítima y aceptable de una sociedad común y compartida?

Las élites pronto mostraron su falta de voluntad para admitir a los grupos subordinados como parte legítima de la sociedad. La constitución republicana de 1890 no concedía el derecho de voto a varios grupos, entre ellos los analfabetos, que constituían más del 80% de la población en aquella época.[20] En la práctica, por tanto, los ideales republicanos de libertad, igualdad y fraternidad eran en gran medida meramente retóricos. La población, evidentemente, se dio cuenta de estas contradicciones. No casualmente se dijo en su momento que el pueblo miraba con indiferencia el fin de la monarquía y la declaración de un régimen político republicano.[21]

En el ámbito cultural y simbólico, además de la política en sentido *estricto*, se desencadenaron encarnizadas luchas. Los dispositivos legales, policiales y discursivos fueron ampliamente movilizados por las élites políticas e intelectuales para tratar de eliminar costumbres consideradas "bárbaras" y "primitivas", y al mismo tiempo tratar de reemplazarlas por otras, consideradas más "modernas" y "civilizadas". Los grupos populares, a su vez, también desarrollaron sus estrategias

---

[19] Peter Fry, Sérgio Carrara & Ana Luiza Martins-Costa, "Negros e brancos no carnaval da Velha República", en João José Reis (ed.), *Escravidão e invenção da liberdade: estudos sobre o negro no Brasil*, Brasiliense, Rio de Janeiro, 1988, pp. 232-263.

[20] Alceu Ravanello Ferraro, "Analfabetismo e níveis de letramento no Brasil: o que dizem os censos?", *Educação e Sociedade*, 23(81), (2002), pp. 21-47.

[21] Bernardo Carvalho, *Cidade porosa: dois séculos de história cultural do Rio de Janeiro*, Objetiva, Rio de Janeiro, 2019.

frente a estos mecanismos de control y represión. Las fiestas estaban en el centro de este campo de batalla.

Si las élites políticas intentaron reprimir ciertas costumbres a través de leyes, los grupos populares, a su vez, reaccionaron de diferentes maneras. Por un lado, los grupos populares buscaban claramente adherirse a lo declarado "moderno", "civilizado" y "aceptable", intentando asimilar estas costumbres. La creación de numerosos clubes recreativos de danza o fútbol entre habitantes de las regiones más pobres de varias ciudades brasileñas a partir del último cuarto del siglo XIX o principios del siglo XX son ejemplos en este sentido.[22] Sin embargo, también hubo indiferencia popular ante el esfuerzo pedagógico de las élites para difundir estas nuevas costumbres, de modo que esta dinámica de asimilación y circulación cultural fue parcial y selectiva. Los géneros teatrales populares, por ejemplo, llamados en Brasil de fin de siglo "*teatros de revista*" (una especie de "genero chico"), experimentaron una gran expansión en esa época. Las numerosas críticas que le dirigieron los intelectuales de la época, así como sus esfuerzos por promover el "drama serio", no fueron suficientes para disuadir las predilecciones populares por estos "*teatros de revistas*". Estos géneros teatrales gozaron de gran acogida entre el público hasta casi mediados del siglo XX, cuando fueron perdiendo terreno frente a otras formas de entretenimiento que estaban surgiendo en la época, como las "radionovelas" o las películas de "*chanchadas*" (producciones del cine brasileño bastante características y que tuvieron mucho éxito).

Entre los extremos de un apoyo más entusiasta y un rechazo más obstinado, hubo varias adaptaciones y acomodaciones. Incluso cuando los grupos populares demostraron voluntad e interés en asimilar prácticas difundidas por estratos sociales más altos, este proceso estuvo permeado por muchas peculiaridades, es decir, la incorporación de nuevas prácticas siempre se produjo a su propia manera.

---

[22] Leonardo Affonso de Miranda Pereira, *Footballmania: uma história social do futebol no Rio de Janeiro, 1902-1938*, Nova Fronteira, Rio de Janeiro, 2000; Leonardo Affonso de Miranda Pereira, *A cidade que dança: clubes e bailes negros no Rio de Janeiro (1881-1933)*, Editora da UERJ, Rio de Janeiro, 2020.

Otros dos factores relevantes que afectaron las fiestas brasileñas en el siglo XIX fueron la urbanización y las reformas religiosas. Durante este periodo, la población brasileña aumentó en más de un 600%. El país tenía alrededor de 2,5 millones de habitantes en 1808 y alrededor de 17,5 millones en 1900.[23] El crecimiento de la población de las ciudades durante este periodo, asociado a la nueva condición jurídica formal de la República, que declaraba a todos los ciudadanos como iguales, dificultó el reconocimiento de las viejas jerarquías y acentuó los temores que afectaban a las élites políticas de la época respecto a rebeliones y pérdida del control social sobre el comportamiento de la población. Aun así, el crecimiento de las poblaciones y la densificación urbana de las ciudades promovieron una inevitable mezcla social que dificultó el funcionamiento de los viejos dispositivos de orden, distinción y jerarquía.[24] Las ocasiones en las que se mezclaban grupos de diferentes estratos sociales fueron objeto de críticas y desaprobación especialmente intensas.

En 1829, Charles Stewart, un oficial de la Armada norteamericana que se encontraba en Brasil, registró en su libro de viajes una explícita repulsa por la mezcla social que caracterizaba al público y a la orquesta de una banda de música militar a cuya actuación asistió en Río de Janeiro. Según palabras del norteamericano, la situación le pareció "repugnante", con un aspecto "espantosamente mestizo" y una "incongruente mezcla de razas y mezcla de sangre".[25] Muchas décadas después, a principios del siglo XX, directores de clubes deportivos de los barrios más ricos de Río de Janeiro escribieron artículos en los periódicos de la ciudad quejándose de la "mezcla de clases y profesiones" que empezaba a caracterizar los partidos de este deporte en la época, lamentándose incluso por lo que consideraban una "pérdida del refinamiento y del nivel social". Según palabras de

---

[23] Tarcísio Rodrigues Botelho, "População e espaço nacional no Brasil do século XIX", *Cadernos de História*, 7(8), (2005), pp. 67-83.

[24] Tania Andrade Lima, "Pratos e mais pratos: louças domésticas, divisões culturais e limites sociais no Rio de Janeiro, século XIX", *Anais do Museu Paulista*, 3, (1995), pp. 129-191; Milena Fernades Oliveira, *O Mercado do Prestígio: Consumo, Capitalismo e Modernidade na São Paulo da "Belle Époque" (1890-1914)*, Alameda, São Paulo, 2014.

[25] apud. Bernardo Carvalho, *Cidade porosa: dois séculos de história cultural do Rio de Janeiro*, Objetiva, Rio de Janeiro, 2019, p. 71.

uno de estos directores deportivos, publicadas en un periódico de Río de Janeiro, "el fútbol es un deporte que sólo pueden practicar personas de la misma educación y cultura".[26]

Además del crecimiento demográfico, las reformas religiosas también afectaron a las fiestas. A mediados del siglo XIX se inició una reforma de la Iglesia católica conocida como "romanización". Fue un esfuerzo de las autoridades eclesiásticas brasileñas para intentar someter los rituales religiosos del catolicismo popular a los preceptos de la ortodoxia romana. Hasta entonces, gran parte de las iglesias y de los propios rituales religiosos eran administrados por "laicos", es decir, sacerdotes sin educación formal. La administración de muchas de estas iglesias tampoco estaba subordinada al control directo del Vaticano, siendo, en la práctica, generalmente responsabilidad de las "*irmandades*", que eran asociaciones gestionadas con un grado considerable de autonomía.

Las fiestas religiosas fueron una de los principales objetivos de estas reformas. Según la visión que los justificaba, la forma normalmente festiva en que se celebraban misas y otros rituales religiosos en Brasil distorsionaba los propósitos espirituales de estas ocasiones. Se criticó la costumbre de transformar las fiestas religiosas en días de celebración, convirtiendo las iglesias en escenarios de entretenimiento profano. Según la opinión de un obispo de Minas Gerais en una carta de 1853, cuando comenzó la intensificación del movimiento de "romanización", los "falsos cristianos" convertían ocasiones que debían dedicarse a Dios en días dedicados al diablo. En palabras de este obispo, "los cristianos degenerados se consumen en danzas con mil desórdenes en los que se cometen muchos pecados mortales".[27]

Desde principios del siglo XIX, varios viajeros extranjeros anotaron, generalmente con asombro e indignación, la forma que les parecía indecorosa y excesivamente irreverente de celebrar misas católicas y ritos religiosos en Brasil. Según Auguste de Saint-Hilarie, los sacerdotes

---

[26] Leonardo Affonso de Miranda Pereira, *Footballmania: uma história social do futebol no Rio de Janeiro, 1902-1938*, Nova Fronteira, Rio de Janeiro, 2000, p. 114.

[27] Daniela Gonçalves Gomes, *Ordens terceiras e o ultramontanismo em Minas: catolicismo leigo e o projeto reformador da Igreja Católica em Mariana e Ouro Preto (1844-1875)*, Tesis (Master en Historia), Universidade Federal de Ouro Preto, 2009, p. 92.

en Brasil tenían una "conducta irregular" y las ceremonias religiosas del país eran momentos en que "travesuras ridículas se mezclaban con los aspectos más respetables de la religión católica".[28] Saint-Hilarie, de hecho, criticó lo que consideraba una indiferencia popular generalizada hacia los deberes morales derivados de la doctrina católica.

El comerciante inglés John Luccock fue otro que destacó la aparente superficialidad de los sentimientos religiosos en Brasil. Como escribió el inglés, "en una gran procesión a la que asistimos, la impresión general que se produjo en la mente fue que los sacerdotes cumplían con sus obligaciones, pero la gente estaba turbulenta e indecorosa. No había sentimientos verdaderamente religiosos".[29] En la misma dirección, Richard Burton, cónsul británico que vivió en Brasil entre 1865 y 1869, resumió la experiencia religiosa en el país como una "combinación de recorrido, visita y picnic".[30] En el mismo sentido, Herman Burmeister, alemán que vivió en el país en 1851, afirmó que una visita a la iglesia en Brasil estaba más motivada por el deseo de desfilar que por razones estrictamente religiosas; una "feria de la vanidad donde la gente muestra y admira el último modelo de vestido, una rica capa o un nuevo pañuelo". Según sus palabras:

> "En la iglesia no se predican sermones y no se entienden misas en latín. En ocasiones solemnes, se organizan un coro y una banda de música para tocar melodías populares, pero no música sacra, que estas orquestas no saben interpretar. Los hombres permanecen frente a la iglesia, conversando y mirando a las mujeres que desfilan. Fuera del horario de servicio religioso, la gente suele utilizar la iglesia para reuniones y otros entretenimientos".[31]

Fueron percepciones de este mismo tipo las que alentaron a las autoridades eclesiásticas en su esfuerzo por "romanizar" los hábitos religiosos del catolicismo popular brasileño, en particular mediante

---

[28] Léa Freitas Perez (coord.), *Festas e viajantes em Minas Gerais no século XIX: compêndio de citações*, Editora da UFMG, Belo Horizonte, 2018.
[29] Ibídem, p. 220.
[30] Ibídem, p. 236.
[31] Ibídem, pp. 147-148.

la reducción o incluso la prohibición de ciertas fiestas, que podían ocupar hasta un tercio de los días del año durante el periodo colonial.[32] Como medida práctica de este esfuerzo por suprimir las dimensiones festivas de los rituales religiosos, hacia mediados del siglo XIX se inició una disminución en el número de días festivos.[33] En esta época, las fiestas dedicadas a los santos católicos se trasladaron al domingo, reduciendo así el número de fiestas en el calendario religioso.[34] La expectativa moral o teológica que animó estas iniciativas era que la supresión de las fiestas correspondería a una reducción de las oportunidades de pecar.

Además de la moral o la teología, tras de la disminución del número de días festivos también había dimensiones económicas y políticas. Desde el punto de vista económico, la reducción del número de días festivos tenía como objetivo aumentar la jornada laboral, con vistas a aumentar la productividad. Desde el punto de vista político, se intentó quitar a los estratos populares el control administrativo sobre las iglesias y los rituales religiosos, reduciendo sus espacios de autonomía. Al mismo tiempo, se transfirió a los obispos la autoridad para aprobar los compromisos de las "*irmandades*", lo que parece haber ampliado la capacidad de las autoridades eclesiásticas de la Iglesia católica para supervisar estas asociaciones.[35]

EL CARNAVAL

Una de las fiestas que sufrió transformaciones más visibles a lo largo del siglo XIX fue el Carnaval, celebrado 40 días antes de la Semana Santa. A partir de mediados de este siglo una serie de transformaciones comenzarían a afectar a esta celebración.

[32] José Ramos Tinhorão, *As festas no Brasil colonial*, Editora 34, São Paulo, 2000.

[33] Lídia Rafaela Nascimento dos Santos, Por uma agenda de festas: organização e controle do calendário festivo do Recife (1822-1850), *Licere*, 23(1), (2020), pp. 309-330.

[34] Daniela Gonçalves Gomes, *Ordens terceiras e o ultramontanismo em Minas: catolicismo leigo e o projeto reformador da Igreja Católica em Mariana e Ouro Preto (1844-1875)*, Tesis (Master en Historia), Universidade Federal de Ouro Preto, 2009.

[35] Elizabeth W. Kiddy, *Blacks of the Rosary: Memory and History in Minas Gerais, Brazil*, The Pennsylvania State University Press, 2005.

Antes de estas transformaciones, sin embargo, estas celebraciones estaban marcadas principalmente por el "*entrudo*", que consistía en disfrazarse en las calles o en bailes domésticos, donde se lanzaba harina o chorros de agua mediante una jeringa gigante, además de bolas de cera, llenas de agua perfumada, los llamados "*limões de cheiro*" (limones aromáticos hechos con cera). Esta fiesta llamó la atención de varios viajeros europeos que visitaron Brasil a lo largo del siglo XIX, quienes, en general, quedaron asombrados por sus características, que les parecían extrañas y muchas veces primitivas. El alemán Moritz Lamber, por ejemplo, fue testigo de la costumbre a finales del siglo XIX y la describió como "un ruido deslumbrante y atronador"; "una confusión espantosa y salvaje".[36]

Con el tiempo, se consolidaron las representaciones del "*entrudo*" como una costumbre bárbara. Estas percepciones alentaron los esfuerzos por reemplazar estas costumbres por otras, que se decía que eran más modernas y civilizadas. Fue así como se produjo un esfuerzo social, cultural y político para sustituir el "*entrudo*" por los llamados "carnavales venecianos", básicamente, desfiles en carros con estatuas y otras alegorías, que también llevaban a algunos hombres y mujeres disfrazados, interpretando arias y óperas. Estos desfiles hacían referencia a una trama, generalmente un hecho histórico o un acontecimiento cotidiano de la ciudad.

El inicio de los "carnavales venecianos" dio paso a una creciente campaña a favor de esta forma de celebrar el carnaval. Se pronunciaron discursos, se escribieron artículos y se crearon nuevas organizaciones a favor del "carnaval veneciano", así como se promulgaron leyes que prohibían el "*entrudo*" y otras costumbres asociadas a este juego tradicional, como el uso de ciertos instrumentos musicales. Además del propio "*entrudo*", también estaban sujetos a prohibiciones los trajes populares utilizados tradicionalmente en esta fiesta, como los trajes de indígenas.

Los discursos que acompañaron estas nuevas prácticas enfatizaron los orígenes europeos de esta forma de celebrar el carnaval, así como la dimensión lujosa que lo caracterizaba. Las élites intelectuales

---

[36] Apud. Maria Clementina Pereira Cunha, *Ecos da folia: uma história social do carnaval carioca entre 1880 e 1920*, Companhia das Letras, São Paulo, 2001, p. 23.

estuvieron entre los principales grupos que organizarán y defenderán a estas nuevas fiestas. Los argumentos presentados a favor de este moderno y nuevo carnaval enfatizaron un carácter más civilizado y compatible con el grado de progreso del país, diferente al "*entrudo*", que entonces se asociaba al pasado colonial, que debía ser superado y dar paso a nuevas costumbres. En este sentido, los intentos de sustituir el "*entrudo*" por el "carnaval veneciano" formaron parte de una cruzada más amplia, que pretendía reeducar al pueblo en nuevas costumbres, consideradas más apropiadas y compatibles con ciertas idealizaciones de lo que debería ser una nación moderna. Según concepciones implícitas o explícitas de los intelectuales y líderes políticos que participaron en tales intentos de educar o reeducar al pueblo, la nación brasileña moderna debería estar marcada por el lujo, la distinción y la elegancia, en resumen, debería parecerse más a Europa o a lo que estas élites de la época creían que era Europa.

La década de 1850 marcó el surgimiento de las primeras "grandes sociedades de carnaval", asociaciones creadas con el objetivo de organizar los desfiles de este nuevo "carnaval veneciano". La propia forma en que estas asociaciones se presentaron públicamente – con el pomposo nombre de "grandes sociedades carnavalescas" – denota ya las presunciones que las motivaron. Existían una serie de condiciones para participar en estas "grandes sociedades carnavalescas", entre ellas, "la moral reconocida", "un empleo legal", "una ocupación honesta", "una conducta investigada" e incluso la disposición a pagar cuotas mensuales, como revelan los estatutos de estas asociaciones.[37] En conjunto, estas demandas significaron la imposición de barreras prácticamente insuperables para los esclavizados y los trabajadores libres pobres, quienes se vieron excluidos de las "grandes sociedades carnavalescas" y de los carnavales modernos que estas asociaciones promovían.

Así, una primera transformación que representó este nuevo carnaval en relación al "*entrudo*" fue la aguda segregación entre quienes participaban de la fiesta y quienes se limitaban a mirar, sin poder participar más directamente. El "*entrudo*", por otra parte, era una fiesta en la que había una participación más amplia, además de un

[37] Ibídem.

mayor grado de mezcla social, "una confusión espantosa y salvaje", como dijo el alemán Moritz Lamber. De hecho, esta intensa mezcla de clases durante el "*entrudo*", a menudo retratada como "promiscuidad de clases", fue uno de los elementos de esta tradicional fiesta popular que más repetidamente sería criticado. Según palabras escritas en 1889 por Raúl Pompeia, un influyente escritor de la época, "lo malo del *entrudo* es la exageración, los abusos, las invenciones brutales de gente grosera y también la promiscuidad de quienes no quieren ver las conveniencias de la jerarquía y que sólo permiten licencias razonables entre individuos de la misma clase".[38]

Sin embargo, para no exagerar los contrastes, es importante no perder de vista que el "*entrudo*" también tuvo sus diferencias. Había dos formas diferentes de "*entrudo*". Existía el "*entrudo* familiar", celebrado dentro del espacio doméstico de los hogares, sólo entre amigos y familiares, pero también había el "*entrudo* callejero", en el que individuos de diferentes clases sociales podían interactuar de una manera menos controlada y no siempre armoniosa. Las pinturas de Jean Baptiste Debret (Figura 1) y Augustus Earle (Figura 2), creadas aproximadamente en la misma época (década de 1820), representan bien las diferencias que separaban estas diferentes formas de jugar.

Jean Baptiste Debret fue un artista francés que vivió en Brasil entre 1816 y 1822, cuando creó numerosas pinturas y dibujos sobre la vida cotidiana en el país.[39] En uno de ellos se ve a negros jugando el "*entrudo*"en la calle con jeringuillas de agua y "limones aromáticos". Augustus Earle, por su parte, fue un artista inglés que estuvo en Brasil algunos meses en 1820 y luego nuevamente en 1824, cuando también realizó dibujos y pinturas sobre las costumbres del país. Uno de ellos es el cuadro "jugando en carnaval", donde se ve a una familia arrojando "limones aromáticos" y jeringuillas de agua en una residencia. En esta imagen, a diferencia del cuadro de Debret, todos son blancos, a excepción de una mujer que lleva una bandeja llena de "limones aromáticos", claramente una criada, posiblemente una esclava.

---

[38] Leonardo Affonso de Miranda Pereira, *O carnaval das letras: literatura e folia no Rio de Janeiro do século XIX* (2nd ed.), Editora da Unicamp, Campinas, 2004, p. 75.
[39] Valéria Lima, J. *B. Debret, historiador e pintor*, Editora da Unicamp, Campinas, 2007.

Figura 1. "*Entrudo* callejero"

Fuente: Debret, Jean-Baptiste. *Voyage pittoresque et historique au Brésil.* Tome II. Paris: Firmin Didot Frères, 1835, p. 102 (*Scène de carnaval*, planche 33)

Figura 2. "*Entrudo* doméstico"

Fuente: Augustus Earle. *Games at Rio during Carnival.* Biblioteca Nacional de Australia

El contraste de las dos imágenes pone de relieve distinciones que de hecho impregnaron diferentes formas de celebrar el Carnaval, así como diferentes formas de relatarlo. Mientras que los escritores e intelectuales destacarían el "*entrudo* familiar" como un festival respetable, el "*entrudo* callejero" aparecía en artículos de prensa casi siempre como algo "violento", "grosero", "brutal", "inculto", "primitivo" y "salvaje".[40]

Al igual que el "*entrudo*", el nuevo y moderno carnaval también tuvo sus ambigüedades. A pesar de la segregación promovida por los desfiles de las "grandes sociedades carnavalescas", que distinguían claramente a quienes podían y no podían participar directamente en la fiesta, este carnaval moderno fue un espectáculo promovido en las calles, es decir, en los espacios públicos, incluso para que la población que no participaba en estas "grandes sociedades" pudiera al menos presenciar la celebración, aunque fuera sólo como espectadora. De hecho, los desfiles de este nuevo carnaval fueron promovidos precisamente para ser vistos, ya que una de las motivaciones declaradas por sus organizadores era su carácter educativo. Estos desfiles tenían una intención explícita de difundir nuevos valores. En aquella época, los intelectuales brasileños, en particular los escritores, reivindicaron un papel protagonista en el rumbo que debía adoptar el país.[41] Además, las inseguridades sociales de la época sobre la estructuración de las jerarquías sociales, culturales y de clases alentaron los intentos de organizar ceremonias públicas que mostraban riqueza y poder, de modo que todos pudieran ver claramente qué individuos debían ser destacados y admirados, así como aquellos que simplemente deberían mirar e inclinarse pasivamente. Fue precisamente la desestabilización momentánea de estas jerarquías y posiciones sociales uno de los principales elementos que parecían justificar las críticas al "*entrudo* callejero".

Una de las características más destacadas y tradicionales del carnaval siempre ha sido su carácter de ritual de inversión. En

---

[40] Leonardo Affonso de Miranda Pereira, *O carnaval das letras: literatura e folia no Rio de Janeiro do século XIX* (2nd ed.), Editora da Unicamp, Campinas, 2004.

[41] Nicolau Sevcenko, *Literatura como missão tensões sociais e criação cultural na Primeira República*, Companhia das Letras, São Paulo, 2003.

Brasil, como en otros lugares, las diversas formas populares de vivir el carnaval durante el siglo XIX –como los "*cucumbis*" o los "*zé-pereiras*"– atenuaron momentáneamente las jerarquías sociales, culturales y económicas que organizaban lo cotidiano. Durante el carnaval, sacerdotes, comerciantes, autoridades políticas o incluso ricos propietarios de esclavizados podían ser el objetivo de juegos que se desarrollaban en las calles. Protegidos por el anonimato de máscaras y disfraces, los individuos en una posición social subordinada, incluidos los trabajadores libres pobres o los negros esclavizados, podían ejercer una especie de venganza ritual y simbólica contra las clases altas. Los episodios políticos y los individuos en puestos de mando y autoridad solían ser ridiculizados durante el carnaval, ya sea con apodos o con canciones que satirizaban sus características físicas y personales.

Este contexto general ofrece un vínculo cultural entre la creación del nuevo modelo de carnaval y la dinámica del conflicto de clases de la sociedad brasileña. A medida que el sistema esclavista brasileño se fue desmantelando a lo largo del siglo XIX, aumentaron los temores de las clases dominantes sobre el resultado de estos cambios. Es revelador en este sentido que el primer desfile de una "gran sociedad carnavalesca" se realizase en 1853, apenas tres años después de la promulgación de la ley que prohibía el comercio transatlántico de esclavos africanos con destino a Brasil, la ley Eusébio de Queiroz, el primero marco legal formal para el lento fin de la esclavitud en el país, que solo se consolidó en 1888. Estos cambios, por lo tanto, intensificaron los temores de las élites a la disolución de las jerarquías, que siempre habían existido, pero que se expandieron a partir de la segunda mitad del siglo XIX, debido a la creciente urbanización, el fin de la esclavitud y luego la proclamación de un régimen político republicano.

La inestabilidad social y los temores generados por esta sucesión de cambios intensificaron la necesidad de diferenciación. En este sentido, la adopción del nuevo "carnaval veneciano" reforzó simbólicamente la distancia que distinguía a ricos y pobres, blancos y negros, amos y esclavos. En este nuevo modelo de carnaval, unas pocas personas participaban de la fiesta, desde lo alto de los coches y en un lugar destacado, mientras la mayoría permanecía en el suelo, simplemente mirando, reducidos al papel de espectadores pasivos, que sólo podían admirar la exhibición de lujo y riqueza.

En este sentido, los "carnavales venecianos" representaban los ideales de un nuevo país que las élites deseaban materializar, o quizás, mejor dicho, los ideales de un viejo país que estos grupos deseaban preservar. Estos ideales se caracterizaron por el despliegue ostentoso de lujo y riqueza, pero también por el refuerzo de jerarquías, donde cada grupo reconocía claramente su lugar y papel en la sociedad. En última instancia, los intelectuales no luchaban sólo contra el "*entrudo*", sino contra todo un ideal de vida representado en esta forma de jugar. Artur Azevedo, influyente escritor brasileño de finales del siglo XIX, plasmó con ironía en uno de sus artículos en la prensa de la época, el estado de ánimo que afectaba a parte de los círculos intelectuales de aquel *fin de siècle*. Según él, "en Río de Janeiro las revoluciones no me asustan. Lo que me da miedo es el carnaval".[42]

Además de la separación entre quienes desfilaban y quienes miraban, otra transformación relevante que representó el surgimiento de las "grandes sociedades carnavalescas" fue la imposición de un modelo más formal y estructurado para estas fiestas. Al fin y al cabo, las "grandes sociedades de carnaval" eran asociaciones organizadas formalmente con carácter permanente y que funcionaban durante todo el año. Además de los desfiles de carnaval, estas asociaciones también organizaban paseos, bailes y reuniones diversas en otros meses del año. Todo esto requirió un arreglo institucional que demandaba recursos económicos y una alta capacidad de coordinación, muy diferente al "*entrudo*", que era una fiesta más improvisada y con participación individual.

A pesar del evidente carácter elitista del "carnaval veneciano", este nuevo modelo de celebración acabó siendo adoptado con entusiasmo por la población general. Los desfiles de las "grandes sociedades carnavalescas" movilizaron una gran masa de espectadores, que estaban divididos en su apoyo a una de estas asociaciones. En los últimos

---

[42] Leonardo Affonso de Miranda Pereira, *O carnaval das letras: literatura e folia no Rio de Janeiro do século XIX* (2nd ed.), Editora da Unicamp, Campinas, 2004, p. 45.

años del siglo XIX, se estimaba que alrededor de 400 mil personas salían a las calles de Río de Janeiro para presenciar los desfiles de estas "grandes sociedades carnavalescas" (en un contexto en el que la población de la ciudad era de aproximadamente 522.000 habitantes).[43]

Se pueden señalar al menos dos aspectos como factores importantes para la creciente popularidad de las "grandes sociedades carnavalescas", a pesar de su carácter elitista. En primer lugar, la fuente de ingresos para la organización de los desfiles de estas asociaciones, que dependía en gran medida de las donaciones de los negocios ubicados a lo largo de la ruta donde se llevarían a cabo dichos desfiles. Por lo tanto, para disponer de dinero para fabricar automóviles y disfraces, los desfiles de carnaval de estas asociaciones debían atraer a una audiencia lo suficientemente grande como para que los comerciantes tuvieran un interés económico en invertir en tales celebraciones. La situación implicaba que las "grandes sociedades carnavalescas" necesitaban entonces intentar complacer el gusto popular para atraer sus intereses y animar a grandes masas de espectadores a salir a las calles con el fin de presenciar estos desfiles. Además, y en segundo lugar, estas asociaciones estuvieron a menudo involucradas en acciones caritativas y en particular en campañas abolicionistas, especialmente en la recaudación de dinero para comprar la liberación de personas esclavizadas, en lo que pudo haber sido un aspecto importante para la popularidad de estas asociaciones entre los sectores más pobres.[44]

Sin embargo, el apoyo popular a este nuevo modelo de carnaval no se produjo exactamente como querían las élites que lo organizaron. En este proceso de popularización del "carnaval veneciano" se hicieron adaptaciones, trayendo algunas transformaciones a esta nueva fiesta.

Mientras los grupos populares observaban los desfiles de las "grandes sociedades carnavalescas", los intereses y expectativas populares comenzaron a aparecer en el horizonte de preocupaciones de sus organizadores. Uno de los resultados de esta dinámica fue el cambio en las temáticas mostradas en los desfiles, dejando cada vez menos espacio para los acontecimientos históricos, la mitología antigua o

[43] Maria Clementina Pereira Cunha, *Ecos da folia: uma história social do carnaval carioca entre 1880 e 1920*, Companhia das Letras, São Paulo, 2001.
[44] Ibídem.

incluso los grandes acontecimientos del año, que inicialmente estaban entre los más recurrentes. Asimismo, se puso cada vez más énfasis en la dimensión espectacular de estas presentaciones. Como se recoge en un artículo de un periódico de 1911, "el carnaval de Río de Janeiro perdió gran parte de su carácter anterior de crítica animada de los principales acontecimientos del año para convertirse en un carnaval compuesto casi exclusivamente de alegorías artísticas, con más o menos lentejuelas, electricidad y movimiento".[45] Otros artículos de prensa de la época lamentaban la visible y creciente preocupación de los desfiles de las "grandes sociedades carnavalescas" por "llamar la atención" y "deslumbrar al pueblo".[46]

La naturaleza de estas transformaciones no hizo más que ampliarse a medida que los grupos populares se organizaron cada vez más para crear sus propias "sociedades carnavalescas", que no siendo "grandes", como anunciaron las primeras asociaciones de este tipo, seguían básicamente el mismo modelo. Una historiadora brasileña que ha estudiado el tema en detalle habla de una "impresionante proliferación en el siglo XX [en Río de Janeiro]".[47] De hecho, según demuestran los datos que ha recabado, en 1907 la policía de la ciudad concedió autorización para realizar 312 desfiles de carnaval.[48] Muchas de estas nuevas iniciativas provinieron de residentes de barrios que concentraban la población más pobre de la ciudad.

Además de Río de Janeiro, la difusión de este modelo de organización de desfiles de carnaval también se registró en otras regiones del país.[49] Además del esfuerzo de las clases altas por difundir este nuevo

---

[45] *O Malho*, 4 de marzo de 1911

[46] *Fon-Fon*, 4 de marzo de 1911

[47] Maria Clementina Pereira Cunha, *Ecos da folia: uma história social do carnaval carioca entre 1880 e 1920*, Companhia das Letras, São Paulo, 2001, p. 163.

[48] Ibídem, p. 197.

[49] Patrícia Vargas Lopes de Araujo, *Folganças populares: festejos de entrudo e carnaval em Minas Gerais no século XIX*, Annablume, São Paulo, 2008; Carlos Henrique Moura Barbosa, "A decadência de Momo ou outros carnavais? Passeios inferenciais sobre os carnavais na cidade de Fortaleza nas décadas de 1920 e 1930", en Mario Martins Viana Júnior, Carlos Henrique Moura Barbosa & Raquel da Silva Alves (eds.), *Fortaleza sob outros olhares: cultura e cidade*, Instituto Frei Tito de Alencar, Fortaleza, 2011, p. 17-51; Peter Fry, Sérgio Carrara & Ana Luiza Martins-Costa, "Negros e brancos no carnaval da Velha República", en João José Reis (ed.), *Escravidão e invenção da liberdade: estudos sobre o negro no Brasil*, Brasiliense, Rio de Janeiro, 1988,

modelo de carnaval, su creciente difusión también puede entenderse como parte de una estrategia activa por parte de los propios grupos populares, que vieron en estas prácticas la posibilidad de reclamar respetabilidad y reconocimiento público ante las autoridades y la sociedad en general. La capacidad de organizar una asociación formal, cumpliendo con todos los requisitos burocráticos y financieros involucrados en este proceso, ya expresaba, en sí misma, un signo de prestigio. Además, una sociedad carnavalesca ofrecía el pretexto para que grupos normalmente en una posición social subordinada ocuparan las zonas más refinadas de las ciudades, desempeñando diferentes papeles sociales, es decir, como figuras destacadas en una manifestación que las autoridades y las propias élites intelectuales habían celebrado repetidamente como civilizada y deseable. No menos importante, el hecho de que estas asociaciones cumplieran con las leyes mitigaba los riesgos de represión que pesaban sobre las costumbres populares. En última instancia, al adoptar patrones de celebración del carnaval hasta entonces organizados por sectores de las élites, los grupos populares intentaron, de alguna manera, expresar algo sobre sí mismos. Un artículo publicado en la prensa de Río de Janeiro en 1909, comentando los esfuerzos de los grupos populares por organizar sus propias sociedades de carnaval, concluyó sarcásticamente que se trataba de intentos de "darse la ilusión de un gran ser".[50]

El gasto considerablemente elevado de dinero por parte de la gente pobre para crear coches y disfraces caros llamó la atención de muchos observadores de la época. Según uno de ellos, "los socios de estos clubes [de carnaval], casi todos trabajadores pobres, hacen ahorros increíbles durante el año, ahorrando dinero con enorme

---

pp. 232-263; Alexandre Lazzari, "Momo decaído: a imprensa e a tradição perdida do carnaval porto-alegrense no fim do século", In Maria Clementina Pereira Cunha (ed.), *Carnavais e outras f(r)estas*, Editora da Unicamp, Campinas, 2002, pp. 205-280; Beatriz Ana Loner & Lorena Almeida Gill, Clubes carnavalescos negros na cidade de Pelotas, *Estudos Ibero-Americanos*, 35(1), (2009), pp. 145-162; Hilário Figueiredo Pereira Filho, "Abram alas: enredos e trajetórias do carnaval nas primeiras décadas de Belo Horizonte", en Cleber Dias & Maria Cristina Rosa (eds.), *Histórias do lazer nas Gerais*, Editora UFMG, Belo Horizonte, 2019, pp. 255-281.

[50] Maria Clementina Pereira Cunha, *Ecos da folia: uma história social do carnaval carioca entre 1880 e 1920*, Companhia das Letras, São Paulo, 2001, p. 180.

esfuerzo para gastarlo después en costosos disfraces. Así, durante el Carnaval, vemos al modesto albañil que reparaba la pared de nuestra casa con pantalones remendados, vestido como un rey y lleno de orgullo en los días festivos".[51]

De hecho, descontando el tono crítico e incluso irónico de algunas de estas palabras, estos grupos populares, involucrados en la organización de sociedades carnavalescas, parecían comprometidos a exhibir elegancia y, de esta manera, ser reconocidos como similares y dignos de respeto. Visto de manera más profunda, por tanto, más que un mero juego, el carnaval fue también un canal de participación social que floreció al margen de la política formal, sin dejar nunca de ser una actividad verdaderamente placentera y divertida.

Sin embargo, en lugar de hacer familiar lo extraño, el esfuerzo popular por organizar sociedades carnavalescas según el mismo modelo practicado por las élites no siempre resultó en un mayor reconocimiento y aceptación. Como ocurrió antes con el "*entrudo*", las sociedades populares de carnaval pronto fueron clasificadas como "horribles", "fétidas", "bárbaras" y "salvajes". Se ridiculizó la pretensión de distinción y elegancia de estas sociedades carnavalescas, al mismo tiempo que sus esfuerzos financieros para exhibir lujo se clasificaron como irracionales. Nada de esto, sin embargo, inhibió el entusiasmo popular por este nuevo modelo de carnaval. Los grupos populares no sólo continuaron organizando desfiles para sus propias sociedades carnavalescas, sino que acabaron convirtiéndose en el estándar de referencia de lo que debía ser un desfile de carnaval. De hecho, algunas de estas sociedades populares carnavalescas alcanzaron un gran prestigio y algunas de sus innovaciones afectaron profundamente la cultura brasileña, lo que se puede comprobar hasta el día de hoy. Las innovaciones musicales vinculadas a estas sociedades populares de carnaval, por ejemplo, consolidaron una de las manifestaciones culturales brasileñas que se convertiría, con el tiempo, en una de las formas de expresión cultural más conocidas y reconocidas en Brasil.

---

[51] *Gazeta de Notícias*, 6 de enero de 1906.

LA SAMBA

Uno de los grupos de carnaval popular más prestigiosos de Río de Janeiro a principios del siglo XX fue "Ameno Resedá", creado en 1907. Este grupo destacó por haber inaugurado un modelo de desfile de carnaval marcado por el cuidado del vestuario, la calidad del la interpretación musical y la ambición pedagógica de sus desfiles, en aspectos que explícitamente intentaban emular a las "grandes sociedades carnavalescas", aunque sus integrantes tenían origen popular. El grupo fue fundado en la sede de un popular club de baile, cuya banda musical también formaba parte de sus desfiles de carnaval.

Clubes de baile como aquel en la que se creó la sociedad carnavalesca "Ameno Resedá" existían desde finales del siglo XIX, época en la que se decía que la ciudad de Río de Janeiro padecía de una "fiebre del baile".[52] De hecho, a partir de la década de 1880 se establecieron en la ciudad numerosos clubes recreativos dedicados al baile.[53] Estos clubes interpretaban generalmente música de danza europea, que gozaban de gran prestigio social en la ciudad en aquella época, a saber, la "quadrilha", el "vals" y la "polka".[54]

Sin embargo, con el tiempo, estas canciones de danza europeas se combinaron con otros ritmos, especialmente el "lundu", que era bastante popular en Brasil desde los siglos XVII y XVIII.[55] Esta combinación entre lundu y polka dio origen al "maxixe", definido por un estudioso del tema como "la forma brasileña de bailar la polka".[56] Los cambios en el "maxixe" dieron como resultado los géneros conocidos como "tango-brasileño" y "samba-maxixe", que a partir

---

52 Victor Andrade de Melo, *Cidade divertida: entretenimentos no Rio de Janeiro do século XIX*, 7 Letras, Rio de Janeiro, 2022, pp. 77-99.

53 Leonardo Affonso de Miranda Pereira, *A cidade que dança: clubes e bailes negros no Rio de Janeiro (1881-1933)*, Editora da UERJ, Rio de Janeiro, 2020.

54 Wanderley Pinho, *Salões e damas do segundo reinado*, Livraria Martins Editora, Rio de Janeiro, 1942; Rosa Maria Zamith, *A quadrilha, das partituras aos espaços festivos: música, dança e sociabilidade no Rio de Janeiro oitocentista*, E-Papers, Rio de Janeiro, 2011

55 José Ramos Tinhorão, *História social da música popular brasileira*, Editora 34, São Paulo, 1998.

56 Suetônio Soares Valença, "Polca, lundu, polca-lundu, choro, maxixe", en Antonio Herculano Lopes (ed.), *Entre Europa e África: a invenção do carioca,* TopBooks, Rio de Janeiro, 2000, pp. 49-78.

de principios del siglo XX comenzaron a ser comercializados por las primeras empresas de discos de Brasil simplemente como "samba".[57]

Los orígenes de la samba, esta importante manifestación de la cultura brasileña, están asociados por tanto al ambiente general que rodeaba al carnaval, pero también a las sociedades de danza, los "teatros de revista" y las fiestas religiosas, pues todo esto formaba parte de un mismo diapasón. En última instancia, todas estas prácticas mantuvieron estrechas relaciones entre sí. La primera canción con gran éxito comercial y desde entonces reconocida como piedra angular de la samba, "*Pelo Telephone*", a pesar de las numerosas controversias que rodearon el episodio, habría sido creada en una residencia popular o quizás en una tienda de comida en una fiesta religiosa tradicional del Río de Janeiro (la "Fiesta da Penha"). Después de su creación, la canción se hizo famosa cuando fue adoptada como parte de una obra de teatro popular de la época (llamada "*Três Pancadas*"). Los autores de la música y de la letra, pese a algunas polémicas y versiones alternativas que también rodean el tema, habrían sido Ernesto Joaquim Maria dos Santos (más conocido como "Donga") y Mauro de Almeida, ambos nacidos en Río de Janeiro –siendo uno de ellos negro y el otro blanco.[58]

Todos los primeros autores de samba de éxito, entre ellos la llamada "Santísima Trinidad de la Música Popular Brasileña" – "Donga", "João da Baiana" e "Pixinguinha" – eran habituales de las fiestas privadas celebradas en varias casas de barrios pobres de Río de Janeiro.[59] Según el testimonio de uno de los asistentes a estas fiestas, "en aquella época [1910] no había lugar para divertirse. No había cine. Solo había fiestas en los hogares. Nosotros, los de raza [refiriéndose a los negros], ya sabíamos de memoria dónde reunirnos. Siempre había fiesta, con bailes e incluso asuntos religiosos en muchas familias. Allí los criollos se conocieron, comieron, bailaran, se divirtieron, salieron y se casaron".[60]

[57] Lira Neto, *Uma história do samba: as origens* (vol. 1), Companhia das Letras, São Paulo, 2017.

[58] Ibídem.

[59] Ibídem.

[60] Monica Velloso, "As tias baianas tomam conta do pedaço: espaço e identidade cultural no Rio de Janeiro", *Estudos Históricos*, 3(6), (1990), p. 213.

Además de albergar populares clubes de baile, estas residencias también dieron origen a varios "ranchos de carnaval", que es la manera como se pasaron a llamar las sociedades carnavalescas creadas por los grupos más pobres. La historia de estos "ranchos" se remonta a los años finales del siglo XIX y está relacionada con celebraciones religiosas tradicionales. El modelo de desfile adoptado por los "ranchos" puede analizarse como una asimilación popular de los elementos inaugurados por las "grandes sociedades carnavalescas", pero también como una evolución histórica de prácticas más tradicionales que desde hace mucho tiempo formaban parte del repertorio festivo brasileño. Sin embargo, a raíz del proceso de "romanización" de la Iglesia católica, como se mencionó anteriormente, las prácticas religiosas populares fueron objeto de considerable hostilidad e incluso represión en aquella época, especialmente aquellas que tenían rasgos festivos. En este contexto, entre finales del siglo XIX y principios del siglo XX, se vio la organización de desfiles populares de carnaval según el modelo de "grandes sociedades carnavalescas", celebradas por intelectuales y autoridades políticas como un recurso para el progreso de la nación, como algo menos peligroso y amenazador, "una alternativa menos desagradable a los ojos de las élites" o incluso "una forma de disfrute que parecía inofensiva", según la interpretación de un historiador brasileño.[61] La larga historia de revueltas y rebeliones planeadas o llevadas a cabo durante los días de festividades religiosas no hizo más que reforzar esta estructura de sentimientos.

Al parecer, la adhesión de grupos populares a favor de organizar nuevas prácticas e iniciativas durante el Carnaval pudo haber sido parte de una estrategia para brindar la oportunidad de llevarlas a cabo[62], ya que tanto las autoridades de la Iglesia Católica como los líderes políticos crearon, cada vez más, todo tipo de dificultades para fiestas populares, al mismo tiempo que los mecanismos de represión fueron más permisivos o simplemente no lograron imponerse durante el carnaval. A lo largo de casi toda la segunda mitad del siglo XIX,

---

[61] Tiago de Melo Gomes, "Para além da casa de tia Ciata: outras experiências no universo cultural carioca, 1830-1930". *Afro-Ásia*, (29-30), (2003), pp. 175-198.

[62] Maria Clementina Pereira Cunha, *Ecos da folia: uma história social do carnaval carioca entre 1880 e 1920*, Companhia das Letras, São Paulo, 2001.

en numerosas ocasiones, diversos artículos de prensa criticaron o ridiculizaron la incapacidad de las autoridades para hacer cumplir, durante el carnaval, las prohibiciones que ellas mismas establecían.[63] En este contexto, la creación o recreación de "ranchos" parece una especie de adaptación de antiguas costumbres populares al nuevo modelo de "carnavales venecianos". Estos cambios no fueron muy difíciles de realizar, ya que, desde la época colonial, varias fiestas y celebraciones religiosas tenían elementos bastante similares a los del "nuevo" y "moderno" "carnaval veneciano", como los coches con temas satíricos y en forma de procesión, entre otros elementos.[64]

Figura 3. Procesión religiosa en el siglo XIX

Fuente: Debret, Jean-Baptiste. *Voyage pittoresque et historique au Brésil.* Tome III. Paris: Firmin Didot Frères, 1839, p. 184 (*Quete Nommée la Folie de L'Empererеur du St. Espirit*, planche 29)

[63] Leonardo Affonso de Miranda Pereira, *O carnaval das letras: literatura e folia no Rio de Janeiro do século XIX* (2nd ed.), Editora da Unicamp, Campinas, 2004.

[64] Maria Clementina Pereira Cunha, *Ecos da folia: uma história social do carnaval carioca entre 1880 e 1920*, Companhia das Letras, São Paulo, 2001; Gomes, Tiago de Melo Gomes, "Para além da casa de tia Ciata: outras experiências no universo cultural carioca, 1830-1930". *Afro-Ásia*, (29-30), (2003).

Además de la afinidad entre prácticas nuevas y antiguas, el compromiso de las élites para consagrar y difundir el "nuevo carnaval veneciano" puede haber ofrecido una ventana de oportunidad para que los grupos subordinados organizaran sus propios proyectos de inserción y reconocimiento en una sociedad muy jerárquica. Al enfatizar explícitamente que sus iniciativas eran intentos de reproducir prácticas muy positivamente anunciadas por las propias élites como "modernas", "civilizadas", "refinadas" y de "buen gusto", los grupos populares lograron reducir parte de la resistencia que habitualmente pesaba sobre sus costumbres. La incorporación de elementos ampliamente considerados por las propias élites como símbolos de modernidad, cosmopolitismo y sofisticación, fue en sí misma un recurso que intentó eliminar imágenes de barbarie y primitivismo que tan comúnmente marcaron prácticas e iniciativas vinculadas a los negros y los pobres. Una vez presentadas como "sociedades de carnaval", tal como las celebraban intelectuales y autoridades políticas, las iniciativas populares no sólo pudieron escapar de la represión y las prohibiciones, sino que también pudieron obtener algún aplauso y aliento. Como resumió una estudiosa brasileña del tema, "a través de la samba, el carnaval y la cocina, la cultura negra ganó espacio en el conjunto de la sociedad".[65]

De hecho, la consagración de la samba como ritmo representativo de la identidad nacional, que se consolidó alrededor de las décadas de 1920 y 1930, coronó con éxito una larga dinámica de luchas populares por la aceptación y el reconocimiento. A diferencia del paradigma interpretativo que empezó a predominar precisamente por esa misma época, articulado, sobre todo, por artistas e intelectuales modernistas que enfatizaban una oposición artificial entre "melodía europea" y "ritmos africanos", una separación total entre lo erudito y lo popular, o la cultura de los ricos y de los pobres, en sentido estricto nunca existió.[66] Los contactos e intercambios fueron y siguen

[65] Monica Velloso, "As tias baianas tomam conta do pedaço: espaço e identidade cultural no Rio de Janeiro", *Estudos Históricos*, 3(6), (1990), p. 216.

[66] Dmitri Cerboncini Fernandes, A negra essencialização do samba, *Luso-Brazilian Review*, 51(1), (2014), pp. 132-156; Hermano Vianna, *O mistério do samba*, Jorge Zahar, Rio de Janeiro, 2002.

siendo rasgos muy recurrentes de la vida cotidiana y de las prácticas culturales brasileñas. Varios personajes con notable protagonismo en las innovaciones estéticas y musicales que caracterizarían a partir de entonces la cultura popular brasileña mantuvieron estrechas relaciones con parte de las élites políticas, económicas e intelectuales de su época, lo que fue parte de una estrategia casi indispensable no sólo para su supervivencia, pero también para facilitar su aceptación como miembros legítimos de esa sociedad e incluso un recurso para una pequeña ascensión social. Más aún, hasta mediados del siglo XX, la postura general que prevalecía entre amplios sectores de las clases populares y negras en Brasil se caracterizaría mejor como una intensa demanda de igualdad y aceptación, más que de reconocimiento de las diferencias étnicas, como sería desde los años 1960 y 1970.[67]

Vista desde este ángulo, la sutil y progresiva transformación de antiguas fiestas religiosas promovidas por "*irmandades*" religiosas en desfiles de carnaval parece una jugada genial. En este sentido, tanto los "ranchos de carnaval" como los clubes de baile popular o de fútbol, sin olvidar otras prácticas diversas de ocio, pueden interpretarse como parte del esfuerzo histórico de sus integrantes por crear espacios de sociabilidad capaces de alcanzar la respetabilidad pública ante ellos mismos y sobre todo ante la sociedad en su conjunto. Los éxitos relativos de estas empresas tal vez deberían arrojar alguna luz en las reflexiones sobre las actuales estrategias de lucha política empleadas por las clases populares brasileñas.

[67] Sérgio Costa, "A mestiçagem e seus contrários: etnicidade e nacionalidade no Brasil contemporâneo", *Tempo Social*, 13(1), (2001), pp. 143-158; Dmitri Cerboncini Fernandes, "A negra essencialização do samba", *Luso-Brazilian Review*, 51(1), (2014), pp. 132-156; Antonio Sérgio Alfredo Guimarães, "A questão racial na política brasileira (os últimos quinze anos)". *Tempo Social*, 13(2), (2001), pp. 121-142.

LA NACIONALIZACIÓN DEL CARNAVAL PARA IMPULSAR EL NEGOCIO DEL OCIO DE BARCELONA (1860-1878)[1]

Jordi Roca Vernet
Universitat de Barcelona

La historia del Carnaval no es nueva y se mueve a caballo de varias disciplinas como la historia o la antropología. En el origen de los estudios del Carnaval encontramos los trabajos de Julio Caro Baroja[2] y, posteriormente, los del hispanista David D. Gilmore[3], en las últimas décadas del siglo XX. La obra de Mijaíl Bajtín[4] devino fundamental para interpretar cómo a mediados del siglo XIX el Carnaval perdía el carácter utópico y subversivo para transformarse en un momento festivo más. Bajtín asociaba aquel proceso a la industrialización, al ascenso de la civilidad burguesa, la consolidación del Estado-Nación y el desarrollo del capitalismo. La domesticación del Carnaval se ha convertido en una interpretación predominante en los estudios posteriores. La comercialización del Carnaval se extendió por Europa y América de la mano del ascenso de las burguesías en el siglo XIX y principios del XX. El Carnaval parisino se transformó, dando protagonismo a los salones de baile, exclusivos y a menudo excluyentes, definidos posteriormente como "espectáculos de prosperidad" que distraían la mirada de realidades desagradables[5]. El libro de Felipe

---

1 Este texto se ha beneficiado del proyecto de investigación "PLACLID. Las plazas como lugares de memoria de la cultura liberal democràtica durante el proceso de construcción y consolidación del Estado Liberal, 1820-1874", Ministerio de la Presidencia, Memoria Democrática, 2023.

2 Julio Caro Baroja, *Carnaval*, Alianza Editorial, 2006. [1965].

3 David Gilmore, *Carnival and Culture: Sex, Symbol, and Status in Spain*, Yale University Press, New Haven, 1998.

4 Míjail Bajtín [Mikhail Bakhtin], *La cultura popular en la Edad Mediay en el Renacimiento: El Contexto de Frangois Rabelais*, Alianza, México. 1990

5 Matthew N. Truesdell, *Spectacular Politics. Louis-Napoléon Bonaparte and the Fete Impériale, 1849-1870*, New York: Oxford University Press, New York, 1997.

Ferreira[6] explica, a través del análisis de la dimensión geográfica de la fiesta, cómo se produce una lucha por los espacios en los que se desarrollan las mascaradas, distinguiéndose los recorridos de las rúas populares de aquellas realizadas por las élites, y muestra cómo posteriormente se construirá una memoria alrededor de la fiesta para legitimar la apropiación por parte de dichas élites.

Los trabajos de Max Gluckman y otros especialistas han presentado los Carnavales como "válvulas de seguridad" que con el apoyo de las élites pretendían disipar cualquier conato revolucionario y mantener el statu quo, como ha explicado A. Goded[7]. Sin embargo, los trabajos más recientes han cuestionado la dualidad de estas escuelas interpretativas, poniendo de relieve cómo estas válvulas de seguridad no siempre fueron eficientes, pues el Carnaval dio lugar a revueltas en distintas ciudades europeas a principios y mediados del siglo XIX, en pleno proceso de domesticación del Carnaval. Como apunta Goded[8], ninguna de las dos líneas tendría en cuenta la polisemia de la fiesta, la multiplicidad de interpretaciones y, por lo tanto, que no puede reducirse a un único signo político. También textos como los de David Gilmore han cambiado el punto de análisis, insistiendo en la recepción y experiencia de los participantes en el Carnaval. En definitiva, trabajos como los de Gilles Bertrand demuestran que la relevancia de la contingencia histórica es fundamental, pues tienen una cronología más acorde con dinámicas socioeconómicas y políticas, y al mismo tiempo corroboran la importancia de la confrontación política[9]. Finalmente, los estudios de Mónica Rector para el caso de Brasil demuestran que el carnaval empezó como una fiesta popular que las élites más tarde se apropiaron, dando lugar a las grandes sociedades, y que posteriormente se reinventó en clave

---

6 Felipe Ferreira, *L'Invention du carnaval au XIXe siècle: Paris, Nice, Rio*, L'Harmattan, París, 2014.

7 Aurélie Godet, "Behind the Masks: The Politics of Carnival", *Journal of Festive Studies* 2 (1) (2020), pp. 1-31, y especialmente p. 13. https://doi.org/10.33823/jfs.2020.2.1.89.

8 A. Godet, "Behind the Masks..., p. 10.

9 Gilles Bertrand, "Venice Carnival from the Middle Ages to the Twenty- First Century: A Political Ritual Turned 'Consumer Rite'?", *Journal of Festive Studies* 2 (1), (2020), pp. 77-104. https://doi.org/10.33823/jfs.2020.2.1.30.

popular, abarcando elementos afrobrasileños[10]. En la actualidad, ambas tradiciones coexisten en el Carnaval. Rector consideraba que el Carnaval no es estático y único, sino más bien un campo de acción en el que dominantes y oprimidos podían escenificar sus propuestas y reivindicaciones[11]. Más recientemente también se ha estudiado el Carnaval como una heteropía, un espacio real en el que conviven distintas capas de significado a medio camino entre aquello real e irreal.

La originalidad de esta investigación se basa en desarrollar la dimensión política del Carnaval y su proyección nacionalizadora. Este análisis demuestra que la Sociedad del Borne tuvo que competir primero con otras sociedades recreativas menos incisivas políticamente y más elitistas, como la de Santa Catalina, y que posteriormente fue represaliada con la intención de despolitizarla al final de la Primera República (1874). La renovación del Carnaval estuvo influenciada por el desarrollo de las fiestas cívicas durante el proceso de construcción y consolidación del régimen liberal. Paralelamente, la fiesta creció de la mano del desarrollo del sector del ocio y la cultura a través de la proliferación de teatros, jardines y salones de baile. Este sector económico se desarrolló en la medida en que la industrialización y la urbanización transformaban la ciudad de Barcelona a partir de las décadas centrales del siglo XIX. La hipótesis de esta investigación es que el Carnaval se convirtió en un espacio prolífico para mostrar la apropiación popular de la civilidad y prácticas culturales de las nuevas élites burguesas, pero también para el desarrollo de una cultura política republicana que era crítica con el liberalismo elitista hegemónico. El final del Sexenio Democrático (1868-1874) también supuso la despolitización del Carnaval con la desaparición de las parodias contra la monarquía, la esclavitud, etc. En este estudio se abordan los discursos contra la monarquía y los favorables al abolicionismo, y la multiplicidad interpretativa sobre los discursos y símbolos regionales y nacionales. También se constata que las sociedades recreativas del

[10] Monica Rector, "The Code and Message of Carnival: 'Escolas de Samba'", en Thomas Sebeok (ed.), *Carnival! Approaches to Semiotics*, Mouton Publishers, Berlin, 1984, pp. 37-165.

[11] A. Godet, "Behind the Masks..., p. 15.

Carnaval promovieron un proceso de movilización popular en un sentido democratizador.

La historiografía ha debatido alrededor de la intencionalidad de los organizadores de la fiesta del Carnaval barcelonés. Albert García Balañá interpreta la fiesta en la misma línea de los coros de Clavé[12], como una forma de paternalismo social de una cultura política liberal burguesa que se proponía reformar el comportamiento de los obreros en favor de los intereses de la burguesía. Por otra parte, Aurèlie Vialette considera que el teatro de barrio de Rossend Arús, uno de los organizadores del Carnaval, y la propia fiesta, son una expresión de disidencia y resistencia de barrio ante el poder de las instituciones religiosas y gubernamentales[13]. Vialette se hace eco de la tesis de Pere Gabriel, quien afirma que tanto los teatros de barrio como en la Sociedad del Borne fueron espacios donde se visualizaron las ideas republicanas[14]. Recientemente se ha defendido un trabajo final de máster de Agnès Chiva Aymerich sobre el Carnaval en Mataró en el que se constata que este estuvo impulsado por republicanos, pero no consiguió involucrar a los obreros[15].

En otras ciudades españolas se llevaron a cabo procesos similares, aunque con diferencias significativas, Alberto Ramos[16], en su estudio sobre la historia del Carnaval, demuestra a partir de los ejemplos de Cádiz y La Coruña[17] cómo las autoridades quisieron controlar la fiesta callejera con el fin de acabar con las situaciones de desorden y conflicto, por lo que crearon en 1862 una comisión dotada de presupuesto para desarrollar una nueva concepción del

[12] Albert García Balañà, "Ordre industrial i transformació cultural a la Catalunya de mitjan segle XIX: a propòsit de Josep Anselm Clavé i l' associacionisme coral", *Recerques: Història, economia i cultura*, 33, (1995), 103-134, y especialmente pp. 118-119.

[13] Aurélie Vialette,"Bricoleur y director de barrio: Rossend Arús i Arderiu y la Performance del Archivo", *Hecho Teatral*, 17, (2017), pp. 137-163, y especialmente p. 157.

[14] Pere Gabriel, "Visibilitats polítiques i vertebració social del món obrer i popular Barcelona, 1868-1874", *Barcelona. Quaderns d'Història*, 15, (2009), pp. 53-77.

[15] Agnés Chiva, *El rol de la classe obrera en el carnaval a Mataró a la segona meitat del segle XIX*, Màster de recerca en Humanitats, Universitat de Girona, Girona, 2021.

[16] Alberto Ramos, *El carnaval secuestrado o historia del carnaval*, Quorum Editores, Cádiz, 2002.

[17] Gérard Brey y Serge Salaün, "Los avatares de una fiesta popular: el Carnaval de La Coruña en el siglo xix", *Historia Social*, 5, (1998), pp. 25-35.

Carnaval. Otros investigadores, como Ignacio Sacaluga[18] enfatizan que el Carnaval de Cádiz, como en otros lugares de Europa, sufre un proceso de domesticación en la medida que la burguesía local a través del presupuesto municipal financiará la fiesta. Con la reforma de la fiesta se pierde espontaneidad, pero con la mejora de la organización aumenta la espectacularidad. En Madrid, este proceso de renovación llegará un poco más tarde, durante el Sexenio Democrático, aunque no estará exento de críticas al considerarlo como "en una escuela de escándalo y desvergüenza". Se atacará la influencia de un modelo francés basado en bailes indecentes, en la segmentación social, parodias políticas y en el desarrollo de unas actividades económicas asociadas al ocio como eran teatros, cafés, y tabernas o al transporte privado que trasladaban la población de la ciudad a los prados donde se desarrollaba el Carnaval[19]. La renovación del Carnaval se percibía como la desnacionalización de algo que era una expresión tradicional castiza de la sociedad española, como ocurría en Madrid.

Los estudios sobre el Carnaval habitualmente han obviado su faceta nacionalizadora, aunque la domesticación y la apropiación de la fiesta por las élites burguesas en la segunda mitad del siglo XIX implícitamente supone la incorporación de símbolos y discursos nacionales y regionales. La nacionalización del Carnaval permite analizar cómo la nación fue experimentada y sus discursos reformulados entre colectivos que iban más allá de las élites. Los estudios sobre la nacionalización de la fiesta han sido más usuales en el análisis de las fiestas cívicas[20], ceremoniales de Cortes[21] y visitas reales[22]. Sin embargo, el Carnaval se ha abordado desde una perspec-

[18] Ignacio Sacaluga Rodríguez y Álvaro Pérez García, "Impacto social y comunicativo del carnaval gaditano durante el siglo XIX. *Actas Icono* 14, 1(1), (2019), pp. 294-313. https://www.icono14.net/ojs/index.php/actas/article/view/1249

[19] *La Ilustración Española y Americana*, 25 de febrero de 1870, pp. 14-15.

[20] Jordi Roca Vernet, "Las fiestas cívicas del Trienio Progresista (1840-1843): progresistas enfrentados y desafío a la regència", *Historia Contemporánea*, 56, (2018), pp. 7-45.

[21] Oriol Luján, "Escenificaciones de poder en el ceremonial de las aperturas de Cortes españolas del siglo XIX", *Hispania*, 261, (2019) pp. 99-126.

[22] David San Narciso, *La monarquia en escena. Ritualidad pública y legitimidad política en el liberalismo espanyol (1814-1868)*, Centro de Estudios Políticos y Constitucionales, Madrid, 2022. Véase también el número monográfico coordinado Ráquel

tiva en que se priorizaban investigaciones sobre la cultura popular, conflicto, civilidad o domesticidad fundamentados en el análisis de larga duración. Los recientes trabajos sobre la nacionalización en la segunda mitad del siglo XIX han puesto de relieve cómo había distintas culturas políticas con agencia nacional[23], lo que cuestionó la hegemonía de las élites.

Esta investigación demuestra cómo se produjo un proceso de renovación del Carnaval que se asoció a los cambios y las transformaciones de las sociedades europeas del siglo XIX. La urbanización, el desarrollo de nuevos sectores económicos o la construcción de las naciones comportaron la renovación del Carnaval a partir del modelo francés. El Carnaval significó una experiencia de nación para los sectores más populares basada en la conformación de una comunidad emocional, temporal, facilitadora de los consensos culturales y sociales en sociedades convulsas en la que eran latentes conflictos sociales y políticos. Los días de Carnaval ayudaban a apropiarse de los símbolos nacionales y regionales y darles significados en clave popular y republicana. También permitió una crítica más explícita a las élites sociales y culturales que todavía los gobernaban, hecho que ayudó a extender un discurso más complejo del movimiento cultural de la Renaixença[24] en la medida que la incorporación de la parodia como agencia de los grupos de profesionales vinculados a la prensa, a la cultura republicana, y a los sectores populares revertió en la construcción de la región y nación.

Sánchez, "Hacia una monarquía nacional: la Corona como agente de nacionalización en España (1833-1885)", *Hispania*, 262, (2020), pp. 323-330.

23 Xavier Andreu Miralles, "La nacionalización española en el siglo XIX. Un nuevo balance", *Spagna Contemporánea*, 49, 2016, pp. 169-184; y Xavier Andreu Miralles y Mónica Burguera, "Culturas políticas e identidades colectivas después del giro cultural. Nación y género en la historiografía española contemporània", *Historia y Política*, 50, 2023, pp. 71-104.

24 Josep Maria Domingo, "Sobre la Renaixença", *L'Avenç*, 390, (2013), p. 26-35; y Joan Lluís Marfany, *Nacionalisme espanyol i catalanitat. Cap a una revisió de la Renaixença*, Edicions 62, Barcelona, 2017.

INCENTIVAR LA INDUSTRIA DEL OCIO DESDE LAS SOCIEDADES RECREATIVAS

Durante la primera mitad del siglo XIX, entre las autoridades políticas y las élites reinaba la desconfianza hacia el Carnaval y se interpretaba como un episodio de descontrol social e indecencia, como se puso de manifiesto en 1848 cuando llegaron las noticias de la proclamación de la República francesa[25]. El Carnaval se percibía como un momento ritualizado de recreación de las bullangas barcelonesas, en el que la agitación popular se apoderaba de la ciudad y las consecuencias podían ser absolutamente imprevisibles. A principios de la década de los 60' se produce una renovación del Carnaval en Barcelona, siguiendo el modelo que se define en París, renovado dos décadas antes. El Carnaval pretendía convertirse en una forma de cohesión de la comunidad a través de la filantropía, y a la vez fomentar el desarrollo económico de las industrias del ocio y la cultura, como eran los teatros, los jardines y las salas de baile.

El Carnaval se estructuraba en dos partes: la primera consistía en los desfiles o cabalgatas de comparsas organizadas por la Sociedad del Borne, la Sociedad de Santa Catalina o la Sociedad del Gavilán. Estas cabalgatas recorrían el centro de la ciudad y durante el Sexenio Democrático se constituirán cabalgatas diferenciadas: la primera partía del mercado del Borne y la organizaba la sociedad homónima, y la segunda partía del mercado de Santa Catalina y la organizaba la Sociedad Carnavalesca de Santa Catalina[26]. En menor medida, la sociedad del Gavilán organizaba una rúa para atraer a los espectadores a los bailes organizados por el Taller del Embut. El acceso a los desfiles de las comparsas era gratuito y sus recorridos dibujaban una geografía popular. La segunda parte del Carnaval era la que se desarrollaba en los teatros y salones de bailes, algunos habituales, como el de la Patacada, el del Teatro Liceo, el del Circo Barcelonés, el del Teatro Romea o el del Teatro Olimpo. Los talleres de artistas

---

[25] Jaime Carrera Pujal, "La segunda guerra carlista y las revoluciones de 1848 y 1854", en Jaime Carrera Pujal, *Historia Política de Cataluña en el siglo XIX*, Bosch casa editorial, Barcelona, 1957, p. 84.

[26] *La Crónica de Cataluña*, 19 de febrero de 1873, ed. mañana, p. 3.

como el Rull, el Embut o el Baldufa eran decorados para atraer visitantes y organizaban bailes en aquellos espacios o en los teatros de la ciudad[27]. En esta parte del Carnaval el acceso del público era más restrictivo, pues estaba limitado por el abono de una entrada.

El desarrollo de las actividades económicas vinculadas al baile, los conciertos y los teatros se asoció a la renovación del carnaval barcelonés, constándose la influencia francesa. Esta también se observó a través de las cabalgatas de máscaras, que desfilaban con carrozas y carretelas abiertas. Las élites desfilaban sin miedo en los barrios populares de la ciudad y las clases populares se organizaban con sociedad recreativas y desfilaban por el espacio público, apropiándoselo a diferencia de lo que sucedía durante los ceremoniales políticos reales. En el caso barcelonés, la reforma del Carnaval estuvo impulsada por sociedades recreativas que se adaptaron a las nuevas formas de ocio popular e introdujeron elementos procedentes de las fiestas cívicas del liberalismo progresista.

La renovación del Carnaval estuvo determinada por el proceso de mercantilización del ocio popular en el espacio popular a partir de la asunción de un comportamiento cívico característico de la nueva sociedad liberal que Marfany identificó con elementos modernos, como eran los nuevos ritmos musicales o la competitividad deportiva[28]. Durante el Carnaval de 1860 se celebraron ciento doce bailes en la ciudad: noventa y uno eran bailes particulares que organizaban las sociedades en los teatros de la ciudad y una parte del beneficio recaudado se destinaba a una causa social; también se celebraron veintiún bailes públicos que se celebraban en los mismos espacios, aunque solo cambiaba el precio y el destino de los fondos recaudados con la venta de entradas[29]. Los bailes fueron una forma de contribuir a la financiación de las entidades y de fomentar la filantropía entre los

---

[27] *Almanaque del Diario de Barcelona para el año 1871*, Imprenta del diario de Barcelona, 1870, 116.

[28] Joan Lluís Marfany, "Notes per a l'estudi de la festa a les terres catalanes", En Joaquim Capdevila y Agustí Garcia, *La festa a Catalunya. La festa com a vehicle de sociabilitat i d'expressió política*, Coordinadora de Centres d'Estudis de Parla Catalana, PAM, Barcelona, 1997, pp. 19-50, y especialimente pp. 29-32.

[29] Jordi Roca Vernet, "La movilización popular urbana a través de las fiestas y el carnaval: Barcelona, 1844-1868", *Historia y Política*, núm. 46, (2021), pp. 53-85.

ciudadanos, lo que contribuyó a cohesionar culturalmente la sociedad liberal barcelonesa, al mismo tiempo que se reelaboraba la identidad de las clases populares en clave liberal democrática y republicana.

La Sociedad del Borne fue la primera sociedad recreativa o carnavalesca que surgió en Barcelona. Nació en 1857 y se erigió en la responsable de la renovación del Carnaval, domesticándolo y reduciendo el potencial transgresor popular y asumiendo modelos cívicos y civilizatorios de la sociedad liberal. Este carnaval era del gusto de las nuevas élites y potenció el desarrollo de la industria del ocio. El carnaval no negaba la posibilidad de la crítica o parodia política, pero reducía su abasto y pretendía acotar los tumultos y el desorden, aunque no siempre lo consiguió, puesto que en ocasiones se produjeron altercados, como en 1864[30]. Al frente de la Sociedad del Borne había un grupo de jóvenes amigos del barrio popular del Borne que se articulaba alrededor del mercado principal de Barcelona. Estos eran demócratas y republicanos (Sebastià Junyent[31], J. M. Torres[32], Rossend Arús[33], etc.) que disfrutaron del apoyo del fundador y director de las sociedades corales, Josep Anselm Clavé. La sociedad había limitado a treinta el número de socios y su objetivo era organizar el Carnaval y dedicar los beneficios a la filantropía con actos de beneficencia (orfanatos, hospitales, obreros sin trabajo o los damnificados de la guerra), entregándolos a la Junta del Patronato de Pobres[34]. Los socios, mediante cuotas, participaban de esa dimensión filantrópica, poniendo de relieve una concepción asociativa del mundo popular y obrero, y muy alejada del paternalismo social que practicaban las élites burguesas. Prueba de ello era que cada año publicaban las cuentas de la sociedad para demostrar que sus beneficios iban íntegramente a los centros de beneficencia de la ciudad.

---

30 Arturo Masriera, *Los Buenos barceloneses. Hombres, costumbres y anècdotes de la Barcelona ochocentista, (1850-1870)*, Editorial Políglota, Barcelona, 1924, p. 120.

31 Ibídem, pp. 125-130.

32 Conrad Roure, *Memòries de Conrad Roure. Recuerdos de mi larga vida. Estudi introductori Josep Pich Mitjana*. Tomos I, II, y III. Eumo Editorial. Institut Universitari d'Història Jaume Vicens Vives, Barcelona, (2010) [1925-1927], p. 125.

33 Jordi Galofré, *Rossend Arús i Arderiu (1845-1891)*, Ajuntament de Barcelona, Barcelona, 1989.

34 *El Lloyd Español*, 27 de febrero de 1864, p. 2.

En la década de los sesenta y setenta el Carnaval creció a través de la formación de nuevas sociedades recreativas y de los talleres de jóvenes artistas que se convertían en espacios de encuentro (Rull, Embut y Baldufa) pertinentemente decorados, como cuando se reprodujo la decoración de la gruta submarina de las perlas de la ópera *Don Carlo* de Giuseppe Verdi[35]. Dos años después, el taller del Embut decoraba su interior como una caverna mitológica con los palacios de los dioses, Plutón y Poserpina[36]. También eran lugares desde los que salían las mascaradas, como en 1870, cuando salió por la noche una dedicada al encuentro que tuvieron Marco Antonio y Cleopatra[37]. Los talleres también organizaban exposiciones humorísticas que parodiaban las exposiciones de arte[38] que se celebraban en la ciudad. Proliferaron las sociedades recreativas como la del Gavilán (en el taller del Embut), y sociedades lírico-dramáticas como Latorre, Mate (teatro Romea), Mabille (homónima de la parisina), entre otras.

En el Sexenio Democrático apareció la Sociedad Carnavalesca de Santa Catalina, que tenía como epicentro el mercado homónimo[39]. Los impulsores eran los mismos tenderos del mercado que veían cómo la Sociedad del Borne, con su entablado que representaba el rey del Carnaval, atraía a "las muchachas del servicio" hacia aquel mercado[40]. Esto les incentivó a crear una sociedad que organizara sus actividades en el barrio y mantuviera su propia clientela durante aquellos días festivos y los posteriores de la cuaresma. Durante aquellos años se establecieron rúas o cabalgatas con recorridos diferenciados que corroboraban la existencia de identidades de barrio distintas. La de Santa Catalina tenía un tinte más distinguido, acomodado

[35] *Almanaque del Diario de Barcelona para el año 1872*, Imprenta del diario de Barcelona, 1871, p. 116.

[36] Jordi Pablo, "Imatges de La Barcelona irreverent", *Quaderns del Museu Frederic Marès*, 16, (2012), pp. 55-244, especialmente p. 85.

[37] *Almanaque del Diario de Barcelona para el año 1871*, Imprenta del diario de Barcelona, 1870, p. 116.

[38] Taller Ambut. *Departament de ciencias. Academia artística. Secció Bellas Arts. Gran Exposició*, Estampa de Narcís Ramírez y Compañía, Barcelona, 1865.

[39] *Almanaque del Diario de Barcelona para el año 1871*, Imprenta del diario de Barcelona, 1870, p. 116.

[40] *La Independencia*, 13 de febrero de 1871, p. 3.

y elitista, y no hacía ninguna mención a su carácter filantrópico, a diferencia de lo que ocurría con la Sociedad del Borne.

El final de la I República supuso la desaparición de la Sociedad del Borne. En el periódico *La Imprenta* se apuntaba que fue "victima de la murmuració; la calumnia la feu martyr[41]", y se ponía de relieve que la sociedad había sido sustituida por otras, e incluso que algunos habían recogido "les despulles" de la Sociedad del Borne para arrogarse su identidad, organizando el Carnaval. Aquello pretendía despolitizar la Sociedad del Borne, pues en "El carro alegórico figuraba el mercado del Borne, estaba decorado con toda clase de verduras y objetos del mercado, y había en él dos muchachas vestidas de ricas labradoras catalanas y algunos muchachos con trajes de payés[42]". El Carnaval no se había despolitizado completamente, pues se hacía referencia en el mismo artículo a "algunas alusiones políticas, entre ellas la partida de la porra[43]", que de forma macabra parodiaban la represión arbitraria que sufrían los republicanos federales y los obreros internacionalistas. Las sociedades que habían organizado el Carnaval de 1874 eran una "munió de mascaradas que han adoptat lo criminal medi de implorar una llimosna per a sufragar ab ella imperdonables bromas[44]". El articulista denunciaba las prácticas corruptas de la nueva sociedad y demás entidades que querían apropiarse de las recaudaciones destinando solo una parte a fines filantrópicos. A finales de 1874 algunos de los socios de la Sociedad del Borne fundaron la sociedad humorística y recreativa *El Niu Guerrer*[45], que poseía un discurso político más comedido, y durante cuatro años convivieron la nueva sociedad con una Sociedad del Borne que había sido desnaturalizada y despolitizada, siendo abandonada por la mayoría de sus socios fundadores.

---

41 *La Imprenta*, 6 de febrero de 1874, ed. tarde, pp. 3-4.
42 *Almanaque del Diario de Barcelona para el año 1875*, Imprenta del diario de Barcelona, 1874, p. 90.
43 Ibídem.
44 *La Imprenta*, 6 de febrero de 1874, ed. tarde, pp. 3-4.
45 J. Pablo, "Imatges de La Barcelona..., p. 121.

DIMENSIÓN FILANTRÓPICA

La filantropía fue sin duda el aspecto más determinante de la renovación del Carnaval en Barcelona, pues el concepto conectaba con una tradición republicana que se contraponía al modelo de caridad católico. El estudio de la filantropía ha sido descrito como medio de comunicación simbólica que implicaba una relación social de reciprocidad entre el donante y el receptor, y A. Vialette[46] ha subrayado el abismo de poder existente entre ambos cuando el donante son las élites burguesas y el receptor las clases populares. Sin embargo, en la práctica del Carnaval, los donantes y receptores procedían en muchas ocasiones de los mismos grupos sociales, las clases medias y populares que concurrían como espectadores a los teatros y sociedades, lo que generaba una cierta identificación entre donante y receptor. Durante la fiesta del Carnaval, igual que en los espectáculos de los coros de Clavé, la filantropía creaba la ilusión de una igualdad cultural y la fiesta todavía incrementaba más su visibilidad[47]. Esto reforzaba la cohesión y la percepción de una comunidad político-cultural formada entre iguales, que era un principio del republicanismo. Por otra parte, el discurso de la filantropía, que pretendía ayudar a los trabajadores a liberarse por sí mismos de su situación de subdesarrollo, podía provocar la perpetuación de una lógica de dominio a través de la dimensión simbólica, dada su naturaleza jerárquica. El discurso y las expresiones de filantropía tenían un origen en las fiestas cívicas de la revolución liberal, pero su proyección se había multiplicado en la medida que la solidaridad se extendía más allá de unos colectivos concretos (milicianos, víctimas de la guerra, obreros sin empleo) para dedicarse al conjunto de la sociedad con el fin de sustituir la actividad caritativa de la Iglesia.

Décadas después de que se constituyera la Sociedad del Borne, el periodista Arturo Masriera escribió un libro dedicado a *Los Buenos Barceloneses* que rememoraba la Barcelona de las décadas centrales del

[46] Aurélie Vialette, "Peligros de un obrero lector: filántropos, editores y proletariado en la España del siglo XIX", *Revista de estudios hispánicos*, 46 (2), (2012), pp. 201-222.

[47] Aurélie Vialette, *Intellectual Philantropy. The seduction of the masses*, West Lafayette, Indiana, Purdue University Press, 2018, p. 27.

siglo XIX. Aquel no era el único, pues otros escribieron sus memorias en las primeras décadas del siglo XX, poniendo su atención en el periodo de las décadas centrales y posteriores, como Conrad Roure o Antoni Feliu Codina, etc. En el texto de Masriera, cuando abordaba la cuestión de la Sociedad del Borne, recordaba que el subtítulo era "Filantropía i diversió" y mencionaba que la referencia a la primera era "un rídiculo tributo a la moda jacobina de antaño", lo que para él equivalía "a sustituir una virtud teologal por un sentimiento terreno[48]". Resulta evidente, pues, la connotación progresista y republicana que los coetáneos le daban al significado de la filantropía.

Con la desaparición de la República se produjo el fin de la sociedad y la prensa hacía un balance sobre el carácter filantrópico de la sociedad y la novedad que había supuesto dar dignidad a la fiesta y la redistribución de recursos entre los pobres. Así, afirmaba que "ab escrupolositat repartia integro lo que per los indigents recaudava; la que ensenyà a Barcelona la manera digna de celebrar les festes; la que al divertirse, pa pels pobres demanava; la que al mitx de la locura recordava las llágrimas de la miseria; la que uni indestructiblement ab amigable llas, ab fraternal consorci la caritat y la diversió[49]". La fiesta se había convertido en un modelo de civilización. No cabe duda de que se había domesticado el antiguo Carnaval, haciéndolo más atractivo para las élites, pero al mismo tiempo, se había erigido en un espacio para el desarrollo de un modelo de ciudadanía liberal que asumía el republicanismo.

La sociedad recaudaba fondos para cubrir los gastos de la fiesta y con la filantropía establecía nuevas formas de solidaridad comunitaria hacia los desfavorecidos. En particular, aquellas formas de filantropía se dedicaban a colectivos identificables (víctimas de epidemia, familiares de los voluntarios muertos, etc.). Una de las acciones filantrópicas más habitual era distribuir pan[50], lo que Vialette interpreta como una parodia de la práctica religiosa de la caridad, dado que la mayoría de los miembros de la sociedad eran masones y, por

48 A. Masriera, *Los Buenos barceloneses...*, p. 127.
49 *La Imprenta*, 6 de febrero de 1874, ed. tarde, pp. 3-4.
50 J. Pablo, "Imatges de La Barcelona..., p. 198.

lo tanto, participaban de una cultura anticlerical[51]. La filantropía se proyectaba hacia los colectivos profesionales que participaban en las mascaradas de aquellos días como toneleros, tejedores o cuberos. Un ejemplo de ello fue cuando en 1872 desfilaron "uniformados en la rúa unos 50 cuberos levando las herramientas del oficio y un estandarte en el que se había pintado una cuba dentro de la cual se veía un hombre" y posteriormente lo hacían bajo "otro estandarte con la máquina pintada de hacer cubas y cerraban la comitiva otros 50 jóvenes llamados los toneleros de Sans[52]". En las cuentas de aquel año, la Sociedad del Borne establecía que las donaciones se hacían principalmente en la Casa de la Caridad, institución dependiente de la Diputación Provincial de Barcelona, y estaba presidida por el republicano federal Valentí Almirall, y se dirigían a los huérfanos de la epidemia de fiebre amarilla, a las Salas de Acogida dedicadas a los hijos de los trabajadores, a los tejedores inválidos, o a los niños y niñas huérfanos de la ciudad. También hacían donaciones a órdenes de religiosas como el de las Capuchinas, la Congregación de Hermanas Franciscanas Misioneras de la Natividad de Nuestra Señora (Darderas), y la Congregación de Nuestra Señora de la Esperanza[53]. Todas aquellas entidades tenían como objeto principal ocuparse de los sectores más desprotegidos y vulnerables de la sociedad, que eran básicamente los trabajadores y sus familias.

La participación de los coros de Clavé también corroboraba la presencia de colectivos populares organizados vinculados al mundo del trabajo. La filantropía se convertirá en un elemento central de la cultura democrática y republicana. Prueba de ello es que, en otras ciudades como Madrid, aquella reivindicación de la filantropía no se produjo hasta los años del Sexenio Democrático. En Barcelona, desde la renovación del Carnaval, será constante la evocación de la filantropía en las publicaciones de la Sociedad del Borne, desde su reglamento hasta los sonetos que se vendían durante las fechas del Carnaval en la que se podía leer:

---

[51] A. Vialette, "Bricoleur y director de barrio..., p. 158.
[52] *La Independencia*, 22 de febrero de 1871, p. 2.
[53] J. Pablo, "Imatges de La Barcelona..., p. 127.

"Los Hombres son hermanos. NO OLVIDEMOS AL POBRE DE NUESTRA RISA"[54].

Durante la Primera República se estrenó la pieza de teatro *La Societat del Borne. Filantropia i diversió*, que había escrito su secretario Rossend Arús, y en la que la disputa entre la locura del Carnaval y la austeridad de la caridad se resuelve por la fama que proclama la virtud de la Sociedad del Borne[55]. Arús aun irá más allá, cuando criticará la caridad y, en particular, la Junta de Pobres, en su obra teatral, *Lo primer any republicà*, que se estrenó en 1871 y se representó en los carnavales de 1872 y 1873[56]. Lo obra terminaba con la Libertad y la República abrazándose mientras se escuchaba el himno de la revolución francesa, La Marsellesa[57]. No cabe duda de que la reivindicación de la filantropía se asociaba a la tradición y a las virtudes republicanas.

LA PARODIA POLÍTICA DE DISCURSOS NACIONALES Y REGIONALES

Paulatinamente se pasó de la referencia al Sr. Carnaval al rey Carnestoltes (carnaval en catalán). Durante el Sexenio Democrático el rey del Carnaval recibirá una numeración ordinal y se los adjetivará. Así mencionará al rey "Carnestoltes XIV, el atrevido[58]". También tenemos constancia de Carnestoltes XII, XIII[59] y XV[60], lo que suponía que el primer rey del Carnaval se remontaba a 1859. Después de

---

[54] Biblioteca de Catalunya (BC). [Soneto anónimo] (1860). *Los Hombres son hermanos. Soneto. NO OLVIDEMOS AL POBRE DE NUESTRA RISA.* Imprenta de Ramírez, Barcelona.

[55] Rossend Arús i Arderiu, *Teatre complet. Edició i estudi de Magí Sunyer*, UB-URV, Barcelona-Tarragona, 2019; Magí Sunyer, *Els mites de la república. Arguments per al futur*, Eumo, Vic, 2022, p. 78.

[56] *La Independencia*, 20 de febrero de 1873, ed. tarde, p. 20.

[57] Magí Sunyer, "First Republican Theatre in Catalan: sàtires and parodies", en Emili Samper (ed.), *The Myths of Republic: Literature and identity*, Edition Reichenberger, Kasel, 2016, pp. 23-40, y especialmente p. 36.

[58] *La Independencia*, 13 de febrero de 1872, p. 20.

[59] "*Al·locució que fa el Baró de la Boyra en el Canrestoltes XIII amb motiu de sa triunfal entrada en la sempre noble ciutat de Barcelona, el diumenge 12 de febrer del any 1871*", Joan Amades *Costumari català*, Vol. II, Llibres el Mirall, Barcelona, 1951, p. 421.

[60] *La Crónica de Cataluña*, 21 de febrero de 1873, ed. tarde, p. 3

la República y con la apropiación de la Sociedad del Borne aquella práctica desaparecerá, poniendo de relieve el contenido democrático de aquellas burlas. En el Carnaval de 1874, apenas un mes después del fin de la Primera República, a pesar de que no apareciera el rey del Carnestoltes XVI y la prensa satírica representara al Carnaval como una mujer, sutilmente se hacía referencia a aquella tradición mencionando el número dieciséis en la parte inferior de la imagen (ver figura 1). La parodia de la monarquía se había iniciado en la década de los sesenta, cuando el limpiabotas, convertido en un popular mago, Canonge Fructuós, se disfrazaba de rey del Carnaval para participar y organizar algunas de las cabalgatas de aquellos días[61]. Desde finales de los cincuenta hacía espectáculos de magia y prestidigitación, lo que le hizo muy popular, y paulatinamente sus obligaciones profesionales le impidieron proseguir con la participación en el Carnaval. Aquellas parodias se hicieron mucho más explícitas con el triunfo de la monarquía democrática, incluso en otros momentos del año. El republicano Antoni Feliu Codina cuenta en sus memorias que los líderes republicanos del Club de federalistas construyeron una barraca de feria para acoger al monarca en la plaza Cataluña, donde se agolpaban las clases populares en los teatros y barracas de feria[62]. Aquella parodia consistió en convertir a un zapatero en rey, llamándolo José I, en los días que se debatía sobre quién podría ocupar el trono de España. En aquella barraca se podía admirar al nuevo monarca al mismo tiempo que se comía y bebía. El público pagaba para ver al monarca y mantener una animada charla. Los mismos republicanos que promovieron y decoraron aquella barraca estuvieron detrás del álbum de caricaturas pornográficas *Los Borbones en pelota*, como ha demostrado Albert Domènech[63]. Aquella parodia reforzaría la interpretación del Carnaval en clave republicana.

---

[61] J. Roca Vernet, "La movilización popular..., p. 77.

[62] Josep Feliu Codina, "CXXVIII-CXXIX Memorias de un veterano de la República", *El Diluvio*, 16 de marzo y 20 de marzo de 1917.

[63] Albert Domènech, "La Barraca monàrquica", en Enric H. March, *Barcelona. Freak show. Història de les barraques i espectacles ambulants del segle XVIII al 1939*, Viena edicions, Barcelona, 2021, pp. 72-75; i Albert Domènech Alberdi, "Origen, autorías y contexto del álbum político-caricaturesco-pornográfico de 'Los borbones en pelota' a partir de unas cartes de visite" en José Antonio Hernández Latas (ed.), *Actas de las III*

Durante el reinado de Amadeo I se parodiaron distintas ceremonias monárquicas, en particular la visita real de 1872 con la recepción que le dispensaron las autoridades barcelonesas. Se burlarán del discurso del alcalde dirigiéndose al monarca y de la reivindicación de erigir una estatua el nuevo rey Carnestoltes[64]. Todo el ritual podía interpretarse como una parodia de las ceremonias monárquicas que se llevaban a cabo en el espacio público: la llegada del rey y posteriormente de su mujer con el ferrocarril, el recorrido de las rúas e incluso el entierro del rey del Carnaval. El monarca era un muñeco modelado en cera por el escultor Sebastià Malagarriga Codina que movía los ojos, la cabeza y saludaba a través de unos hilos. Lo vestían como siguiendo el estilo de finales del siglo XVIII, como si fuera Carlos IV, quien fue el primer monarca que convirtió su visita a la ciudad en un acto de propaganda política en 1804[65] (véase figura 2). El fundador de la sociedad, Sebastià Junyent, se divertía intentando que lo confundieran con el muñeco, pues adoptaba una actitud hierática e inmóvil.

La parodia del monarca del Carnaval incluía la presencia de las supuestas autoridades, el ayuntamiento rural, la iluminación de las casas, la erección de un arco triunfal o la celebración de un besamanos. Cuando se relataba el entierro del rey Carnestoltes se hacía otorgándoles los mismos atributos y parodiando el ritual funerario del rey. Así, se levantaba un túmulo funerario, las viudas desconsoladas participaban en el cortejo fúnebre y se hacía referencia a cualidades inusuales del cadáver, como que estuviera sonriendo[66]. El Carnaval de 1872 fue extraordinariamente explícito a diferencia de las fiestas precedentes en los que se podía criticar a la monarquía, pero sin llegarse a personalizar en ningún monarca[67]. Sin embargo, el nivel de burlas y parodias con la llegada de Amadeo I había alcanzado unas cotas nunca antes vistas. Probablemente, aquello se debía a la debilidad sobre la que se asentaba Amadeo I en el trono a diferencia

Jornadas de Investigación en Histórica de la Fotografía, Zaragoza, Institución Fernando el Católico, 2022, pp. 397-414.

[64] *La Independencia*, 6 de febrero de 1872, p. 3.

[65] A. Masriera, *Los Buenos barceloneses*..., p. 129.

[66] *La Independencia*, 14 de febrero de 1872, p. 2.

[67] *La Independencia*, 8 de febrero de 1872, p. 11.

de los borbones que le habían precedido. Como ha explicado Agnès Chiva para el caso del Carnaval de Mataró, las expresiones explícitamente republicanas estaban prohibidas en el espacio público, por lo que todas aquellas parodias de la monarquía resultaban extraordinariamente transgresoras[68].

La Sociedad del Borne iniciará el Carnaval de Barcelona en distintas localidades catalanas, todas ellas estaban bien conectadas con Barcelona. De esta forma, unos días antes los socios se trasladarán a la ciudad para preparar la recepción y posterior desplazamiento del rey Carnestoltes hacia Barcelona. Así, Girona (1870), Vilafranca del Penedés[69] (1871), Figueres[70] (1872), Badalona[71] (1871), Vilanova i la Geltrú, Mataró, Sabadell[72] (1873) o Terrassa[73] fueron algunas de las localidades donde empezaba el Carnaval, lo que suponía una forma de regionalización de la fiesta, parodiando las visitas que hacían los monarcas a otras localidades catalanas cuando estaban en Barcelona[74]. El tren llegaba a la mayoría de aquellas localidades y estaba muy extendida la cultura política republicana. La parodia del monarca había rebasado el marco local de la fiesta y se había regionalizado. Aquella práctica era usual, todavía más después del fin de la tercera guerra carlista, cuando entidades de tipo cultural, deportivo o político se trasladaban puntualmente a otras localidades para impulsar vínculos con los habitantes de aquellas localidades. La Sociedad del Borne intentaba exportar un modelo festivo al mismo tiempo que alimentaba los contactos con los republicanos de aquellas ciudades.

En los años del Sexenio Democrático las mascaradas (comparsa de máscaras) se acostumbraron a dedicar a eventos con un contenido político democrático o parodiar la actualidad: la inauguración del canal de Suez (1870); el registro civil (1871); una comunidad de dominicos (1871); la crítica a la guerra franco-prusiana[75] (1871);

[68] A. Chiva, *El rol de la classe...*, p. 87.
[69] *La Independencia*, 13 de febrero de 1871, pp. 2.3.
[70] *La Independencia*, 5 de febrero de 1872, p. 2.
[71] *Almanaque del Diario de Barcelona para el año 1871*, Imprenta del diario de Barcelona, 1870, p. 120.
[72] *La Independencia*, 18 de febrero de 1873, ed. tarde, 18.
[73] A. Masriera, *Los Buenos barceloneses...*, p. 128.
[74] Ibídem.
[75] *La Independencia*, 20 de febrero de 1871, p. 2.

la abolición de la esclavitud en la isla de Cuba (1872); y la crítica a la partida de la porra (1874). Con el fin del Sexenio, las carrozas se dedicaron a la entrada del príncipe de Gales en Mumbay "en su reciente viaje a la India[76]" (1876); la "entrada de Hernán Cortés en Méjico[77]" (1877) o el primer viaje de Colón a América[78] (1877). No cabe duda de que con la Restauración se había producido un viraje en el contenido político de las carrozas que ya no trataban sobre la actualidad más o menos próxima, y se dedicaban a eventos evocadores de un pasado y un presente imperial.

Unos años antes, en 1872, la prensa reseñó una comparsa dedicada a las partidas de insurrectos de la isla de Cuba que llevaba "un pendón de una de cuyas caras se veía pintada una cuba con una persona de color a cada lado y al pie estas palabras: "Hasta cuando durará nuestra triste situación" y en la otra se leía en letras muy grandes "Salud" y debajo un barril de Petróleo[79]". No cabe duda de que aquella comparsa era un alegato abolicionista y al mismo tiempo un recuerdo de cómo el petróleo se había convertido en un símbolo revolucionario durante la Comuna de París en la primavera anterior (1871). En algunos periódicos se reprodujo aquella comparsa modificándola y adjetivándola, "la espeluznante salud y petróleo", lo que demostraba el miedo que aquella generaba entre algunos progresistas y republicanos[80]. También se evocaba cómo en la cabalgata había gentes con trajes de "Robinson", lo que remetía a la recién estrenada zarzuela *Robinson Petit*, en la que se expresaba un discurso abolicionista que se había convertido en muy poco tiempo en muy popular[81].

El cronista republicano Robert Robert, escribió bajo el seudónimo de Jadhiel sobre la influencia del Carnaval, pues apuntaba que algunas de las propuestas expuestas en las comparsas, serían muy sensatas y

[76] *Almanaque del Diario de Barcelona para el año 1877*, Imprenta del diario de Barcelona, 1876, pp. 71-72

[77] *Almanaque del Diario de Barcelona para el año 1878*, Imprenta del diario de Barcelona, 1877, pp. 72-74

[78] Ibídem.

[79] *La Imprenta*, 14 de febrero de 1872, ed. mañana. p. 2.

[80] *La Independencia*, 14 de febrero de 1872, p. 2.

[81] Anna Costal, Joaquim Rabaseda y Joan Gay, *Les primeres havaneres a Catalunya*, Rafael Dalmau Editor, Barcelona, 2023, pp. 130-135.

plausibles, pero el contexto del Carnaval era lo que las convertía en estériles. Con ello, Robert otorgaba una consideración superior a la subversión festiva del Carnaval para ensalzar indirectamente algunas de las propuestas del Carnaval de 1872, como era la república y la abolición de la esclavitud.

> Si los hombres perdiesen de repente la memoria de las instituciones durante el Carnaval, y acordasen reunirse un día para organizar el país, habían de suceder cosas bien raras. Por ejemplo: el primero que propusiera ir a un país extranjero a buscar un príncipe inexperto para que les rigiese con el nombre de rey, fuese el primero entre todos, fuese el único irresponsable y cobrase millaradas de duros cada año; de seguro que le habían de silbar y habían de acabar encerrándolo por loco. Yo bien sé que no sería locura la proposición, sino cosa no solo posible, sino realizada y pasa por una de las mayores muestras de sensatez que podía dar la revolución española; pero el influjo del Carnaval me la representa como he dicho, objeto de silva y atropello para un pueblo desmemoriado y dispuesto a organizarse. (...) Esto de considerar como absurdas las cosas más corrientes y prácticas en la sociedad constituida, es indudablemente efecto de la perniciosa influencia del Carnaval, que me hace ver blanco lo negro, y negro lo blanco[82].

Durante el Carnaval de 1873 se proclamó la República en Madrid y, posteriormente, en distintas ciudades, y de nuevo las mascaradas del Carnaval se hicieron eco. En Barcelona desfiló una comparsa dedicada a la República, y un grupo de jóvenes, al igual que el año precedente, se vistió con los trajes que rememoraban la zarzuela *El Robinson Petit*[83]. El artículo de Robert Robert era revelador, ya que a pesar de que la República llegara con el Carnaval, se debería abstraer del contexto para considerar que era una muestra más de sensatez de la revolución española.

---

[82] *La Imprenta*, 11 de febrero de 1872 ed. mañana, p. 5.
[83] *La Independencia*, 18 de febrero de 1873, ed. tarde, p. 18.

La popularidad del Carnaval barcelonés se evidenció en distintas caricaturas aparecidas en la prensa republicana en la que se parodiaba el entierro del rey Carnestoltes. Aquella ceremonia festiva que parodiaba la muerte del monarca solo se realizaba en Barcelona y la revista *La Carcajada* la había convertido en el entierro de la libertad[84] (ver figura 3), poniendo de relieve la popularidad del ceremonial y la capacidad interpretativa que tenía la ciudadanía sobre dicho ritual. También la revista *La Flaca* parodió el Carnaval a través de los bailes que se celebraban en los teatros[85] (véase figura 4). En aquellos años la prensa ilustrada española y francesa reprodujo numerosas imágenes sobre los Carnavales de Barcelona y Madrid a raíz de su popularidad y el atractivo que suponía el comportamiento alegre y disipado de las sociedades urbanas. No cabe duda de que aquellas fiestas se representaban enfatizando los aspectos más novedosos respecto los Carnavales de épocas precedentes. Aquello más relevante era la influencia francesa en el cambio del Carnaval que había impulsado el desarrollo de una industria cultural y del ocio. Aquella influencia se manifestaba en la proliferación de los teatros, salones y talleres donde se celebraban decenas de bailes en los días del Carnaval. La fiesta del Carnaval se había convertido en un vector para popularizar algunos elementos de la cultura política republicana entre los colectivos populares. También se había integrado en un circuito que popularizaba el teatro lírico más elitista con las decoraciones de talleres o las adaptaciones de piezas musicales para conciertos y bailes. Todo ello facilitaba que las clases populares se apropiaran de la cultura musical y teatral de las élites, otorgándole nuevos significados.

Las críticas al Carnaval barcelonés se basaron en la decadencia y poca afluencia de público durante los años del Sexenio, en opinión de los redactores del conservador y monárquico, *Diario de Barcelona*[86]. A veces, se llegaba al paroxismo cuando se recogía, como en 1870, que salieron 20.000 personas de Barcelona para celebrar el entierro del Carnaval en el pueblo de Sarriá[87]. A pesar de las críticas y de las

84 *La Carcajada*, 15 de febrero de 1872, p. 2.

85 *La Flaca*, 26 de febrero de 1871, p. 4.

86 *Almanaque del Diario de Barcelona para el año 1874*, Imprenta del diario de Barcelona, 1873, p.90.

87 *Almanaque del Diario de Barcelona para el año 1871*, Imprenta del diario de Barcelona, 1870, p. 115.

opiniones que profesaba la prensa republicana y popular, el desarrollo de la fiesta siguió atrayendo visitantes de fuera de Barcelona. En el segundo lustro de la década de los setenta, con la restauración de la monarquía, el Carnaval se convirtió en un espacio completamente ausente de crítica social y parodia política. En ocasiones, como en 1876 los fabricantes lo convirtieron en un momento de exhibición de sus instalaciones y máquinas, como cuando "El fabricante de máquinas de coser señor Escuder hizo pasear un gran carromato desde el cual por medio de un mortero de aire comprimido arrojaba à grande altura miles de prospectos de la fábrica"[88]. Al año siguiente, el *Diario de Barcelona*, se hacía eco de la extraordinaria animación de los tres días del Carnaval que vinculaba "A la paz y orden que felizmente disfrutaba" a raíz de la consolidación del régimen de la Restauración. Ya no aparecía ninguna referencia a la sociedad del mercado del Borne y solo se mencionaba la de Santa Catalina[89].

CONOCIMIENTO DE LOS SÍMBOLOS REGIONALES

Las parodias más o menos explícitas se extendieron a los aspectos claves de la sociedad catalana: las autoridades políticas locales, las élites económicas, los proyectos culturales de estas, los voluntarios catalanes en las guerras del África y Cuba, o a la monarquía, e incluso a algunas comunidades y liturgias religiosas. Estos discursos mostraban un grado de conocimiento muy elevado sobre la política y la penetración de los proyectos culturales asociados al movimiento cultural de la Renaixença. Sin duda, entre los sectores más populares el conocimiento sobre los símbolos nacionales y regionales llegó a través de las parodias que se podían observar en el Carnaval. Buena prueba de ello es el pendón de la Sociedad del Borne, en el que había las banderas de Cataluña y Barcelona y debajo se leía "Amor a la patria.

[88] *Almanaque del Diario de Barcelona para el año 1876*, Imprenta del diario de Barcelona, 1875, p. 72.

[89] *Almanaque del Diario de Barcelona para el año 1877*, Imprenta del diario de Barcelona, 1876, pp. 72-74.

Sempre Catalans"[90]. Así, las dificultades que había en otras ocasiones para utilizar símbolos de carácter regional desaparecían por completo y en el Carnaval de 1871 aparecen los pendones con los escudos de las cuatro provincias catalanas. En algunos casos se parodiarán figuras concretas, como a Víctor Balaguer en 1872, denominado el "Trovador de Bogatell[91]", cuando ya había dejado de ser ministro de Ultramar. Balaguer había pasado de ser una figura admirada por su activismo cultural y político, vinculado al liberalismo progresista, a detestada por su complicidad con la represión contra las revueltas de quintos y de obreros de 1870 y 1871, respectivamente.

La parodia al movimiento cultural de la Renaixença se convirtió en una constante a través de la organización de Juegos Florales Humorísticos[92] o de exposiciones artísticas que parodiaban las formas y los símbolos regionales. Durante la década de los setenta se celebraron en cuatro ocasiones los Juegos Florales Humorísticos (1875, 1877 y 1878) en el Teatro Circo Barcelonés[93]. Una vez más, esto implicaba un grado de conocimiento significativo, y también una capacidad para alimentar discursos paródicos regionales en un sentido más popular y contracultural, aquello que se ha denominado la Renaixença *xarona* (popular o chavacana)[94]. Detrás de aquellas parodias se observaba una crítica a los discursos de las élites regionales. Sin embargo, se corroboraba un grado relevante de conocimiento de los símbolos nacionales y regionales, y su reproducción paródica favorecía la percepción de formar parte de una misma comunidad cultural. Aquella exposición reflejaba cómo se reelaboraban los discursos nacionalizadores desde abajo, satirizándolos. Prueba de ello era la descripción del cuadro que representaba el escudo de Cataluña, *Les quatre barres de sang*, y que era reinterpretado como las víctimas populares de las guerras civiles de la primera mitad del siglo: un carlista, un miliciano de la libertad, un voluntario de los miquelets y un cabo gastador (soldado)[95]. En el

[90] J. Pablo, "Imatges de La Barcelona..., p. 59.
[91] *La Independencia*, 13 de febrero de 1872, p. 17.
[92] Conrad Roure, *Memòries de...*, pp. 120-123.
[93] J. Pablo, "Imatges de La Barcelona..., p. 82.
[94] Ángel Carmona, *Dues Catalunyes. Jocfloralescos i xarons*, Lleonard Muntaner, Barcelona, 2010 [1967].
[95] J. Pablo, "Imatges de La Barcelona..., p. 228.

Carnaval de 1874 se organizó una nueva exposición humorística, en esta ocasión por el grupo de amigos del *Niu Guerrer*, que unos meses más tarde se constituirían la sociedad homónima. En los títulos de los objetos y cuadros se hacían referencias a la historia de Cataluña, como los *consellers* o el reino de Nápoles, y al mismo tiempo se mencionaban a los elementos mitificados de la historia de España[96], como Santiago matamoros, Fernando VII, etc.

Rossend Arús abogó porque la Sociedad del Borne usara exclusivamente el catalán en sus actas, oficios y anuncios en prensa y teatros. La sociedad aprobó el cambio en 1869 con la intención de llegar a un mayor número de espectadores, pues contó con la aprobación de las empresas teatrales, al mismo tiempo que quería generar más complicidades entre las distintas expresiones culturales y políticas del movimiento cultural regionalista catalán, la Renaixença. Prueba de ello fue el artículo publicado en *La Gramalla*[97], periódico vinculado al romanticismo cultural catalanista de la Jove Catalunya. Desde principios de la década de la sesenta Arús mantenía una intensa actividad como escritor y actor en compañías teatrales de barrio como La Tertulia Catalana. La catalanización de la Sociedad del Borne respondía a un doble proceso: por un lado, se reforzaba la identificación entre los organizadores de la fiesta y los espectadores, mayoritariamente las clases populares; y por el otro, se instaba a la incorporación de estas clases a los nuevos espacios de ocio en la medida que se consideraba que su comportamiento había sido reformado, siguiendo un modelo cívico de inspiración burguesa.

> Es dir fan un Carnaval bo y l' mateix temps improvisat jo 'm vaig entendrer ba totas las empresas dels teatres. (...) Vaig tambe fer un quadro per posar a las portas dels teatres ahon anessin y lo van fer en diendo ya "Societat del Borne. Filantropia y diversió. Caritat pera los pobres.[98]

---

[96] Ibídem, p. 229.
[97] *La Gramalla*, 25 de junio de 1870, p. 4.
[98] Biblioteca Arús (BA). Manuscrito, Rossend Arús: "36. Societat del Borne. 4t any de pertànyer yo a la societat, 1868", pp. 11-12.

Las fiestas patronales de la Mercè, durante el mes de septiembre, se convirtieron en un momento clave para la atracción de visitantes procedentes de otras localidades. La popularidad de aquellas fiestas se asoció al desarrollo de una dimensión regional explícita que reunió bailes y expresiones de cultura popular procedentes de toda Cataluña, como por ejemplo las coplas ampurdanesas (o sardanas) o las "colles de xiquets" de Valls. Estas manifestaciones coincidieron con la celebración de exposiciones de productos regionales o exposiciones artísticas. También convivieron con otros elementos festivos que estaban presentes en el Carnaval, como eran los bailes o los coros de Clavé[99]. La creación de toldos en las principales plazas favoreció una dimensión más popular y menos mercantilizada de la fiesta. El fin del Sexenio Democrático y el nuevo régimen de la Restauración Borbónica comportó una reducción de la relevancia de la fiesta Carnaval con la desaparición de la Sociedad recreativa del Borne, y este declive se prolongó en el resto de la década de los setenta, a pesar de que se fundara la nueva Sociedad del Niu Guerrer.

CONCLUSIONES

El Carnaval se convirtió en una fiesta interclasista y muy popular durante el siglo XIX, en la medida en que se vinculó al crecimiento de la industria del ocio a través del desarrollo de los teatros, jardines y salones de baile. Los beneficios de aquella colaboración con la industria del ocio revertieron en los colectivos urbanos pobres o empobrecidos a través de la filantropía impulsada por las sociedades recreativas. Aquello cohesionaba la comunidad política local y al mismo tiempo facilitaba la divulgación de ideas liberal democráticas y republicanas como eran la redistribución de recursos entre los necesitados, la centralidad de la virtud en la política, la reivindicación de la abolición de la esclavitud y la crítica a la monarquía. El Carnaval se convirtió, en la década de los sesenta y en particular durante el

[99] Anna Costal Fornells, *Això no és una biografia de Pep Ventura*, Editorial Gavarres, Figueres, 2018, pp. 132-141.

Sexenio Democrático, en una fiesta connotada políticamente. Un ejemplo de ello fue la opinión que profesaba el periódico monárquico y conservador *Diario de Barcelona*, que no dudó en criticar, menospreciar y minimizar la proyección social del Carnaval durante el Sexenio Democrático. Con la Restauración de la monarquía se alabó repetidamente las decoraciones y la concurrencia en la fiesta del Carnaval. La fiesta no se había convertido en una válvula para evitar que estallaran los conflictos sociales ni se había domesticado para anular la carga transgresora y rupturista de las demandas populares. La creación de sociedades recreativas y la incorporación de los teatros ofreció mayor autonomía al Carnaval, pero lo convirtió en dependiente de los límites de la opinión pública. En momentos de democratización el Carnaval alcanzaba cotas de popularidad y subversión extraordinarias. Cuando la opinión se restringía, la fiesta devenía un altavoz de los proyectos políticos de las culturas políticas hegemónicas. Por lo tanto, el Carnaval se erigió en un termómetro del grado de libertad y de democratización de la opinión pública.

La renovación de la fiesta fue impulsada por la emergente industria del ocio que gestionaban teatros, jardines y salones, y por los profesionales de esta (actores, dramaturgos, escritores, periodistas etc.). Los ciudadanos que estaban al frente de teatros, jardines y de las sociedades recreativas participaban de discursos nacionales, regionales y locales, que serán difundidos con el despliegue de la fiesta. Estos discursos tenían que resultar atractivos para las clases populares, por lo que se reformularon para despertar interés en el público. Las comparsas o las decoraciones de los teatros y los talleres rememoraban fragmentos de óperas, como el *Don Carlo* de Verdi o de zarzuelas como el *Robinson Petit*, y cuando se desarrollaba en el espacio público parodiaban las visitas reales o imitaban las fiestas cívicas. Se trataba de rememorar las referencias de prácticas culturales vividas por los grupos populares para reforzar u otorgarles nuevos significados. El Carnaval corrobora de qué forma la cultura de las élites circulaba entre los sectores populares, que se la apropiaban y resignificaban en función de sus necesidades. Las referencias a la región catalana se hicieron más explícitas y populares en el Carnaval, en buena medida porque era el momento de resignificar los discursos auspiciados por las élites sociales durante el resto del año. El Carnaval permitía una inversión política que facilitaba la difusión de ideas abolicionistas, republicanas y una Renaixença popular (movimiento cultural regionalista) que cuestionaba el liderazgo que pretendían mantener las élites sobre él. La difusión del republicanismo crecía con la parodia de las manifestaciones de la monarquía en el espacio público, como eran las visitas reales. La popularidad de las ideas abolicionistas se incrementaba de la mano de las zarzuelas, como el *Robinson Petit*, que cuestionaban estereotipos e identidades de la población afrocubana. Finalmente, las parodias de los juegos florales y las exposiciones artísticas, las obras de teatro en catalán o la adopción del catalán como la lengua vehicular de algunas sociedades recreativas constatan la voluntad de apropiarse de un discurso regional que intentaba monopolizar las élites económicas y políticas para ponerlo al servicio de sus intereses. El Carnaval se convirtió en un momento de resignificación de los fundamentos sobre los que se asentaba el movimiento cultural de la Renaixença y el cuestionamiento de los proyectos políticos de las élites económicas catalanas. La fiesta fue el momento más prolífico para la discusión e impugnación de los proyectos de las élites, pero sin que se sobrepasasen los límites definidos por las culturas políticas que se proyectan en la defensa y consolidación del régimen o de la sociedad liberal.

Figura 1: Anuncio de los bailes del Carnaval de 1874 con la ausencia del monarca Carnestoltes XVI y de la Sociedad del Borne.
La Campana de Gràcia, 15-2-1874, p. 1

Any II.—Batallada LXXII. BARCELONA. 8 de Setembre de 1871.

LA CAMPANA DE GRACIA

COSTUMS DE BARCELONA.—FILANTROPÍA Y DIVERSIÓ.

Figura 2: Carnaval de 1871 en el que se observa el muñeco del rey Carnestoltes, con Sebastià Junyent a su lado, y delante de este, el imitador del alcalde de Barcelona, Francesc Rius i Taulet. A su lado, el imitador que parodiaba al gobernador civil, Bernardo Iglesias. *La Campana de Gràcia*, 8-9-1871, p. 1

Figura 3: *El entierro de la Libertad durante el Carnaval de 1872*, parodiando el entierro de la sardina." *La Carcajada*, 15-2-1872, p. 2

Carnaval de 1871.—Can-can de honor.

Figura 4: La popularidad de los bailes modernos como el Can-Can.
La Flaca, 26-2-1871, p. 4

SEGUNDA PARTE

EL DEPORTE COMO AGENTE DE ACCIÓN POLÍTICA

FÚTBOL E "IDENTIDAD NACIONAL" EN BRASIL: ZIGZAGUEANDO DICTADURAS Y DEMOCRACIAS

Euclides Freitas
Universidad Federal de São João del-Rei

El objetivo central de este capítulo es presentar y problematizar los aspectos políticos y culturales que conformaron el fútbol como uno de los elementos centrales de una supuesta identidad nacional brasileña, a pesar de su nítido desgaste en los últimos años. En Brasil se difunde una tesis, demasiado explorada en los medios de comunicación, que plantea la habilidad singular del jugador brasileño ante los atletas de las demás nacionalidades. Gracias a su don, el jugador brasileño presentaría un diferencial en la manera de practicar el fútbol capaz de superar cualquier límite técnico. No obstante, la emergencia en las últimas décadas del fútbol científico, en el cual la performance colectiva se sobrepuso a las habilidades individuales, esa representación sigue ampliamente difundida en el ámbito de la prensa deportiva brasileña y todavía se divulga como uno de los elementos para comprender la simbiosis entre el fútbol y la nación brasileña.

La idea de nación que cotejamos a lo largo del texto dialoga directamente con la noción de "comunidad política imaginada", tal como propuso Benedict Anderson.[1] En la historia política brasileña, especialmente en el siglo XX, hubo la formulación de un repertorio simbólico que fue difundido por acciones estatales que tenían como objetivo (re)formular narrativas del pasado, buscando construir en el presente sentidos comunes de pertenencia y de identidades abastecidas por el sentimiento de nacionalidad. En efecto, lo que la historiografía del fútbol nos ha demostrado es que el proceso de

[1] Benedict Anderson, *Reflexões sobre a origen e a difusão do nacionalismo,* Companhia das Letras, São Paulo, 2008, p. 30.

cómo se construyen solidaridades colectivas alrededor de las selecciones nacionales está inventado, diseñado, adaptado y transformado a partir de movimientos de tensión entre el presente y el pasado. No por casualidad, como veremos a continuación, la relación de la sociedad brasileña con el fútbol fue siempre mediada por experiencias sociales que articulaban el estilo de juego, su puesta en práctica y el rendimiento a aspectos extra-deportivos, casi siempre surgidos de las tensiones políticas.

En este sentido, el trayecto cronológico que proponemos abarca los diversos sentidos que el fútbol asumió en el país a medida que la propia idea de nación se fue resignificando por las intensas transformaciones políticas ocurridas a lo largo del último siglo y en las primeras décadas del siglo actual. Aspectos como la consolidación de los ideales republicanos, la expansión de las ciudades y la formación de las élites y de las clases obreras urbanas son variables sociales indispensables para comprender los procesos de difusión y popularización del fútbol en las primeras décadas del siglo XX.

A partir de la década de 1930, el conjunto de eventos políticos, especialmente la ascensión del *Estado Novo* y la consecuente ampliación de la intervención gubernamental en la esfera deportiva, son aspectos que reconfiguraron significativamente los sentidos que el fútbol asumió en la sociedad brasileña. Además, fue en los tiempos de la dictadura civil-militar (1964-1985), especialmente en el periodo que envolvió la disputa de la Copa del Mundo FIFA de 1970, en México, que la imagen de la selección brasileña fue ampliamente secuestrada en pro de los intereses de la dictadura que gobernaba el país.

Diacrónicamente, el fútbol, más allá de su carácter deportivo, experimentó numerosas metamorfosis en la esfera cultural motivadas por el proceso de expansión territorial y por la espectacularización de los juegos. El carácter lúdico, higiénico y disciplinario que marcaron los sentidos atribuidos al fútbol en el periodo de su difusión en el país, pasaron a compartir espacio con las nuevas formas de participación colectiva de la constitución de un público aficionado, de la construcción de estadios; es decir, de la conformación de circuitos de afiliación a un club, de identidades sociales y de ampliación de los espacios de entretenimiento y ocio, todo unido en una compleja red de comunicación que se desarrolló a lo largo del último siglo.

Sin embargo, pasados más de un siglo de su difusión en el país, en la última década, las tensiones políticas resultantes de la ascensión de la extrema derecha, asociadas a los fracasos futbolísticos de la selección brasileña en las últimas Copas del Mundo FIFA, contribuyeron a desgastar el simbolismo de la selección brasileña como elemento integrador de la nación. Eventos políticos y deportivos ocurridos prácticamente en el mismo contexto confluyeron para desgastar la relación entre la sociedad y la selección de fútbol: la abrumadora derrota contra los alemanes por 7 a 1, en la Copa del Mundo en Brasil, en 2014, ocurrió casi simultáneamente con las manifestaciones organizadas por grupos conservadores que se apropiaron de la camiseta amarilla de la selección para dar significado a las protestas contra el gobierno de la presidenta Dilma Rousseff, del *Partido dos Trabalhadores* (PT). De esta forma, eventos como la Copa del Mundo de 2014 metaforizaron, en los estadios y en las calles, la lucha simbólica entre grupos conservadores y seguidores del PT, sigla que concentra electores de centro izquierda y de la izquierda del país. De esta forma, la escisión política del país iniciada en 2014, agudizada por las elecciones de 2018, aliada al acúmulo de fracasos de la selección y de la ausencia de identificación de la afición brasileña con gran parte de los futbolistas que actúan en clubes europeos, contribuyeron a que la selección brasileña perdiese la capacidad de integrar la nación alrededor del fútbol, como ocurrió a lo largo del siglo XX.

Ante el vasto conjunto de aspectos políticos presentes en la reciente historia brasileña y teniendo como horizonte interpretativo la cuestión de la identidad nacional, el objetivo de este capítulo es analizar los aspectos políticos y socioculturales que impregnaron el fútbol brasileño, desde los tiempos de su introducción en el país hasta la actualidad. Para trazar la arquitectura de este texto, reunimos contribuciones de la rica historiografía del deporte brasileño, contrastándolas con un pequeño conjunto de fuentes primarias que ilustran y dan sentido a los momentos más emblemáticos vividos por el fútbol brasileño.

EL FÚTBOL LLEGA A BRASIL

Eric Hobsbawm definió el fútbol como "la religión laica de la clase operaria".[2] Esa referencia al proceso de popularización del fútbol en Inglaterra, al final del siglo XIX, podría perfectamente ser transportada al Brasil de la década de 1930, cuando el deporte británico se convirtió en la práctica deportiva más popular entre los brasileños. A pesar de que los primeros estudios sobre la introducción del fútbol en Brasil realizados a lo largo de la primera década de este siglo[3] validaran la tesis de que el deporte hubiera sido difundido por las élites ciudadanas, en especial , por medio de la difusión de los clubes, marcadamente elitistas, el movimiento de renovación de la historiografía del deporte revela en los últimos años que el fútbol se desarrolló también en otros medios sociales en su periodo de difusión por el país. Estudios recientes evidencian que más allá de ser introducidos en las principales ciudades del país por las iniciativas de "abnegados estudiantes" brasileños que conocieron el deporte en tierras europeas, el fútbol era practicado en el interior del país, en regiones donde empresas inglesas construyeron ferrocarriles, por marineros en los puertos, en escuelas e incluso en las calles y espacios vacíos de las ciudades, practicado de forma improvisada por los niños y jóvenes.[4] Si por un lado es innegable que la introducción del fútbol por el modelo de clubes impulsado por las élites de las grandes ciudades posibilitó la organización del deporte y su transformación en un espectáculo, por otro lado, su rápida asimilación por las capas populares, aunque de forma improvisada, hizo viable que el deporte se convirtiese en un fenómeno social de masas en un corto espacio de tiempo.

En las primeras décadas del siglo XX, si para las clases populares el fútbol practicado en la calles y terrenos baldíos asumía las

---

[2] Eric Hobsbawm, *Nações e nacionalismos desde 1870*, Paz e Terra, São Paulo, 1992, p. 261.

[3] Leonardo Affonso Miranda Pereira, *Footballmania: uma história social do futebol no Rio de* Janeiro (1902-1938), Nova Fronteira, Rio de Janeiro, 2000; André Mendes Capraro, "Esporte, Cidade e Modernidade: Curitiba", en V. Andrade de Melo (coord.), *Os Sports e as cidades brasileiras: transição dos séculos XIX e XX*, Apicuri, Rio de Janeiro: 2010, pp. 147-168.

[4] Cleber Dias, "Esporte e cidade: balanços e perspectivas", *Tempo*, 34, (2013), p.33-44.

funciones de un nuevo pasatiempo, entre los círculos elitistas era interpretado como un práctica refinada, un hábito cosmopolita y, principalmente, como una forma moderna de valorizar la salud de los cuerpos; él traducía en el deporte los valores más importantes para la modernización de la sociedad requerida por buena parte de la intelectualidad de la época.[5]

Sin embargo, el crecimiento frenético de la espectacularización de los juegos permitió que grupos sociales bastante heterogéneos ocupasen los mismos espacios deportivos, como practicantes o como espectadores. Para el historiador Hilário Franco Júnior, la mezcla social en el fútbol resultó en la simbiosis de estilos: mientras las élites practicaban el fútbol inglés, configurado por los gestos técnicos y por la disciplina táctica, el fútbol brasileño heredó de las clases populares la improvisación y el individualismo materializado por los gestos acrobáticos venidos de la capoeira y de prácticas corporales de origen africano.[6]

Todavía en la primera década del siglo pasado, cuando fueron fundados los primeros clubes de fútbol en el país, se pueden identificar las primeras manifestaciones de sentido nacionalista relacionadas con los partidos de fútbol. En un estudio publicado recientemente, el periodista e historiador Chico Brinati, al analizar los periódicos de las ciudades de Río de Janeiro y Sao Paulo percibió que, en la cobertura de los partidos promovidos por grupos de estas dos ciudades contra equipos extranjeros, había por parte de la prensa la tentativa de difundir un discurso sobre el "estilo de juego brasileño".[7] Además, existía el objetivo de atribuir a los conjuntos regionales el sentido de representación nacional.

Aunque esos partidos estuvieran restringidos al circuito de las dos principales ciudades del país, es decir, Río - Sao Paulo, y más allá del hecho de que diversos futbolistas que jugaban por los conjuntos

---

[5] Leonardo Affonso Miranda Pereira, *Footballmania: uma história social do futebol no Rio de* Janeiro (1902-1938), Nova Fronteira, Rio de Janeiro, 2000, p. 48.

[6] Hilário Franco Júnior, *A dança dos deuses*: futebol, sociedade e cultura, Companhia das Letras, São Paulo, 2007, p. 65.

[7] Chico Brinatti, *A imprensa calça as chuteiras na pátria:* nação, diplomacia e rivalidade nas coberturas das partidas internacionais no Rio e em São Paulo (1906-1915). 7 Letras, Rio de Janeiro, 2021, p. 32.

brasileños fueran extranjeros, el clima de civismo que marcaba muchos de esos encuentros, contagiaba a los aficionados de forma que se creía estar animando a una selección nacional. Los espectáculos se convertían en verdaderas fiestas cívicas ilustradas por rituales propios de eventos oficiales, como la presentación de grupos musicales, ejecución de himnos nacionales y la presencia de autoridades oficiales. En una de esas ocasiones, en la ciudad de Sao Paulo, cuando se enfrentan un equipo de la ciudad y el *All-White*, un equipo sudafricano, en julio de 1906, el evento contó con la presencia del propio presidente de la república, Afonso Pena.[8]

En 1914, con la primera tentativa de organizar una "selección brasileña", compuesta por jugadores de las ciudades de Río de Janeiro y São Paulo, el clima de rivalidad entre dirigentes y futbolistas de las dos ciudades impidió que el deseo manifestado por la prensa de las dos ciudades se realizara en un primer momento. La idea, postulada por los periodistas, era organizar un equipo con jugadores de las dos ciudades para enfrentarse en una serie de tres partidos al *Exeter City Foot-Ball Club*, equipo inglés que hacía una gira por América del Sur. No obstante, problemas logísticos y divergencias políticas entre la *Liga Metropolitana de Sports Athleticos* de Río de Janeiro y la *Associação Paulista de Sports Athleticos*, culminaron en la formación de un equipo compuesto solo por jugadores de Río de Janeiro en los dos primeros encuentros de la serie, realizados en esta ciudad. El tercer partido contra el equipo inglés contó con jugadores de Sao Paulo que después de muchas negociaciones entre las entidades organizadoras, consiguieron llegar a tiempo a Río de Janeiro para la disputa. El partido realizado en el *Estádio das Laranjeiras*, en el 21 de julio de 1914, se puede considerar como el debut de una selección brasileña. El encuentro que tuvo la victoria de los brasileños con un resultado de 2 a 0, fue ampliamente difundido por los periódicos de Río de Janeiro y de Sao Paulo. La selección brasileña que por primera vez tuvo un uniforme con los colores de la bandera (camisetas blancas con brazaletes verdes y amarillos y los calzones blancos) contó con

[8] Ibídem, p. 41.

el apoyo de un estadio repleto de aficionados y manifestaciones de entusiasmo y patriotismo que fueron destacadas por los cronistas.[9]

Poco tiempo después, en 1919, Brasil fue sede de su primera gran competición internacional: el Campeonato Sudamericano de Fútbol, organizado por la Confederación Sudamericana de Fútbol. Según el historiador João Santos, la cobertura dada por la prensa de Río de Janeiro al campeonato tuvo un tratamiento inédito en relación a eventos deportivos en el país, dado que fue portada de importantes periódicos de la ciudad de Río de Janeiro.[10] El clima de euforia con la victoria de la selección brasileña contra los uruguayos, a los que vencieron en la final de la competición, quedó marcada por intensas celebraciones de patriotismo y de culto a la nación.

En 1922, se realizó otra edición del Campeonato Sudamericano en Río de Janeiro, esta vez como parte integrante de los Juegos del Centenario que conmemoraban la efeméride de la independencia de Brasil, en 1822. La celebración de la nación en los estadios de fútbol fue todavía más evidente. Esta vez, además de haber sido impulsada en el marco memorialístico, la competición contó con el amplio apoyo financiero y logístico del gobierno. El Campeonato Sudamericano de Fútbol formaba parte de un conjunto de eventos conmemorativos que, sumados a la Exposición Internacional, agitó la vida social y económica de la ciudad de Río de Janeiro, la capital de la República. Se estima que el gobierno invirtió en las celebraciones del centenario cerca de 100 mil contos de reis, cifra muy importante en la época.[11]

En sus primeras páginas, los periódicos destacaron el Campeonato Sudamericano de 1922, enfatizando las fervorosas manifestaciones patrióticas en los estadios abarrotados de gente, lo que reveló el éxito de público en el evento. Con la conquista del título por la selección brasileña, los periódicos resaltaron la gloria brasileña, atribuyéndole la función de representante de la nación. De esta forma, como muestran

---

[9] Ibídem, p. 155.

[10] João Manuel C. Malaia Santos, "Rio de Janeiro e o Campeonato Sul-Americano de 1919: América do Sul a correr "atráz" de uma bola", *Materiales para la Historia del Deporte*, 9, (2011) pp. 174.

[11] O Estado de São Paulo, 07 sept. 1922. Disponible en http://m.acervo.estadao.com.br/noticias/acervo,centenario-da-independencia-em-1922-exposicao-radio-aviacao-e-um-novo-ipiranga,70004142680,0.htm.

los historiadores João Santos *et alii*, el campeonato de 1922 ayudó a consolidar algo que ya venía perfilándose desde la conquista del Sudamericano de 1919.[12] Los partidos de la selección brasileña de fútbol se transformaban en un espacio participativo y de celebración nacional. Es posible que este sea el marco de la invención de una nueva tradición, a los moldes propuestos por Hobsbawm, cuyos contornos fueron ampliamente resignificados a lo largo del siglo XX.[13]

EL FÚTBOL EN EL *ESTADO NOVO*: LA DIALÉCTICA ENTRE LOS POPULISMOS DEL PASADO Y DEL PRESENTE

La amplia literatura sobre el tema indica que fue en la década de 1930, especialmente con el ascenso del Estado *Novo* de Getúlio Vargas, cuando el fútbol fue elevado al *status* de símbolo nacional en el contexto de un régimen nacionalista populista que ha inspirado otros gobiernos en Latinoamérica. De forma distinta a los momentos anteriores, en el Estado *Novo* fue diseñado un proyecto de nación que incluía todo el territorio nacional a través de un complejo proceso de intervención pública que abarcaba el control de las clases obreras, el sistema de enseñanza, así como alianzas con diversas instituciones sociales con el propósito de criar una nación homogénea.[14]

Para comprender ese proceso, desarrollado en buena parte del siglo pasado, tenemos que considerar una variada gama de factores tales como el conjunto de esfuerzos emprendidos por el Estado, por intelectuales, locutores deportivos y periodistas que pretendía integrar el fútbol espectáculo al sentimiento de nacionalidad, que se formulaba a partir de los presupuestos del mestizaje socio racial, alineados a las representaciones del lusotropicalismo. Con el objetivo de analizar las formas en que esta representación de la nación opera tanto como un discurso hegemónico sobre la nación, como también

---

[12] João Manuel C. Malaia Santos *et alii*, "Celebrando a nação nos gramados: o Campeonato Sul-Americano de Futebol de 1922", *História: Questões & Debates*, 57, (2012), pp. 151-174.

[13] Eric Hobsbawm, "Introdução", en E. Hobsbawm. Terence Ranger (coord.), *A invenção das tradições*, Paz e Terra, São Paulo, 2012, p. 17.

[14] Alcir Lenharo, *Sacralização da política*, Papirus, Campinas, 1986, p. 50.

para legitimar las recientes políticas públicas, revisaremos el proyecto de nación construido a lo largo de la década de 1930 que pretendía romper con el pasado esclavista y, especialmente, incluir a los negros en la cultura nacional. Ese intento se materializó en acciones efectivas protagonizadas por diferentes agentes sociales. Abordaremos los factores que, en el plano cultural, contribuyeron a la arquitectura de una "tradición inventada", en los términos de Hobsbawm[15], en la que el fútbol se constituyó como uno de los pilares del mito nacional.

Así, desde estos puntos de partida, intentaremos caracterizar la representación de la nacionalidad a través del fútbol en un recorrido histórico hacia una relación dialéctica entre el pasado y el presente que dé cuenta de los distintos modos de construcción de esa relación, y al mismo tiempo plantear lo que entendemos como una crisis de la capacidad del fútbol para investirse de los significados de la nación.

Empezaremos utilizando un pequeño fragmento del discurso del expresidente Lula, en su habla con motivo de la ceremonia en la que Brasil fue elegido anfitrión de la Copa Mundial de la FIFA de 2014:

> Aquí estoy dividido: un poco "Presidente", un poco amante del fútbol. Y la gente de Brasil es más o menos igual a mí. O sea, para nosotros el fútbol no es solo un deporte. ¡Es más!¡Es una pasión nacional! [Dirigese al jugador Michel Platini en la audiencia] Lloramos, Platini, cuando tu anotaste un gol de penal en el Brasil. Lloramos [Aplausos] Pero también sonreímos cuando Romário anotó el gol y cuando Dunga irguió la copa.[16]

Al transcribir las palabras del presidente Lula, observamos que toda la ingenua espontaneidad del ex metalúrgico está inscrita en un complejo sistema simbólico de orientación de conducta, valores y normas entretejidos y transmitidos colectivamente dentro de ciertas formaciones

---

[15] Eric Hobsbawm, "Introdução", en E. Hobsbawm. Terence Ranger (Coord.), *A invenção das tradições,* Paz e Terra, São Paulo, 2012.

[16] Discurso del presidente Lula en la ceremonia de elección de Brasil como sede de la Copa del Mundo FIFA de 2014. Disponible en http://www.biblioteca.presidencia.gov.br/presidencia/ex-presidentes/luiz-inacio-lula-da-silva/discursos/2o-mandato/2007/30-10-2007-discurso-do-presidente-da-republica-luiz-inacio-lula-da-silva-na-cerimonia-de-anuncio-do-brasil-como-sede-da-copa-do-mundo-de-2014.

sociohistóricas, movilizándose subjetivamente en la constitución de los actos lingüísticos-cognitivos de los agentes individuales.[17] En otras palabras, significa que el presidente Lula incorporó en su discurso un conjunto de supuestos fundacionales de las narraciones mitológicas amplificadas por el sentido común que, a su vez, dan forma a los discursos dominantes sobre la identidad nacional. Al igual que el carnaval, el fútbol es uno de los lazos abstractos que contrarrestan efectivamente los lazos concretos de sangre, vecindario o localidad, proporcionando a los brasileños un sentido de comunidad nacional que va más allá de las lealtades locales. Para llegar a la gente común que está muy interesada en proteger los lazos locales, la nación que se constituirá como tal pone a disposición todo un "arsenal simbólico" lo suficientemente poderoso como para contrarrestar no solo a los lazos de la localidad, sino también en competencia con "otros forasteros".[18]

Aunque la estrategia discursiva del presidente Lula en la movilización de las imágenes de la tradición nacional puede parecer al principio espontánea e ingenua, busca, incluso sin dominar teóricamente, encontrar un bien común en torno al cual surgiría una justificación moral para la inversión pública. Así, la celebración de la Copa del Mundo en Brasil representaría no solo la capacidad organizativa del país, sino también la coronación simbólica de la tradición del "país del fútbol", una construcción selectiva del pasado, que expresa, eminentemente, las aspiraciones de los grupos hegemónicos. Así, tanto el populismo de Getúlio Vargas en los años de 1930/1940, abastecido por la narrativa freyreana, como veremos a continuación, como el de Lula en el siglo XXI, invocan el mismo arsenal simbólico, en el cual el fútbol figura como un potente símbolo nacional.

La construcción del mito nacional del Brasil moderno se remonta al proyecto nacional planteado por intelectuales del Estado *Novo* como Francisco Campos y Azevedo Amaral. En este contexto, unade las estrategias para fomentar la integración de la nación fue dar a las

---

[17] Gabriel Moura Peters, "Admirável senso comum? Agência e estrutura na sociologia fenomenológica", *Ciências Sociais Unisinos*, 47, (2011), p. 87.

[18] Jessé Souza, "A construção do mito da brasilidade", en J. Souza (coord.) *A ralé brasileira: quem é e como vive*. UFMG, Belo Horizonte, 2011, pp. 34.

masas elementos irracionales como valores, creencias y emociones a través de los cuales podría vincularse a los proyectos autoritarios del gobierno de Vargas. En medio de este proceso, el fútbol, el deporte más popular del país, se coopta como una de las experiencias generadoras de emociones que funcionará como un vínculo afectivo entre el jefe de la nación y las masas.

Además de las numerosas celebraciones oficiales en estadios de fútbol como São Januário y Pacaembu, el gobierno de Vargas, especialmente durante la Copa del Mundo de Francia, en 1938, amplió su actuación en el campo deportivo al proporcionar recursos públicos y apoyo político. Nunca se habían movilizado tantos recursos públicos para que el equipo de fútbol tuviera éxito. Al sonido de las transmisiones de radio patrocinadas por el gobierno, se observaron aglomeraciones populares en las principales ciudades del país durante los partidos de la Copa de Francia, señalando que además de construir una amplia identificación entre la gente y el equipo nacional, se había fomentado la autoidentificación de las personas consigo mismas.

Simultáneamente a estos eventos, intelectuales y cronistas deportivos interpretaron el éxito de la selección en la Copa del Mundo –logró el tercer puesto-, como una victoria del pueblo brasileño, ya que el equipo compuesto principalmente por negros y mulatos proporcionó el caldo simbólico de la raza mesclada que alimentó el mito brasileño, generalizado en los círculos intelectuales por Gilberto Freyre, especialmente en su obra maestra, *Casa-grande & Senzala*, publicada en 1933.Un ejemplo emblemático de esta narrativa mitológica puede verse en una crónica firmada por Gilberto Freyre y que se ha convertido en uno de los símbolos más elocuentes del cambio cultural de aquella época.

> [...] Nuestro estilo de jugar al fútbol me parece contrastar con el de los europeos por un conjunto de sorpresa, en la maña, en astucia, en ligereza y al mismo tiempo, brillo y espontaneidad individual en la que se expresa el mismo mulato que Nilo Peçanha hasta hoy la mejor declaración en el arte político. Nuestros pases, nuestros pitos, nuestras proyecciones, nuestra alegría con la pelota,

> el poquito de baile y de capoeraje que marca el estilo brasileño de jugar fútbol, que redondea y a veces endulza el juego inventado por los ingleses y por ellos y otros europeos jugados tan angulosamente, todo esto parece expresar de modo interesantísimo para los psicólogos y sociólogos la mulatez extravagante y, al mismo tiempo, pícaro que está hoy en todo lo que es la verdadera declaración de Brasil.[19]

Publicado por Gilberto Freyre tras la victoria del equipo de fútbol brasileño contra Checoslovaquia en un partido válido por la Copa de Francia, el "fútbol mulato" se convirtió, en la crónica deportiva, en uno de los iconos del mito brasileño. Aunque el texto esté contaminado por la euforia del autor en ese momento, escrito después de una dramática victoria en tiempo extra sobre un oponente muy fuerte, sus líneas revelan en detalle la construcción de la "dialéctica de la picaresca" que se incorporó al estilo de juego brasileño. En esta formulación esencialista, la articulación de los rasgos prototípicos del héroe brasileño con la destreza del cuerpo mulato les da a los mestizos brasileños poderes capaces de subvertir la estética del juego inventado por los ingleses, haciéndolo más hermoso y adaptado a los trópicos. Armados con un repertorio interminable de *dribbling* e improvisación, los brasileños estarían listos para unir fuerzas con el juego frío y calculador de los europeos.

Además, lo que estaba latente en estas líneas es el proyecto de nación a favor del cual el autor militaba: la superación de los males históricos (el pasado esclavista y la consiguiente formación de una raza "inferior"), liderado por las fuerzas sobrenaturales y telúricas del mestizaje El cambio cultural que planteó Freyre dependía de los intelectuales de esa generación: dado que los intereses ideológicos de los hombres de letras se encontraban con la política del Estado *Novo*, el camino estaba abierto para el acercamiento entre la intelectualidad y la población. El lenguaje accesible de la música, la danza y el fútbol proporcionó el arsenal simbólico para que la sociedad compartiera

[19] Gilberto Freyre, "*Foot-ball* mulato", *Diário de Pernambuco*, 17 de julio de 1938 (Traducción libre).

tradiciones, ritos y emociones, y los canalizara hacia el creciente proyecto de nacionalidad.

A pesar de lo hiperbólicas que eran las formulaciones freireanas, fueron contadas por cronistas y periodistas, y al mismo tiempo que el desarrollo de la radio deportiva y la expansión social del fútbol a lo largo de la segunda mitad del siglo XX, arraigaron profundamente en el imaginario social, asumiendo formas discursivas simplificadas, conocidas como "freyrismo popular".[20] La asunción del mito nacional por parte de la gente común se debe esencialmente al hecho de que su cuerpo discursivo ocupa el terreno de las sensibilidades afectivas personales. En este caso, la tradición solo se reproduce si los anhelos individuales coinciden con los intereses públicos. En armonía directa con un supuesto *hexis* corporal brasileño, la exaltación de un estilo singular de jugar al fútbol, formulado en la década de 1930, parece haber encontrado las condiciones necesarias para cimentar la solidaridad colectiva, tan enrarecida desde el tiempo de la independencia en el siglo XIX.

Las ideas de Freyre encontraron resonancia justo en el momento del florecimiento de la crónica deportiva brasileña. El mito nacional se reprodujo en las obras de Mário Filho, principal cronista de Rio de Janeiro y, más tarde, en los textos firmados por su hermano Nelson Rodrigues, en las crónicas de José Lins do Rego y muchos otros periodistas. En la obra de Mário Filho, los componentes del mestizaje abastecían los textos transmitidos en periódicos a lo largo de la década de 1930 y, posteriormente, su obra maestra: *El negro en el fútbol brasileño*, publicada por primera vez en 1947, y que fuera prologado por el proprio Gilberto Freyre.

En la década de 1950, impulsada por la política nacional-desarrollista, Brasil buscaba su afirmación como gran nación en el escenario internacional. En este sentido, la Copa del Mundo FIFA de 1950, realizada en el país, puede traducirse como un momento de afirmación del nacionalismo y patriotismo, conducido por el fútbol. Los cronistas instaban al pueblo brasileño a enorgullecerse de su país.

[20] Antônio Jorge Soares, "Futebol brasileiro e sociedade: a interpretação culturalista de Gilberto Freyre", en Pablo Alabarces, (Coord.) *Futbologías: fútbol, identidad y violencia en América Latina*, Clacso, Buenos Aires, 2003, p. 150.

La realización de la Copa del Mundo y la construcción del estadio Maracaná eran comparados a otros "importantes" hechos históricos que ilustraban la trayectoria "gloriosa" de la nación:

> Mucha admiración tiene el pueblo delante del Estadio Municipal. Las proporciones del monumento, sagrado por la orgullosa afirmativa de ser el mayor del mundo, las extraordinarias comodidades previstas para los frecuentadores, la perfección técnica de la estructura, lisonjean nuestra vanidad. Por fin hicimos alguna cosa verdaderamente única. Por que ¿no es cierto que, dueños de uno de los mayores países del mundo y donde tantas obras de la naturaleza son agigantadas, sufrimos un complejo de mezquindad que se revela por la timidez de las realizaciones humanas?[21]

La crónica, firmada por Austregésilo de Athayde, se encuadra en un conjunto de representaciones inscritas en el imaginario colectivo de los años 50. Brasil necesitaba afirmarse en el contexto político internacional como una de las grandes naciones democráticas; para eso, la mejor solución sería dejar en el olvido la reciente experiencia autoritaria vivida en los tiempos de Getúlio Vargas. Así, los cronistas construían representaciones que legitimaban el carácter integrador y democrático del fútbol. El deporte, representado por el "estadio-monumento", asumía funciones de una arena democrática donde ricos y pobres compartían las mismas emociones, se igualaban en las victorias y en las derrotas y aplaudían a los mismos héroes. En las crónicas y fotografías que circulaban en el periodo de la Copa, es posible percibir la fuerte apelación de la prensa a la participación familiar.

Así, desde la década de 1930, y, sobre todo, a lo largo del régimen militar (1964-1984) la crónica deportiva especializada se apropió de la tradición freyreana, movilizando sus componentes esencialistas cuando consideraba necesario activar la emoción nacionalista en torno al fútbol, como en los encuentros de la Copa del Mundo FIFA. El lenguaje de las crónicas, anuncios, narraciones y programas de

[21] "Ufano-me do meu país!", *O Cruzeiro*, 29 jul. 1950, p. 05.

radio y televisión, promovían la exaltación del mito nacional en el contexto de la competición futbolística.

Amplificado por la prensa deportiva, incluso tras de la fatídica e histórica derrota 7 a 1 ante los alemanes en 2014, el mito nacional se alimenta de la suposición de que el estilo de juego brasileño está entrelazado con las características psicosociales de las personas: malicia, capoeraje, improvisación y arte.

FÚTBOL E IDENTIDAD NACIONAL EN LOS TIEMPOS DE LA DICTADURA

En marzo de 1964, cuando las tropas golpistas se movilizaron para tomar el poder del presidente João Goulart, el fútbol brasileño todavía respiraba los aires de la conquista del subcampeonato mundial de 1962: *Santos Futebol Clube* (subcampeón mundial de clubes en 1963) y *Botafogo Futebol e Regatas* , clubes que concentraban gran parte de los jugadores de la selección brasileña, y que hacían gira por Europa, donde recibían grandes cantidades para exhibir el "fútbol-arte"; en los estadios brasileños, la media de público aumentaba considerablemente con las competiciones regionales que impulsaban las rivalidades locales esparcidas por todo el territorio nacional; la Copa Brasil, creada por la CBD en 1959, ampliaba las rivalidades entre clubes a nivel nacional (la competición, organizada para seleccionar un equipo brasileño para la disputa de la Copa Libertadores de América, reunía a los clubes campeones estatales en un torneo cuya representación equivalía actualmente al Campeonato Brasileño).

Mientras el fútbol ampliaba su alcance en el territorio nacional, la democracia se recrudecía bajo las trampas impuestas por el autoritarismo, con la desmovilización de las capas populares y el cierre contínuo de los canales de participación política. Al cercenar un amplio debate político e ideológico iniciado al final de los años de 1950, el Golpe de 1964 inauguraba una nueva fase en la historia política del país, marcada por la tentativa de resguardar el *status quo* de las élites. Sea por medio de la aniquilación de la fuerza política que adquirían los movimientos sociales engendrados en el interior de las nuevas clases urbanas, sea por el efectivo combate de las Ligas Campesinas que se movían alrededor de la reforma agraria, los militares, reforzados por el apoyo político de los grupos conservadores y valiéndose de un conjunto de medidas autoritarias y represoras, condujeron un repertorio variado de acciones que pedían desmovilizar las formas de oposición al gobierno.[22]

En este contexto, la Copa del Mundo de 1970, en México, fue uno de los momentos de más éxito de la historia de la propaganda oficial en Brasil. No cabe duda de que el éxito de esta campaña publicitaria no se debe solamente a los esfuerzos del gobierno militar para atraer al fútbol a su comunicación, sino que corresponde también, desde el punto de vista de la realidad deportiva, al trabajo desarrollado por la comisión técnica y la calidad de los jugadores seleccionados.

Desde 1968, todavía en el Gobierno Costa e Silva, los militares exteriorizaban sus preocupaciones con el futuro del fútbol en el país, especialmente en relación con la selección brasileña. La reforma institucional que abarcó el campo deportivo, así como el control directo ejercido al equipo por medio de la militarización de la comisión técnica, evidenciaba la tentativa de transformar el fútbol en uno de los símbolos del régimen. Sin embargo, percibimos que la concreción de esa idea se plasmó a partir de la decisión de la Agencia Especial de Relaciones Públicas (AERP) de canalizar las emociones promovidas por el fútbol a favor de la propaganda oficial.

De acuerdo con los estudios realizados por el historiador Carlos Fico (1997), el primer trabajo solicitado a la AERP consistía en la creación de una campaña publicitaria con el objetivo de desviar la atención de la población de los problemas económicos que afligían al país. En la gestión de Hernani d'Aguiar, el responsable por la formación de la agencia, se buscó divulgar la valorización de los "hechos notables" de Brasil a través de la creación de eventos promocionales. El fútbol solo entraría definitivamente como una posibilidad a ser explotada por la agencia publicitaria de los gobiernos militares después del nombramiento del coronel Octávio Costa para la dirección de

[22] Caio Navarro de Toledo. "1964: o golpe contra as reformas e a democracia", en Daniel Aarão Reis. Marcelo Ridentti. Rodrigo Patto Sá Motta (coord.) *O golpe e a ditadura militar 40 anos depois (1964-2004)*. EDUSC, Bauru, 2004, p. 73.

la AERP, en el gobierno Médici, cuando el clima de represión pós AI-5 lanza un gran desafío a la propaganda oficial: construir una imagen positiva de un gobierno que estaba en medio de un ambiente de autoritarismo, de censura y persecuciones políticas. Ante esta situación, los propagandistas del gobierno optaron por desarrollar una "estrategia retórica" que consistía en afirmar precisamente lo contrario de lo que se tenía.

Por medio de estas campañas, el clima de optimismo atribuido al milagro económico y percibido principalmente en las capas medias y en las élites urbanas debería ser canalizado a favor de la construcción de una imagen idealizada de Brasil, cuyos componentes pertenecían a un proyecto de identidad nacional encontrado en un tiempo de larga duración: grandeza, diversidad y armonía de las tres razas. En este sentido, se hacía necesaria la revalorización de los aspectos singulares presentes en este proyecto identitario. Así, las imágenes que remitían al fútbol, al carnaval, a la alegría y al optimismo ganaban fuerza en las campañas producidas en la década de 1970.[23]

Un anuncio televisivo, divulgado a partir de marzo de 1970, que mostraba las escenas de un gol de Tostão en la Copa del Mundo de 1966, selló, definitivamente, la apropiación del fútbol por la agencia oficial. La propaganda decía que el fútbol y la vida equivalían: "el éxito de todos depende de la participación de cada uno".[24]

En este periodo, la AERP también trabajó intensamente para asociar la imagen de Pelé, el jugador más popular del país, a las realizaciones del gobierno brasileño. Al lado del presidente Médici, Pelé fue uno de los mayores protagonistas de los medios brasileños durante el intervalo de tiempo que va del periodo de la preparación para la Copa de México hasta las celebraciones relativas a su conquista. Entre los meses de abril y mayo de 1970, Pelé fue invitado a participar en diversas solemnidades oficiales donde figuraba al lado del presidente de la república y de los ministros del Gobierno. A inicios del mes de abril, el Ministerio de Hacienda sugirió la creación del Fondo Pelé, una especie de recaudación voluntaria propuesta a la

[23] Carlos Fico, *Reinventado o otimismo: ditadura, propaganda e imaginário social no Brasil*, FGV, Rio de Janeiro, 1997, p. 24.
[24] Ibídem, p. 103.

iniciativa privada que tenía como objetivo contribuir en el Programa Nacional de Escuelas de la Comunidad. Al llamar la atención sobre ese hecho, el *Jornal dos Sports* publicó una foto de Pelé al lado del Ministro de Hacienda, Delfin Neto, con las siguientes palabras: "Pelé da ayuda a los niños".[25]

Además, durante el año de 1970, la imagen del presidente Médici fue exhaustivamente asociada al fútbol. Tanto en la prensa como en la televisión, se construía un discurso que buscaba asociar la imagen del gobernante al clima de euforia resultante de las victorias brasileñas. Sus constantes apariciones en los estadios para ver los partidos de la selección, así como sus encuentros con Pelé, contribuyeron simultáneamente a ampliar la difusión de su imagen y estrechar su relación con los jugadores. Ante las cámaras de televisión, la aparente simplicidad y simpatía del presidente eran reforzadas por la simbología del hincha de fútbol. Al desempeñar este papel, Médici buscaba incorporar elementos simbólicos altamente significativos para el pueblo brasileño que, aliados a la coyuntura económica, contribuían en la construcción de un clima de optimismo en el país.[26]

LA CORROSIÓN DE LA IDENTIDAD NACIONAL

Una de las mayores idiosincrasias del fútbol brasileño está relacionada al éxito internacional del estilo de juego y de los talentos individuales. En la medida en que el "fútbol-arte" se volvió materia prima de exportación a larga escala, al inicio de los años 2000, la selección fue perdiendo su brillo. Prueba indeleble de esta constatación es que el último título mundial fue conquistado hace más de 20 años, hecho que explica por lo menos en parte, el descrédito de los brasileños con la selección y, por extensión, la corrosión de su representatividad como símbolo nacional.

---

[25] "Pelé dá ajuda às crianças", *Jornal dos Sports*, 03 abr. 1970, p. 05.

[26] Euclides de Freitas Couto, *Da ditadura à ditadura: uma história política do futebol brasileiro*, Editora UFF, Niterói, 2014, p.162.

Para comprender esas contradicciones del tiempo presente tejeremos un diagnóstico actual: analizaremos, a la luz de una perspectiva dialéctica, en qué medida la internacionalización del mercado del fútbol y la consiguiente desvinculación de los jugadores brasileños con los clubes locales viene colaborando para desgastar la simbología del fútbol como uno de los símbolos de la identidad nacional brasileña. Además, podemos añadir a este cuadro, la redefinición de la camiseta amarilla por la fractura política en Brasil, que desde el 2013 viene dividiendo las opiniones sobre la selección de fútbol. Reflexionaremos también sobre el término "identidad nacional" y sus límites como categoría de análisis.

Ciertamente, la base discursiva freyrena se ha desgastado en las últimas décadas. Recientemente, algunas encuestas de opinión señalaron la falta de interés de los brasileños en la Copa del Mundo de 2018. Según una encuesta publicada por el periódico *Folha de São Paulo*, uno de los más importantes del país, poco antes de la Copa Mundial 2018, el 53% de los encuestados dijeron que no tenían la intención de seguir el evento. Esta es la tasa más alta de desinterés registrada desde 1994, año en que comenzó la investigación. Creemos que para comprender este fenómeno es necesario reflexionar sobre algunos factores y contextos sociales.

El primer aspecto por abordar es que vivimos en tiempos líquidos. Ya no es posible pensar en el fútbol únicamente a partir de cuestiones relacionadas con la identidad y el nacionalismo, es decir, como un rasgo cultural exclusivamente brasileño. Hoy en día, la globalización, la fluidez, la sensación de cambio y transformación están cada vez más presentes en la vida cotidiana de las personas. Por lo tanto, es más difícil establecer vínculos que definan un elemento como identidad nacional: los gustos, las costumbres y las prácticas se comparten independientemente de las fronteras entre países. Además, con la popularización de internet hay más opciones de ocio. La aparición de otras formas de socialización y diversión también debe tenerse en cuenta al pensar en el desinterés en el fútbol.

Sin embargo, es digno de mención que la investigación citada apunta a la Copa del Mundo y no al fútbol. Los campeonatos nacionales siguen con un buen nivel de público y audiencia. El interés en el fútbol internacional, especialmente en la Liga de Campeones, ha aumentado en los últimos años. Por lo tanto, el aparente desánimo del público está directamente relacionado con la selección brasileña.

El fútbol nacional siempre ha sido una referencia al nacionalismo brasileño, un símbolo de la unidad nacional. Con Brasil dividido por los problemas de la coyuntura política y los últimos acontecimientos, como la escasez de combustible, la huelga de camioneros, la escasez de algunos productos, la falta de interés en la selección se convirtió en un reflejo de la inestabilidad del país.

Durante la Copa de Confederaciones 2013 y la Copa Mundial 2014, estalló la inestabilidad política. Brasil fue sede de la Copa del Mundo y las noticias salieron a la luz del sobreprecio, la malversación de fondos, la necesidad de priorizar la inversión en otras áreas, y especialmente la corrupción que rodeaba el megaevento. Toda la discusión sobre estos escándalos, después de haber tenido un epicentro de la Copa Mundial, estuvo estrechamente vinculada al fútbol.

Posteriormente, la divergencia de la población entre los que estaban a favor y en contra del juicio político de la presidenta Dilma también estuvo directamente relacionada con el fútbol. En un intento por atraer seguidores, los manifestantes que se oponían a la presidenta usaron las camisetas y los vítores del equipo nacional para tratar de mostrar una falsa idea de la unidad nacional. La imagen y los elementos de la selección estaban vinculados al juicio político. Desde entonces, los símbolos que se refieren al equipo brasileño, especialmente la camiseta, comenzaron a desagradar a una parte de la población.

En un intento de reapropiación simbólica del equipo nacional brasileño, las organizaciones de izquierda produjeron una camiseta roja alternativa del equipo nacional. La respuesta de los grupos conservadores se plasmó en el lema "Nuestra bandera jamás será roja".

A esto se añade el hecho de que la entidad que controla la selección, la Confederación Brasileña de Fútbol, ha estado involucrada en controversias y ha sido investigada internacionalmente por participar en casos de corrupción. La selección en sí parece cada vez más distante de la realidad brasileña. La mayoría de los jugadores no juegan en clubes brasileños, los amistosos del equipo nacional se hacen principalmente en otros países, lo que marca una brecha entre los aficionados y el equipo nacional.

Además de la falta de interés, durante la Copa Mundial 2018 hubo una nueva polarización por parte de los brasileños. En las redes sociales circularon una serie de memes de quienes se oponían a animar la Copa del Mundo debido a la situación actual en el país. El escenario actual tiene una nueva división: personas a las que les gusta el fútbol y animan al equipo nacional y quienes ven la Copa del Mundo como un momento de "pan y circo" capaz de alienar a la población.

En 2022, la Copa del Mundo FIFA, realizada en Qatar, curiosamente, se disputó justo después de la derrota de Jair Bolsonaro en las elecciones de octubre. El pleito más tenso de la historia reciente del país, marcado por las tentativas de cooptación ilegal de votos, violaciones de la libertad de tránsito y otras artimañas utilizadas por los seguidores de Bolsonaro que por poco no se convirtieron en un golpe de estado, evidenciado por la invasión y vandalización de la *Praça dos Três Poderes*, en Brasilia, el 6 de enero de 2023. A lo largo de la cobertura de la Copa de Qatar hubo, por parte de la prensa generalista brasileña, la tentativa de rescatar la potencialidad de la selección brasileña de fútbol como un símbolo común, una vez que la nación se encontraba claramente dividida entre dos grandes bloques políticos. No obstante, el secuestro de la camiseta amarilla de la selección brasileña por los electores de Bolsonaro se reflejó directamente en el uso de la vestimenta a lo largo de la competición. Generalmente en épocas de Copa del Mundo, las calles brasileñas eran tomadas por las tradicionales "*amarelinhas*" hecho que disminuyó considerablemente en las últimas ediciones de la competición. El recelo de ser confundido con un bolsonarista, hizo que mucha gente abandonase la camiseta tradicional, aunque siguiera apoyando a la selección.

Por otra parte, cabe resaltar que Neymar Jr., el mayor ídolo de la selección de 2022, aparte de coleccionar actitudes antideportivas a lo largo de su carrera, manifestó en diversas ocasiones su apoyo al expresidente Jair Bolsonaro, situación que agravó su antipatía en buena parte de los aficionados brasileños.

Es por eso por lo que la suma de aspectos como la desvinculación deportiva de los clubes brasileños y la situación política del país se reflejó directamente en la adhesión de los brasileños a la selección de fútbol. Las dos últimas ediciones de la Copa del Mundo FIFA (2018 y 2022) fueron las que despertaron menor interés en la población brasileña en toda la historia. Estudios realizados por el instituto Datafolha, uno de los mayores institutos de encuestas del país, indican que, en 2018, en la Copa de Rusia, 53% de los brasileños no se interesaban por la competición, mientras que en la Copa de Qatar en 2022, se registró un 51% de desinterés.[27]

CONCLUSIÓN

Creemos que ante el escenario político que actualmente vive Brasil, el uso de la "categoría identidad" nacional no parece la más adecuada para analizar la complejidad de los sentimientos que involucran la selección de fútbol. Si este término ya lo era pesadamente cargado y ambiguo para tratar del pasado, es demasiado impreciso para el abordaje del tiempo presente.

Así, como plantean Roger Brubaker y Frederick Cooper, la reificación es un proceso social, no sólo una práctica intelectual.[28] Como tal, es central para las políticas de "identidad", "nación" y otras "identidades" putativas. Nosotros intentamos explicar los procesos y mecanismos por los cuales lo que se ha llamado la "ficción política" de la "nación" puede cristalizarse, en ciertos momentos, como una realidad poderosa y obligatoria. Pero también evitamos reproducir tal reificación mediante la adopción a críticas de categorías de la práctica y categorías de análisis.

Como dicen los sociólogos argentinos Pablo Alabarces y María Graciela Rodríguez, los nuevos escenarios globalizados señalan un clivaje en la representación de lo nacional a través del deporte que, como ocurre en diversos países de Sudamérica, la selección de fútbol

---

[27] Disponible en https://www1.folha.uol.com.br/esporte/2022/08/copa-do-mundo-nao-provoca-interesse-em-51-dos-brasileiros-aponta-datafolha.shtml.

[28] Roger Brubaker *et al.*, "Más allá de la identidad", *Apuntes de Investigación del CECYP*, 7, 2001, pp. 1-46.

no puede resolver de manera eficaz, en el sentido de una nueva épica deportiva nacional.[29]

Así, el desarraigo de los atletas y la consecuente desvinculación de gran parte de ellos del cotidiano periodista brasileño, vacían los vínculos afectivos con la camiseta amarilla ya desvanecida por el escenario político. La selección del fútbol, que tiempos atrás reunía la gente en un solo sentimiento unificador de la nación, hoy es mucho más un vehículo de propaganda para la Confederación Brasileña de Fútbol, aún capaz de generar ganancias y legitimar la asignación de recursos públicos a empresas privadas como la FIFA.

Por lo tanto, para nosotros historiadores reflexionar sobre la relación entre fútbol e identidad nacional es un ejercicio intelectual inagotable y estimulante, ya que las oscilaciones de las dinámicas sociales y políticas interfieren directamente en los significados que el fútbol adquiere en la sociedad. Así, incorporar la historicidad al análisis de un fenómeno cultural como el deporte nos parece la alternativa más razonable como estrategia capaz de reconstruir los significados del presente.

[29] Pablo Alabarces *et al.*, *Fútbol y patria: la crisis de la representación en fútbol argentino*, Conferencia en la North American Society of Sociology of Sport (NASSS)Toronto, Canada, 1997, p. 1.

DEPORTE, E IDENTIDAD(ES) NACIONAL(ES) EN ESPAÑA (1900-1975)

Carles Santacana
Universitat de Barcelona

Dos hechos relativamente recientes, prácticamente concatenados en el tiempo. 10 de julio de 2010: en Barcelona, manifestación popular en contra de una sentencia del Tribunal Constitucional español, que derogaba algunos artículos del estatuto de autonomía que el Parlamento de Cataluña había aprobado en 2006, refrendado por la población, y aprobado también por el parlamento español. La manifestación es multitudinaria, y para muchos es el inicio de la reivindicación independentista que se desarrollará hasta 2017, con un referéndum por la independencia y la suspensión de la autonomía. Al día siguiente, en Johannesburg se disputaba la final del campeonato mundial de fútbol entre las selecciones de España y de los Países Bajos. La selección española logró el título, que desató una gran euforia en todo el país, también en Barcelona, donde muchos aficionados se congregaron en la plaza de España, un lugar inhabitual de celebraciones ciudadanas. En solo dos días se había condensado conceptos muy importantes: el fútbol como elemento simbólico y de nacionalización, el protagonismo de la ciudadanía en el debate democrático, la intersección de lealtades supuestamente irreconciliables, … Las etiquetas fáciles no funcionaron, ni cuando tras la manifestación algunos comentaristas creían que la respuesta popular desplazaba a una parte importante de la población de su vinculación con España; ni tampoco al día siguiente cuando algunos quisieron interpretar el fervor por la victoria de la selección con un sentimiento, también político, en pro del *statu quo* español. Todo era mucho más complicado, con más factores en juego, como que la base del equipo español estaba formado por jugadores del FC Barcelona, que aparentemente no tenían problema en compaginar el triple nivel de identidades: local, catalán y español. El tratamiento periodístico también resultaba interesante. Así, mientras el diario nacionalista vasco *Deia* titulaba "Iniesta conquista el mundo", obviando a que selección representaba el jugador; *El País* abría con "Campeones del mundo", y los conservadores *La Gaceta de los negocios* y *La Razón* titulaban respectivamente "Orgullosos de ser españoles" y "Gracias, España!". Un año antes, el 12 de mayo de 2009: final de la Copa del Rey de fútbol, con presencia del monarca Juan Carlos I, máxima representación de la nación y el estado, en el palco de autoridades. Las aficiones de los dos clubes contendientes, Athletic Club de Bilbao y Futbol Club Barcelona coinciden en expresar su protesta ante la presencia del rey y propinar una sonora pitada al unísono cuando suena el himno español. Una situación que solo se ha repetido con estos equipos y la Real Sociedad –también vasca–, pero no con el resto de clubes.

Los dos episodios aquí sintéticamente relatados, de los inicios del siglo XXI, obligan a reflexionar tanto sobre el papel del deporte en las estrategias nacionalizadoras, como de la singularidad del caso español. Son perfectos ejemplos de las interrelaciones entre nacionalización, identidad y deporte[1], que en cada caso particular adquieren matices distintos; en el caso español por la compleja construcción de la nación contemporánea, con distintas narrativas y los debates entre un concepto unitarista, una idea plurinacional o la afirmación de nacionalismos alternativos[2]. Por otra parte, nadie duda hoy en día de la potencia que tiene internacionalmente la identificación de

---

1 La bibliografía teórica internacional sobre esta cuestión es muy amplia. Véanse algunas reflexiones que vinculan los debates generales con la aplicación al caso español: desde la sociología, aplicada al estudio de la actualidad, pero que establece un correlato histórico Ramón Llopis, "Deporte e identidad nacional: articulaciones y desconexiones en contextos postnacionales", *Papeles del CEIC*, 1 (2020), pp. 1-13, presentación a un exhaustivo dossier de la revista. También desde la sociología, Vicent Flor, "Once para miles. Fútbol, poder e identidades colectivas en España (1900-2020)", *Sociología Histórica*, 11 (2021), pp. 172-206. Un ejemplo de perspectiva histórica amplia y compleja en Francisco Javier Caspístegui, "Deporte e identidad, o sobre cómo definirnos", *Historia y Comunicación Social*, 17 (2012), pp. 19-39.

2 Una propuesta esquemática en Ekain Rojo-Labaien, "El fútbol: reflejo permanente de la diversidad nacional del estado espanyol desde sus orígenes", *Apunts. Educación Física y Deportes*, 116, (2o trimestre 2014), pp. 23-32. Más ampliamente, Juan Carlos De la Madrid, *Una patria posible. Fútbol y nacionalismo en España*, Trea, Gijón, 2013.

las naciones con los éxitos deportivos; e incluso del papel estratégico que tiene esa proyección para los estados. El deporte, y especialmente los triunfos en competiciones internacionales son un elemento de prestigio en una doble dirección. Internamente, como elemento de cohesión exitosa de una comunidad, que refuerza un determinado imaginario colectivo, manifestación evidente de lo que, siguiendo la célebre propuesta de Michael Billig[3], se ha dado en llamar nacionalismo banal. Hacia afuera, como signo de prestigio internacional. Es decir, que el cosmopolitismo es enormemente útil en clave interna, para reforzar el orgullo nacional. En el caso español, Rafael Nadal es en la actualidad un nombre muy cotizado como representante de la marca España, a pesar de ser practicante de un deporte con pocos seguidores, que pocas veces ocupa un lugar preferente en los medios de comunicación. Si el tenista de origen mallorquín ocupa ese lugar preferente en las representaciones icónicas españolas se debe especialmente al tratamiento que dan los medios de comunicación a sus victorias, que son destacadas porque se trata de "nuestro" tenista, exaltado como héroe nacional. El papel de los medios es preeminente e imprescindible, al que se suma luego el reconocimiento del estado, con honores y rituales de las autoridades. Valgan los ejemplos citados para situar las coordenadas del tema que vamos a tratar, a saber, las relaciones entre deporte y nacionalismo, específicamente en el caso español.

Unos vínculos que sugieren fácilmente la pregunta de si es la práctica deportiva la que lleva necesariamente al nacionalismo, o ha sido el (los) nacionalismo(s) los que se aproximaron al deporte cuando observaron la capacidad de atracción social del deporte, y muy especialmente del espectáculo deportivo. La cuestión no admite respuesta tajante e impone observar y analizar situaciones distintas, en función del tipo de nacionalismo al que nos referimos, de la etapa histórica, de si la agencia nacionalizadora corresponde a la sociedad civil o al estado y de la fase de desarrollo de los medios de

3 El concepto ha sido utilizado de manera muy profusa por parte de analistas de las distintas ciencias sociales aplicado al deporte. La obra fue publicada en primera instancia en inglés en 1995, la primera traducción en España se debe a la editorial valenciana Afers, que la vertió al catalán en 2006.

comunicación. Obviamente, para un planteamiento historiográfico la clave está en la correcta ubicación de la combinación de todos esos elementos en un tiempo preciso, en una sociedad concreta y sus circunstancias, ya sean sociales, económicas, culturales o políticas. Las generalizaciones atemporales no sirven. En el caso que nos ocupa conviene resaltar un factor añadido: la irrupción del deporte en el paso del siglo XIX al XX vino a coincidir en el caso español con una profunda crisis del estado, no solo por la falta de legitimidad democrática en la etapa de la Restauración monárquica, sino también por la pérdida de las colonias de Cuba y Filipinas en 1898. Y también por el surgimiento de proyectos nacionales alternativos, tanto en el caso de Cataluña como en el del País Vasco, zonas en las que el desarrollo de la actividad deportiva fue más rápida y profunda que en otros territorios. Así, la combinación de elementos se hace especialmente compleja. Este texto se propone explicar los orígenes de los vínculos entre el deporte y los procesos de nacionalización en España, ya sean estos promovidos desde la sociedad o instancias públicas, ya sean afirmando una identidad nacional española o haciendo lo propio respecto de identidades territoriales[4] como la catalana y la vasca, que oscilaron entre planteamientos regionalistas subsidiarios de una identidad superior española, y otros de afirmación nacionalista plena. Y todavía podríamos añadir el juego entre identidades de tipo local, un aspecto también importante, pero que no podremos tratar aquí[5].

4 Obviamente, las identidades catalana y vasca no han sido las únicas que han planteado proyecciones políticas, ya sean regionalistas o nacionalistas. Galicia ha experimentado en determinados momentos movimientos nacionalistas importantes, y en menor medida cabe referirse, como mínimo, al País Valenciano, las Islas Baleares y las Islas Canarias.

5 Las interrelaciones se muestran de manera muy clara en los trabajos del volumen de F.J. Caspistgeui y J.F. Walton (eds.), *Guerras danzadas. Fútbol e identidades locales y regionales en Europa*, Eunsa, Pamplona, 2001. Incide también en esta cuestión el sociólogo Ramón Llopis en múltiples trabajos, entre los cuales “Clubes y selecciones nacionales de fútbol. La dimensión etnoterritorial del fútbol espanyol”, *Revista Internacional de Sociología*, vol. LXIV, n.º 45 (septiembre-diciembre 2006), pp. 37-66. Las dificultades en el encaje entre una dinámica local y otras superiores –provincial, regional, nacional– se muestra claramente, por ejemplo, en Andrés Domínguez Almansa, *Historia social do deporte en Galicia. Cultura deportiva e modernidade 1850-1920*, Galaxia, Vigo, 2009. También en Vicent Flor, “No només onze contra onze. El futbol i la identitat valenciana, *L'Espill*, 42 (2012), pp. 154-169, y del mismo autor, *Nosaltres som el València. Futbol, poder i identitats*, Afers, Catarroja, 2020.

DEPORTE, ARISTOCRACIA Y NACIÓN

El deporte moderno irrumpió en España a finales del siglo XIX, fruto de la importación de prácticas culturales nacidas en otros lugares de Europa. Era, pues, una práctica extranjera, que no era una adaptación o modernización de juegos tradicionales, sino que socialmente se identificaba como la emulación de prácticas procedentes de países o culturas que se percibían como más avanzadas. El deporte era, en esos momentos, un vehículo que difícilmente podría formar parte de unas prácticas nacionalizadoras autóctonas. De hecho, sus principales impulsores eran pequeñas colonias de extranjeros o personas autóctonas que tenían especiales relaciones con países extranjeros, ya fuese por negocios o por estudios o lazos profesionales. Todo ello venía a coincidir con una sensación de declive de la potencia que España había sido antaño. En la década de 1820 se habían independizado una decena de países latinoamericanos, y en 1898 se produjo la independencia de Cuba y Filipinas, un duro golpe de realidad para el imperialismo español, que constataba cómo desaparecían los restos de su expansión justo cuando se consolidaban los imperios británico y francés. La política institucional presentaba formalmente el estado español como un sistema liberal, pero todo el mundo sabía que la monarquía y el sistema solo se sustentaban en el fraude electoral y el turno preestablecido entre el partido conservador y el partido liberal.

En ese contexto, el deporte aparecía como una actividad privada, con escasos practicantes y muy definidos socialmente, lo que le confería un marcado carácter elitista. La acción del estado era prácticamente nula, aunque es cierto que sí se utilizaba la figura del monarca, Alfonso XIII, como la del rey deportista, puesto que sí era practicante de deportes náuticos, hípica y tenis, una tipología de deportes especialmente alejada de las prácticas del conjunto de la población. Más allá de la imagen, el papel del rey no tenía otro sentido práctico. Por otra parte, nos estamos refiriendo a una etapa en que el deporte tenía poca relevancia como espectáculo, o estaba constreñido a cifras de espectadores muy reducidas. No obstante, es cierto que se empezaron a articular algunas competiciones de ámbito español, como la Copa del Rey de fútbol, que se puso en marcha en 1902 con el nombre de Copa de la Coronación, en honor precisamente de la coronación del rey Alfonso XIII. Por otra parte, tampoco tenía mucha relevancia la representación nacional en competiciones internacionales, que estaban escasamente desarrolladas. La participación española en los Juegos olímpicos fue insignificante: en las cinco primeras ediciones (Atenas, 1896 a Estocolmo, 1912), solo participó en Paris (1908), con una raquítica representación de ocho deportistas. Así era imposible que ejerciera un rol de representación nacional con repercusión pública. Es un hecho que el olimpismo, a través del Comité Olímpico Internacional (CIO, en sus siglas en francés), confirió un gran papel a las representaciones nacionales, jugando así un papel relevante en la construcción simbólica nacional. Ciertamente, en los primeros años los vínculos entre el CIO y España eran débiles. El Comité Olímpico Español (COE) fue inexistente hasta 1912[6], y la conexión se articulaba a través de un delegado del CIO en España, cargo que recayó en aristócratas que se revelaron ineficaces para garantizar la representación española.

Por otra parte, la idea de nación española promovida por la monarquía y los partidos del turno tenía un componente fuertemente centralizador y unitarista, que contrastaba con la diversidad territorial del estado, y la presencia cada vez más influyente de culturas que reivindicaban el carácter nacional de Cataluña y el País Vasco –en menor proporción, también Galicia-, con la finalidad de redefinir el estado en un sentido plurinacional. De forma paralela, el desarrollo económico en clave de modernidad hizo que esos mismos territorios fuese donde el deporte se desarrolló más tempranamente y con mayor incidencia, factor que añadía complejidad a todo el asunto[7].

El progresivo desarrollo del deporte, y especialmente de su vertiente como espectáculo empezó a cambiar esa situación inicial. Es difícil establecer una datación muy concreta para este fenómeno de

---

6 Véase sobre esta cuestión la síntesis *El olimpismo en España. Una mirada històrica de los origenes a la actualidad*, Fundació Barcelona Olímpica, 2019.

7 El desarrollo temprano del deporte en estos territorios en perspectiva comparada en Carles Santacana, "Deporte, modernidad e identidad. La realidad en los territorios Galeusca", en Joseba Agirreazkuenaga y Eduardo Alonso (eds.), *Naciones en el Estado-Nación: la formación cultural y política de naciones en la Europa contemporánea*, Base, Barcelona, 2014, pp. 305-311.

cambio, pero podemos convenir que entre 1910 y 1920 se empezaron a apreciar signos de esa evolución. Confluyeron, en estos años, la multiplicación de las competiciones y especialmente la capacidad de atracción de espectadores, y una consecuencia directa, que fue el cambio en el papel de la prensa deportiva. Si inicialmente la prensa deportiva solo se nutría de revistas que hacían la función de boletines de los primeros clubs, en que lo más relevante era su función como divulgadora de prácticas deportivas, el crecimiento del espectáculo la transformó notablemente. El foco dejó de fijarse en los organizadores y se trasladó a los deportistas, la información era sobre los resultados de las competiciones; y los contenidos épicos vinculados a las victorias y las derrotas sí que podían dar cabida a narrativas de exaltación nacional. El cambio de orientación fue fundamental, y muy especialmente en su función de generar identidades relacionadas con la actividad deportiva, ya fuese con los deportistas, ya fuese con los clubes y sus ciudades, ya fuese dotando de carácter nacionalizador supuestas virtudes y/o los triunfos en las competiciones[8]. En este proceso de crecimiento del factor espectáculo y de difusión periodística jugó un papel esencial el fútbol, que fue el deporte que tuvo un protagonismo especial en esa transformación. Si en el inicio del siglo XX era un deporte más, ahora se convertía en el motor del cambio de paradigma, tras el cual se situaba el ciclismo y, más puntualmente, el boxeo.

El crecimiento de la actividad deportiva despertó lógicamente el interés de diversos colectivos sociales, que atribuirían distintos valores a esta actividad, máxime cuando el abanico de grupos seguidores del deporte incorporaba a sectores populares, aunque solo como espectadores. Quienes más activos se mostraron en incorporar el deporte en sus reflexiones, e incluso a esbozar una política deportiva fueron algunos núcleos republicanos que apostaban por una democratización

[8] Un análisis de caso concreto, referido al nacionalismo vasco, que pone el foco en estos vínculos en Javier Díaz Noci, “Los nacionalistas van al fútbol. Deporte, ideología y periodismo en los años 20 y 30”, *Zer. Revista de estudios de comunicación*, 10 (2001). Una secuencia del desarrollo de diferente tipología de prensa deportiva y sus narrativas en Xavier Pujadas y Carles Santacana, “Prensa, deporte y cultura de masas. El papel del periodismo deportivo en la expansión del deporte en Cataluña hasta la guerra civil (1890-1936), *Historia y comunicación social*, 17 (2012), pp. 141-157.

del deporte, que identificaban con el acceso real de las clases populares a la práctica deportiva, y los catalanistas, ya fuesen regionalistas conservadores o republicanos progresistas, que entendieron que el deporte era, a su vez, un instrumento de modernización social, y podía ser también un elemento para dar una imagen positiva de su territorio. De hecho, en 1913 el catalanista Josep Elias i Juncosa, había protagonizado un intento de revitalización olímpica con su conferencia "Espanya i els Jocs olímpics". Ante la inactividad del delegado español del CIO, Elias promovió un Comitè Olímpic Català (COC)[9], pensado como una primera pieza que dinamizara el paralizado Comité Olímpico Español (COE). Si en un primer momento el marqués de Villamejor consideró que los dos comités eran compatibles, cuando el COC empezó a mostrar su dinamismo quiso paralizarlo, escribiendo a Coubertain que "su único derecho a la vida [de los catalanes] es ser españoles": "leur seul droit a la vie est d'ètre espagnols". Paralelamente, el movimiento catalanista consiguió en 1914 que el gobierno permitiese reunir las cuatro diputaciones provinciales catalanas en un solo organismo, la Mancomunitat de Catalunya. Desde esta institución se esbozó una política deportiva, que entre sus objetivos perseguía que la ciudad de Barcelona fuese la sede de los Juegos olímpicos de 1924, un propósito que entraba claramente en la estrategia nacionalizadora catalana de dar proyección a la capital de su territorio. La candidatura no consiguió su propósito, y la dictadura del general Primo de Rivera (1923-1930) disolvió la Mancomunitat y acabó con su ensayo de política pública deportiva[10].

EL MITO DE LA FURIA ESPAÑOLA

1920 fue un año clave para el argumento que estamos exponiendo, por las circunstancias que concurrieron con la participación de la

[9] Josep Casanovas, "Els orígens de l'olimpisme a Catalunya (1896-1914)", en Xavier Pujadas (coord,), *Catalunya i l'olimpisme. Esport, identitat i Jocs olímpics (1896-2006)*, Comitè Olímoic de Catalunya, Cornellà, 2006, pp. 19-41.

[10] Xavier Pujadas y Carles Santacana, "Esport, catalanisme I modernitat. La Mancomunitat de Catalunya i la incorporació de la cultura física en l'esfera pública catalana", *Acàcia*, 4 (1995), pp. 101-121. Los principals documentos en Carles Santacana, *La*

selección española de fútbol en los Juegos Olímpicos celebrados en la ciudad belga de Amberes. Si la presencia española en los Juegos anteriores había sido casi inexistente, y sin impacto en la opinión pública, la situación ahora dio un vuelco absoluto, tanto por que por primera vez competía en fútbol, como por el sorprendente éxito conseguido. Cabe señalar en primer lugar que la selección española de fútbol se formó justamente en ese momento, en la primavera de 1920, de una forma bastante improvisada, con la finalidad de participar en los Juegos olímpicos. La conformación del equipo nacional español originó un cierto debate[11] sobre la heterogeneidad de los estilos de juego de los jugadores de distinta procedencia territorial, lo que significa que en aquel momento se consideraba que los estilos eran distintos, y no se había forjado una identidad futbolística nacional, si es que ello era posible. En cualquier caso, la selección estuvo formada por jugadores procedentes de equipos vascos, gallegos y catalanes, casualmente tres territorios en que estaban surgiendo movimientos culturales y políticos de reivindicación de una identidad específica, aunque esa cuestión no fue en aquellos momentos fundamental; sí que lo eran las referencias a las diferencias de estilo. Uno de los principales futbolistas de aquel equipo, el vasco José María Belausteguigoitia, conocido como Belauste, muy implicado como nacionalista vasco, parece que no hacía causa de su papel en la selección española. En cambio, sí que describía estilos diferentes de juego, pero sin connotaciones de identidad territorial. Según indica Javier Noci, el jugador identificaba, no obstante, tres estilos: "el norteño que es rápido, duro, de pases largos y rasos y de coraje", el catalán "científico, de pases elegantes y cortos, de combinación vistosa", y el madrileño y andaluz, "fino, alegre, rápido, pero indeciso y a veces embarrullado"[12]. A pesar de que no se expresase una pulsión de nacionalismo alternativo al español, es cierto que algunos sectores de la prensa de Madrid expresaron su

Mancomunitat de Catalunya i la política esportiva, Generalitat de Catalunya, Barcelona, 2004.

[11] Una interesante síntesis del debate en Juan Antonio Simón, *Construyendo una pasión. El fútbol en España, 1900-1936*, UNIR, Logroño, 2015, pp. 73-82.

[12] Javier Noci, "Los nacionalistas van al fútbol,...", p. 4

contrariedad por la composición de la selección. Una vez iniciada la competición, la selección consiguió un inesperado segundo puesto, que fue recibido como un éxito enorme, que iba más allá de los jugadores que lo habían materializado, y que se convertía en un triunfo de la nación, que tuvo su primera celebración a su llegada a San Sebastián, con un partido de exhibición que fue presidido por el rey Alfonso XIII, que así reforzaba el vínculo entre la selección, la nación y la monarquía. Pero lo más trascendente de aquel éxito deportivo fue la aparición de la identificación del fútbol español con un estilo de juego propio: la llamada furia española. Se suponía que la victoria se había conseguido gracias a un juego caracterizado por la vehemencia, la fuerza, la improvisación, la pasión y la virilidad de los jugadores españoles, que de esa manera generaban un estereotipo nacional, que iba más allá del deporte. Lo curioso es que el apelativo de la "furia española" fue puesto en circulación inicialmente por la prensa belga, y no tenía necesariamente una significación positiva. En Bélgica se recordaba todavía la etapa en que su territorio había formado parte del Imperio español, y la dureza de los Tercios militares españoles en la represión de los levantamientos de la población local en el siglo XVI. En 1576 se había producido el llamado "saqueo de Amberes", en que la brutalidad de los soldados españoles fue descrita como "furia española" por parte de belgas y holandeses. Como apunta Alejandro Quiroga "para la prensa neerlandesa y belga esta brutalidad no era meramente una característica futbolística, sino una constante en la identidad nacional española"[13], que ya habrían demostrado en el siglo XVI y que ahora se mostraba en su estilo de juego futbolístico. Aunque es evidente que el establecimiento de esos vínculos era una exageración interesada, no deja de ser curioso constatar que el nuevo uso que los belgas y otros medios europeos hacían de este apelativo, históricamente de carácter peyorativo, fuese adoptado con todo el orgullo por parte de los españoles como indicativo de su carácter nacional. Es decir, que el retrato en clave negativa de unas

[13] Alejandro Quiroga, *Goles y banderas. Fútbol e identidades nacionales en España*, Marcial Pons, Madrid, 2014, p. 40.

características como españolas se convirtieron en clave interna en una definición en positivo. Si la brutalidad y el salvajismo de antaño eran características negativas, se reconvertían vistas desde España en pasión, energía, coraje, virilidad e incluso individualismo, que devendrían elementos positivos de un supuesto carácter español que se manifestaba a través del fútbol.

A partir de ese momento la prensa se encargó de repetir infinidad de veces y reivindicar la furia como el carácter nacional que el fútbol ponía al descubierto. El introductor del concepto de furia en el fútbol español fue Manolo de Castro, alias Handicap, periodista que estuvo en Amberes, al tiempo que era uno de los tres seleccionadores del equipo español. Handicap popularizó el término en sus artículos en la revista *Madrid-Sport*. Quiroga sostiene que "Al presentarla como viril, enérgica y ardiente, Manolo de Castro despojaba a la furia española de sus connotaciones originariamente negativas de brutalidad, falta de sofisticación y subdesarrollo y, de este modo, la hacía aceptable para el público español"[14]. Ciertamente, la retórica positiva de la furia quedó fijada en aquellos momentos, definiendo así un carácter nacional, que había conseguido una victoria inesperada en su primera actuación internacional. En 1923 un cronista del periódico *Madrid-Sport* lo exponía así: "A nosotros nos gustan las emociones fuertes. Y la técnica hispana, propia, clásica, y que tantos triunfos nos dio en la Olimpiada es la "furia española". Cuando el gran Belauste metía el balón en las mallas con el pecho a fuerza de empuje y bravura y entraba él detrás con dos o tres jugadores enemigos en informe montón, estaba creando una técnica"[15]. Y otro contraponía los movimientos gélidos y estudiados, científicos, atribuidos a equipos anglosajones, a la "arrebatadora belleza de la fuerza guiada por el corazón. Indudablemente, aquello era el genio latino, la bravura y la inspiración"[16]. Es cierto que ese relato se aplicó fundamentalmente al fútbol, y no tenía correlato en otros

---

[14] Ibídem, p. 41.

[15] *Madrid-Sport*, 12 de abril de 1923.

[16] J. Senén de la Fuente, "Del ambiente", *Madrid-Sport*, 341 (1923), citado por Jorge Uría, "Imágenes de la masculinidad. El fútbol español en los años veinte", *Ayer*, 72 (2008), p. 143.

deportes, pero cabe señalar que en la década de 1920 el fútbol estaba despuntando en relación a las otras prácticas, estaba consiguiendo devenir un deporte espectáculo, con grandes cifras de espectadores y un papel cada vez más relevante en la prensa, proceso paralelo a la irrupción del profesionalismo y los grandes héroes deportivos reconocidos por gran parte de la población. No podemos olvidar, por último, que la caracterización de la furia española suponía adoptar un canon de masculinidad, que podía así convertirse también en estereotipo nacional. Jorge Uría ha señalado que convivían diversos modelos, pero que el mayoritario se podía describir así: "El equipo tenía futbolistas, a tenor de esas descripciones, con dotación física admirable considerando su altura o rapidez; pero sobre todo eran destacables por su carácter, entre cuyas notas sobresalían la agilidad, su temperamento seguro y su habilidad, o el ser incansables. De entre todos sus atributos destacaban, en todo caso, el ser fuertes y duros y, muy especialmente, valientes"[17]. Este tipo de discurso no solo era útil en términos de cohesión interna del país, sino que se reforzaba por las contraimágenes que se proyectaban desde el extranjero, como muestra acertadamente Raphaël Benbouhou a partir de los primeros encuentros entre las selecciones de Francia y España, que fueron utilizados por la prensa para abundar en un estereotipo español exótico, desordenado y enérgico[18]. Paralelamente habían surgido discursos nacionalizadores distintos, comprendidos sobre todo a Cataluña y el País Vasco. La instauración de la Dictadura de Primo de Rivera en 1925 supuso la disolución de la Mancomunitat y la persecución de elementos de la identidad catalana. En este contexto se produjo el abucheo al himno español en el campo del FC Barcelona y la clausura gubernativa de su actividad durante seis meses; ese fue un momento decisivo en la conversión del club azulgrana en un símbolo social y político[19]. Al mismo tiempo, en el País Vasco el Athletic Club de

[17] Jorge Uría, "Imágenes de la masculinidad. El fútbol español en los años veinte", *Ayer*, 72 (2008), p. 144.

[18] Raphaël Benbouhou, "La fabrique des stéréotypes nationaux: les premiers France-Espagne de football dans l'entre-deux-guerres", *Relations internationales*, 195 (3/2023), pp. 33-50.

[19] Xavier Pujadas y Carles Santacana, "De club esportiu a símbol del catalanisme: el Barça (1915-1925), *L'Avenç*, 238 (1999), pp. 33-38. Una perspectiva cronológica más

Bilbao fue ganando presencia social de la mano del nacionalismo vasco, aunque cabe decir que ese nacionalismo vivía entre el apoyo a los deportes modernos y su interés en mantener deportes tradicionales en las áreas rurales. También en esos años, de inicios del profesionalismo, el Athletic[20] se reafirmó en su decisión de contar solo con jugadores vascos, una característica que ha mantenido y que se convierte en su elemento más significativo.

Al margen de pocas excepciones, el discurso de la furia española tomó una gran fuerza, permaneciendo vigente en los años posteriores, a pesar de que los resultados no permitían mostrar esa "técnica" como garantía de triunfos. No obstante, se mantenía como retórica periodística, mientras se mantenía una nación deportiva de cuerpo deforme, con una base escuálida de practicantes y una hipertrofia del espectáculo, como denunciaba el periodista y político republicano Pedro Rico en 1930 en su libro *El Sport en España*[21]. Los años de la Segunda República (1931-1939) no supusieron cambios relevantes en relación a esta temática. Las instituciones republicanas estaban ocupadas fundamentalmente en consolidar un sistema democrático amenazado constantemente, y solo supuso un hito político-deportivo destacable la proyectada Olimpiada Popular[22] de 1936, alternativa a los Juegos de Berlín, que no se pudo realizar a causa del inicio de la Guerra Civil en julio de 1936. A pesar de verse frustrada, conviene recordar que su realización habría supuesto una revolución en el tratamiento de las representaciones nacionales, tanto en clave interna

---

amplia de las relaciones entre el deporte y la identidad catalana en Carles Santacana, "Sports, society and collective identity in contemporary Catalonia", *Catalan Historical Review*, 7 (2014), pp. 63-75.

20 Las características de este club han llamado la atención de muchos investigadores. Véase, por ejemplo, J. MacClancy, "Nationalism at play: The Basques of Vizcaya and Athletic Bilabo", *Sport, Identity and Ethnicity*, Berg, Oxford, 1996. Y W. MacAlevey, "Football and Local Identity. The Case of Athletic Club de Bilbao as Seen Through the Growth of its Crowds, 1911-1932", en F.J. Caspistegui y J.F. Walton (eds.), *Guerras danzadas...*, pp. 87-118. Una perspectiva genérica sobre el nacionalismo vasco en Patxo Unzueta, "Fútbol y nacionalismo vasco", en Santiago Segurola (ed.), *Fútbol y pasiones políticas*, Debate, Madrid, 1999, pp. 147-167.

21 Pedro Rico, *El Sport en España. Amateurs y profesionales. Educación, distracción, espectáculo*, Javier Morata, Madrid, 1930.

22 Xavier Pujadas/Carles Santacana, *L'altra olimpíada. Barcelona'36*. Llibres de l'Índex, Badalona, 1990.

española como internacional, puesto que había organizado esas representaciones dividiendo el territorio de la República española en cuatro delegaciones del mismo nivel (España, Cataluña, País Vasco, Galicia), y también concedía esa máxima representación a territorios que en aquellos momentos eran colonias, como los dos Marruecos –la colonia francesa y la española– o Argelia. Una apuesta lanzada desde el catalanismo de izquierdas que promovía la Olimpiada, vista con recelos desde la izquierda española y como una aberración por la derecha[23]. También fue significativa la extensa gira de una selección vasca de fútbol por diversos países europeos y de América del Sur durante la guerra civil, que no solo era útil como elemento propagandístico en favor de la República, sino que mostraba al mundo la singularidad vasca.

EL ESTADO CONVERGE CON LA NACIÓN DEPORTIVA

La victoria del bando sublevado en la Guerra Civil de 1936-1939 dio lugar a la instauración de la dictadura del general Franco. Un estado dictatorial que se mantuvo vigente hasta su muerte, en 1975, consiguiendo sortear la derrota de sus aliados al fin de la Segunda Guerra Mundial, y logrando después el reconocimiento internacional, gracias a la guerra fría, cuando hizo gala de su feroz anticomunismo. La dictadura supuso una transformación absoluta de la vida social, con unas instancias oficiales que controlaban todas las actividades, especialmente desde el gobierno, pero también desde el partido único, Falange Española Tradicionalista y de las JONS, que actuaba a inspiración del fascismo italiano y el nazismo. En el ámbito deportivo la instauración del franquismo tuvo consecuencias muy relevantes[24].

[23] Carles Santacana, "Mobilització política i esport. Notes sobre Galeusca a l'Olimpíada Popular de Barcelona de 1936", en Ramon Arnabat y Carlos Moruno (coords.), *De la primavera de las naciones a la guerra fría (1917-1947)*, Sílex, Madrid, 2023, pp. 141-150.

[24] Teresa González Aja, "La política deportiva en España durante la República y el Franquismo", en Teresa Gonzalez Aja (ed.), *Sport y autoritarismos. La utilización del deporte por el comunismo y el fascismo*, Alianza editorial, Madrid, 2002, pp. 169-201. También Carles Santacana, "Espejo de un régimen. Transformación de las estructuras deportivas y su uso político y propagandístico, 1939-1961", en Xavier Pujadas

Hasta ese momento la organización de la práctica deportiva había sido promovida por clubs y asociaciones, que acordaban libremente cómo organizar competiciones y se ponían de acuerdo para crear federaciones, en un esquema que iba de abajo a arriba, sin que el estado tuviese ningún papel relevante ni generara interferencias. La dictadura dio la vuelta a esa forma de articulación, imponiendo una organización jerarquizada, de arriba a abajo, que no solo suponía la capacidad de organización, sino también el control de toda la actividad deportiva. Pero, además, incorporó otra novedad. El estado cedía a la Falange esa función, de manera que sería el partido único el que se ocuparía de dirigir, organizar, supervisar y controlar toda la actividad deportiva. Para ese cometido la Falange creó en 1938 el Consejo Nacional de Deportes, que se transformó en 1943 en la Delegación Nacional de Deportes (DND) y subsumía en su organigrama el Comité Olímpico Español. La Delegación se definía oficialmente como "instrumento de la política del Estado totalitario". El decreto de creación de la Delegación era muy explícito: "La política del Estado falangista, orientada hacia la unidad y fortalecimiento de cuantas actividades conduzcan a la más firme potencia de la Patria, no puede descuidar en modo alguno el deporte, en que encuentra uno de los principales instrumentos para la entera educación del hombre español"[25], afirmación que incluía una opción restrictiva de género muy evidente.

El estado había tomado las riendas y el control de todo el deporte y utilizaría la DND con dos objetivos: intervenir absolutamente en la vida de los clubs deportivos, como un elemento más del control sobre la población; y utilizar el deporte como un potente instrumento nacionalizador, de cohesión de la comunidad nacional y de reafirmación en el contexto internacional. La obsesión nacionalizadora se expresaba en múltiples formas. Se obligó a los clubs a españolizar sus nombres, eliminando los que utilizaban fórmulas inglesas. Así, el Racing de Santander se convirtió en Real Santander, o el Sporting

---

(coord.), *Atletas y ciudadanos. Historia social del deporte en España 1870-2010*, Alianza editorial, Madrid, 2011, pp. 205-232.

[25] *Boletín Oficial de la Delegación Nacional de Deportes de Falange Española Tradicionalista y de las JONS*, 1 (abril 1943).

de Gijón devino Real Gijón; con el mismo objetivo el Athletic Club se convirtió en Atlético de Bilbao y el Futbol Club Barcelona en Club de Fútbol Barcelona. También se modificaron los escudos en que aparecían símbolos no gratos a la dictadura, como estrellas con significación política y o banderas distintas de la española, especialmente la *senyera* catalana y la *ikurriña* vasca, presentes en escudos de clubs de esos territorios.

La dictadura tenía un fuerte componente nacionalista español, de carácter unitarista, que combatía decididamente los vínculos entre el deporte y los nacionalismos alternativos, significativamente el catalán y el vasco. Su discurso denostaba la etapa republicana, como mostraba el primer número del periódico deportivo falangista *Marca*, en que acusaba al fútbol de haber alimentado unas pasiones locales contrarias a la verdadera nación española, que es la que ahora resurgía. En un artículo titulado significativamente "Fútbol sin política", el periodista falangista Jacinto Miquelarena afirmaba que en los años de la República se había vivido una "orgía roja de las más pequeñas pasiones regionales"[26]. El nacionalismo españolista de la dictadura se fundamentaba en una decidida apuesta por los mitos nacionales del antiguo imperio español, los lazos con Latinoamérica –la Hispanidad-, y la eliminación de los referentes simbólicos de los nacionalismos catalán y vasco, a los que se acusaba de separatismo, concepto utilizado hasta la saciedad. Por esa razón tuvieron especial cuidado en el control de esos clubs. Desaparecieron todas las denominaciones en lenguas distintas del castellano, de manera que, por ejemplo, el club Catalunya Nova, de Reus, se convirtió en Reddis, nombre latino de la localidad. No obstante, el arraigo social del imaginario catalanista y vasquista era tan asentado que las autoridades lo combatieron no solo con la eliminación, sino también con la reapropiación de algunos elementos folclóricos, que podían ser utilizados y banalizados, instrumentos de una cultura regional inferior y subsidiaria de la gran nación española. Es lo que se denominó "sano regionalismo"[27], por contraste con

[26] J. Miquelarena, "Fútbol sin política", *Marca*, 21 de diciembre de 1938.

[27] Véase el número monográfico de la revista *Ayer*: "El franquismo y el "regionalismo bien entendido", *Ayer*, 123 (2021), coordinado por Andrea Geniola.

los nacionalismos que se habían expresado, también a través del deporte, antes de la Guerra Civil. Ese sano regionalismo se promovió especialmente en las actividades folclóricas[28], pero también se intentó trasladar al ámbito deportivo. Así, el franquismo intentó vincular al nuevo Club de Fútbol Barcelona con una identidad local alejada de su papel en el pasado, objetivo que solo alcanzó parcialmente y de manera formal y oficial en los primeros años de la dictadura. La dinámica fue diferente en el País Vasco, donde se presentaron de forma ambivalente algunas características específicas –deportes rurales propios y la política del Atlético de Bilbao de contratar solo jugadores vascos. Así, esas características vascas se convertían en el discurso oficial en características definitorias de la españolidad.[29]

La identificación entre nueva etapa política –dictadura–, sumisión del deporte a los objetivos del régimen e inflamación patriótica era absoluta. El periódico *El Mundo Deportivo* lo expresaba con claridad en el primer número publicado después de la guerra civil: "el retorno a la vida de estas hojas, trae consigo la tácita profesión de fe, de la supeditación absoluta del deporte a las grandes directrices que señalan los rumbos nuevos, y su servidumbre al ideal patrio como acervo al que indisolublemente se halla vinculado"[30]. Una actividad, la deportiva, que debía ser útil al designio nacional que se articulaba a través de la Falange, el partido único. Así lo explicitaba uno de sus miembros en el *Boletín de la Delegación Nacional de Deportes*: "Nosotros estimamos el deporte en tanto en cuanto sirve para fortalecer el espíritu y en el noble sentido de dar hombres potentes para el mejor servicio de España. Él solo, considerado en su aspecto individual del campeón o de minorías privilegiadas, no nos interesa. La Falange, al divulgar y extender el anhelo deportivo, pretende disciplinar y formar el espíritu y el cuerpo de los españoles, proporcionando –sobre todo al muchacho, al hombre– un quehacer que le coloque

[28] Xosé Manuel Núñez Seixas, *Imperios y danzas. Nacionalismo y pluralidad territorial en el fascismo español (1930-1975)*, Marcial Pons, Madrid, 2023.

[29] Alejandro Quiroga, "Así también se hace patria. Fútbol y franquismo en Cataluña y el País Vasco (1939-1977), *Hispania Nova*, 17 (2019), pp. 270-305.

[30] *El Mundo Deportivo*, 31 de diciembre de 1939.

al margen de los ocios ciudadanos, incubadoras permanentes de las juventudes pálidas y enfermizas, a los que nada arriesgado ni potente puede pedirse, porque su fuerza se ha diluido entre los humores del suave vivir en que nada enérgico ni duro se exige ni a los músculos ni a la voluntad"[31].

Por otra parte, para el régimen cualquier competición internacional ponía a prueba, no solo las habilidades deportivas, sino el orgullo nacional. El estatuto orgánico de la Delegación ya preveía que en las competiciones internacionales siempre sería necesaria la autorización del ministerio de Asuntos Exteriores. A pesar de que ya estaba dicho, se activaron diversos recordatorios. Por ejemplo, en 1948 el ministerio de Asuntos Exteriores dictó unas "Normas para la celebración de encuentros internacionales de fútbol", que prohibía la participación en "encuentros en los cuales exista un evidente riesgo de derrota para el conjunto nacional"[32], de manera que se exigía una autorización diplomática para celebrar estos encuentros. El prestigio del estado y de la nación estaban en juego. Y en 1955 era el propio boletín de la DND quien recordaba que "la autorización se hace necesaria porque la Delegación Nacional de Deportes ha de recabarla a su vez de la Superioridad, y puede ocurrir que ésta no estime oportuno el contacto deportivo con alguna nación en determinado momento, por razones que ella solo puede apreciar"[33]. Esa obsesión por las competiciones internacionales tenía un significado específico en relación a los Juegos olímpicos, puesto que las autoridades sabían que el papel de España era insignificante. Ante los primeros de la posguerra mundial, celebrados en Londres en 1948, desde la Delegación se observaba con temor la posibilidad de quedar en mal lugar: "Y también hay que señalar –¿por qué no decirlo?– que España en Londres ha de ser especialmente observada por todos, y cualquier actuación poco

[31] José María Gutiérrez del Castillo, "La Falange y el deporte", *Boletín Oficial de la Delegación Nacional de Deportes*, 11 (marzo 1944), p. 3.

[32] Archivo del Ministerio de Asuntos Exteriores, leg. R-2586, exp. 46, citado por Eduardo González Calleja, "El Real Madrid, ¿equipo de España? Fútbol e identidades durante el franquismo, *Política y Sociedad*, 51 (2014), n.º 2, p. 286.

[33] Circular 3/55, publicada en el *Boletín Oficial de la Delegación Nacional de Deportes*, 142 (junio 1955), p. 2.

afortunada de nuestros colores sería aprovechada cumplidamente por aquellos elementos extranjeros adversos, a quienes, sin duda, consolaría mucho una inadecuada actuación de nuestros atletas"[34].

Los medios de comunicación jugaban un papel fundamental en la transmisión a la población de ese vínculo patriótico a través del deporte. La implantación de la dictadura había supuesto la desaparición de cualquier discurso crítico y el control absoluto por parte de las autoridades de los medios de comunicación, que por otra parte estaban sometidos a una férrea censura[35]. El discurso de los medios era monolítico, y repetía machaconamente las glorias deportivas nacionales, o señalaba culpabilidades extranjeras ante los fracasos. Esa retórica deportiva nacionalista conseguía grandes resultados, no solo a través de la prensa escrita, sino muy significativamente gracias a la utilización de las cadenas de radio y de un nuevo instrumento, el *NO-DO*. *Noticiarios y Documentales (NO-DO)* era un documental audiovisual de reportajes de actualidad creados directamente desde instancias gubernamentales que se proyectaban obligatoriamente en todas las sesiones de todos los cines del país. Su difusión era, pues, enorme, y utilizó reiteradamente las gestas deportivas españolas para afirmar el nacionalismo español[36]. Ante las competiciones que el régimen consideraba que podrían ser más adecuadas para transmitir su mensaje nacionalizador, los medios se aplicaban con especial esmero. Creaban expectativas y mantenían durante días la alegría patriótica del triunfo o la justificación victimista de la derrota. Por ejemplo, la victoria frente a Inglaterra en 1950, después de muchos años sin enfrentarse a la *Pérfida Albión*, fue un hito de reivindicación patriótica, inmortalizada por la transmisión del periodista Matías Prats, que fue recordada por más de una generación.

No obstante, los triunfos internacionales no llegaban o eran mínimos. La trayectoria española en los Juegos olímpicos de aquellos

---

[34] *Boletín Oficial de la Delegación Nacional de Deportes*, 57 (enero 1948), p. 7.

[35] Alejandro de la Viuda, "Deporte, censura y represión bajo el franquismo, 1939-1961", en Xavier Pujadas (coord.), *Atletas y ciudadanos. Historia social del deporte en España 1870-2010*, Alianza, Madrid, 2011, pp. 273-321.

[36] Aunque no centrado en esta cuestión, véase Juan Antonio Simón, "El deporte en el *NO-DO* durante el primer franquismo, 1943-1951", *Hispania Nova*, 17 (2019), pp. 341-371.

años fue irrisoria. Los deportistas españoles que participaron en los de Londres en 1948 y en los de Helsinki de 1952 tuvieron un papel muy discreto. En Londres solo una medalla de plata, resultado que motivó que en un Pleno del Consejo Nacional de Deportes se insistiese en la necesidad de un plan bien organizado para conseguir buenos resultados cuatro años más tarde. Planes que solo eran teóricos, como se demostró en Helsinki, cuando se repitió el mismo resultado que en Londres. Ante los de 1956, celebrados en Melbourne, España se sumó al boicot de unos pocos países en protesta por la invasión soviética de Hungría. Una decisión publicitada con argumentación política, pero que en realidad ocultaba la falta de presupuesto para desplazarse hasta Australia. Y en 1960, en Roma, solo se sumó una de bronce. Ante esta penuria de éxitos deportivos, se repetían las decepciones. Como señala un estudio sobre la prensa española en relación a los Juegos de 1952: "una vez iniciada la competición y, como consecuencia directa de las hinchadas expectativas sobre las oportunidades de determinados equipos (...), los medios de comunicación se vieron obligados a achacar a factores externos los malos resultados obtenidos por los atletas españoles"[37]. Esta serie continuada de fracasos era más lacerante si se comparaba con países similares, como Italia, que desde Londres hasta los de Roma conseguía entre una veintena y una treintena de medallas en cada edición.

En el ámbito olímpico la única vía de compensación para adquirir un papel relevante fue conseguir la organización de los II Juegos del Mediterráneo en 1955, justo el mismo año en que España fue admitida en las Naciones Unidas, diez años después de la constitución de este organismo. Para la dictadura era un éxito y una forma de reconocimiento internacional, razón por la cual dedicaron muchos esfuerzos a dotar el evento del máximo contenido simbólico. Ciertamente, no se trataba de unos Juegos olímpicos, pero sí eran reconocidos por el CIO, y consiguieron la participación de diez países, tanto de los árabes de la riba mediterránea como de los europeos bañados por

---

[37] C. J: López Díaz, "España en los Juegos olímpicos de Helsinki de 1952. La utilización del deporte y la prensa por el franquismo", *AGON International Journal of Sport Sciences*, 2 (1), 2012, p. 45.

el mismo mar[38]. Es en ese evento donde cabe buscar el inicio de la carrera político-deportiva de Juan Antonio Samaranch, que en 1980 se convertiría en presidente del CIO. Era evidente que esos Juegos del Mediterráneo eran solo un sucedáneo de una aspiración imposible, pero también es cierto que permitían transmitir una cierta sensación de orgullo patriótico por organizar un evento internacional. En realidad, toda la liturgia que acompañó a los Juegos era pura imitación del ceremonial de unos Juegos Olímpicos.

La implantación de la dictadura supuso, también, el definitivo encumbramiento del fútbol como deporte rey, tomando una enorme distancia respecto de otras prácticas. Era un fenómeno iniciado antes, en la década de 1920, gracias a su enorme popularidad y la conversión en un espectáculo, pero que se consolidó y agudizó a partir de la instauración de la dictadura[39]. El discurso oficial, sin embargo, era el de favorecer los deportes que consideraban básicos, a saber, atletismo, gimnasia y natación, pero la realidad era muy distinta. Las instalaciones que requerían estos deportes fueron desatendidas, mientras proliferaban los espacios (exagerado en muchos casos denominar campos) donde se podía practicar el fútbol. Además, en el contexto materialmente deprimente de la postguerra, con una población que vivía en el límite de la supervivencia, la práctica deportiva quedó absolutamente relegada, mientras ganaba peso el espectáculo. Por esa razón buena parte de las estrategias para convertir el deporte en un mecanismo de nacionalización y elemento de consenso pasaban por el fútbol. En los años de aislamiento internacional de la dictadura se convirtieron en frecuentes los enfrentamientos deportivos con equipos alemanes e italianos, y especialmente lusitanos, puesto que Portugal era también una dictadura, y se predicaba un entendimiento ibérico.

La Liga española fue aumentando el número de clubs contendientes, que conllevó la eliminación en 1940 de los campeonatos regionales. Como un elemento más del nacionalismo banal, los partidos entre los clubs de la primera división remitían a un mapa de España cotidiano, con participación de equipos de prácticamente todo el

---

[38] Véase Juli Pernas, *Barcelona. Els Jocs Mediterranis 1955*, Fundació Barcelona Olímpica, 2012.

[39] Duncan Shaw, *Fútbol y franquismo*, Alianza editorial, Madrid, 1987.

territorio. Teniendo en cuenta la relevancia del fútbol en aquellos momentos, sin competencia alguna de otros deportes, ese cambio fue muy trascendental. Una tendencia reforzada con la instauración en 1944 de las quinielas, juego de apuestas que se vinculaba a los resultados de los partidos cada fin de semana. Las quinielas se convirtieron en el juego de azar por excelencia, de manera que interesaba incluso a personas totalmente ajenas al fútbol. Eran elementos que, sin duda, tenían una gran potencia nacionalizadora. Los jóvenes se sentían inmersos en una geografía nacional hecha a base de nombres de clubs y de sus estadios, mientras la prensa potenciaba los estereotipos locales, simpáticas plasmaciones de unas idiosincrasias que se armonizaban perfectamente en la comunidad nacional. El tratamiento mediático en la prensa, y muy notablemente en una radio en clara expansión, contribuían eficazmente a ese cometido. Era ese un objetivo muy trabajado por las autoridades, que cuando pensaban en el deporte siempre tenían en cuenta el papel crucial de los medios de comunicación. No por casualidad en el primer boletín de la Delegación Nacional de Deportes dictaron unas normas para los periodistas deportivos[40], y se ejerció una notable censura[41] sobre sus artículos, aunque sus contenidos pudiesen parecer inocuos. El control de la narración deportiva era esencial.

Los imprescindibles éxitos deportivos internacionales llegaron en la década de 1950, circunscritos casi exclusivamente al fútbol, quizás con la excepción del ciclista Federico Martín Bahamontes, que ganó el Tour de Francia de 1959 con un estilo individualista y sufridor, que encajaba perfectamente en la épica quijotesca de lo español que se difundía entonces en Europa. El *Aguila de Toledo* fue un solitario arquetipo del genio de la fuerza española, en la línea de la furia española, al que incluso se dedicó un pasodoble en su honor[42]. Pero como decíamos, en los años cincuenta los éxitos internacionales españoles se circunscribieron al fútbol, deporte en

[40] "Normas para los redactores deportivos", *Boletín Oficial de la Delegación Nacional de Deportes*, 1 (abril 1943), p. 8.

[41] véase nota 35.

[42] El periodista Alfredo Rueda escribió la letra de "El Gran Bahamontes", pasadoble que se incluía en discos en que aparecían piezas como "España cañí" o "Suspiros de España".

el que el FC Barcelona consiguió dos copas latinas (1949 y 1952), de relativa trascendencia; pero sobre todo el Real Madrid logró encadenar el triunfo en cinco ediciones consecutivas de la Copa de Europa, desde la primera, en 1956 hasta 1960. Ciertamente era una competición nueva, pero que adquirió rápidamente un gran prestigio, y en la que el Real Madrid se convirtió en su máximo referente. Lógicamente, aquellos triunfos fueron muy celebrados, y se convirtieron en un elemento propagandístico impresionante, ya que la dictadura intentó y consiguió en gran parte que se identificaran como una victoria de la nación española. Así se vivió internamente, con un papel destacadísimo de la prensa para divulgar esta narrativa. Para el régimen se trataba de una operación muy importante, puesto que coincidía en el tiempo con el reconocimiento internacional de la dictadura, con el acuerdo con Estados Unidos y el Concordato con el Vaticano, en 1953, y la entrada en las Naciones Unidas en 1955. Los triunfos del Real Madrid significaban, más allá de estar presentes internacionalmente, ser capaces de erigirse en líderes en un ámbito concreto. La componente política de esos triunfos es evidente; las autoridades trazaban una *liason* absoluta entre las victorias del club blanco, el orgullo nacional y el prestigio internacional. El ministro secretario general del Movimiento (el partido único de la dictadura) lo expresó con claridad en 1959, en unas declaraciones que recogió el boletín oficial del club madridista: "Habéis hecho mucho más que muchas embajadas desperdigadas por esos pueblos de Dios. Gente que nos odiaba ahora nos comprende, gracias a vosotros, porque rompisteis muchas murallas (...) Vuestras victorias constituyen un legítimo orgullo para todos los españoles, dentro y fuera de nuestra patria"[43]. A señalar la obsesión en aquellos momentos por el prestigio en el ámbito internacional por parte de una dictadura que había tenido muchas dificultades para hacerse un lugar en el mundo. Por eso las victorias en el extranjero tenían un valor tan importante. Lo afirmaba el mismo ministro de Asuntos Exteriores, Fernando María Castiella: "el Madrid ha

[43] *Boletín Interno del Real Madrid*, vol. IV, n.º 112, noviembre 1959, p. 3.

constituido la mejor embajada que hemos enviado al extranjero"[44], y lo reproducía sin problemas el propio club. Otro ministro, Alfredo Sánchez Bella, insistía en la misma idea. El Madrid era "uno de los mejores instrumentos, acaso el mejor y mayor que en los últimos tiempos hemos tenido, para afirmar nuestra popularidad fuera de las fronteras"[45]. Los triunfos en la Copa de Europa se convertían, así, en materia de gran trascendencia y orgullo nacional, aunque se materializara a través de un club. De ahí la identificación que se presentaba entre ese club[46] y la nación, al que el estado añadía el vínculo entre la nación y el régimen político, de manera que el éxito deportivo devenía en afirmación de la dictadura. Otra cuestión interesante es la composición de ese equipo victorioso, liderado por el argentino Di Stéfano (nacionalizado después español), y en el que destacaban el húngaro Puskas y el francés Kopa. Cabe plantear esta cuestión puesto que las autoridades franquistas fueron mudando su posición sobre la presencia de jugadores extranjeros en los clubs españoles. En algunos momentos consideraron que esa participación era positiva puesto que ayudaría a mejorar el nivel técnico de los españoles, y en otros momentos, a partir de 1962 y hasta 1973, consideraron que esa circunstancia frenaría la aparición del talento nacional. En cualquier caso, su presencia durante algunos años no supuso un menoscabo a considerar esas victorias como netamente españolas. En algún caso, además, se favoreció la contratación por motivos políticos, como el caso de Kubala, fichado por el Barcelona con una campaña propagandística que le presentaba como un refugiado político que había logrado escapar de la Hungría comunista.

A pesar de que la identificación del Real Madrid con la nación funcionaba perfectamente, es obvio que quien mejor podía representar el cuerpo nacional eran las selecciones españolas de los distintos

[44] "Banquete dedicado al Real Madrid", *Boletín Interno del Real Madrid*, IV, 128, enero 1961, pp. 9-11.

[45] Archivo del Ministerio de Asuntos Exteriores, leg. 8622, exp. 8, citado por Eduardo González Calleja, "El Real Madrid, ¿equipo de España?...", p. 290.

[46] Sobre esta cuestión polèmica véase Angel Bahamonde, *El Real Madrid en la historia de España*, Taurus, Madrid, 2002 y Eduardo Gonzállez Calleja, "El Real Madrid, ¿equipo de España?...".

deportes. La de hockey sobre patines obtuvo diversos campeonatos de Europa y del mundo a partir de 1951, pero construir un discurso a partir de un deporte tan minoritario era muy poco efectivo. La mirada se dirigía así hacia el fútbol, que tuvo dos momentos especialmente interesantes desde la perspectiva nacionalizadora y política. En la primera edición de la Copa de Europa de selecciones, en 1960, España debía enfrentarse a la URSS en los cuartos de final, pero las autoridades tomaron la decisión de renunciar a la competición, para evitar la presencia de la selección soviética en Madrid y un posible resultado adverso. Una decisión absolutamente política, en la que influyó el temor a una doble derrota –nacional y político/ideológica–, en la línea de las directrices oficiales que se habían dictado en años anteriores. En la edición posterior, en 1964, la situación era diferente. Madrid era la sede de la fase final del campeonato, y el desarrollo de la competición condujo a una final entre España y la URSS. Los mismos contendientes, pero en una situación distinta, una final a partido único a disputar en Madrid. El régimen accedió a la disputa del encuentro, que finalizó con la victoria española. Una victoria que no solo se proyectaba públicamente como un triunfo patriótico, sino que se presentaba también como una victoria sobre el comunismo, y un acto en que el pueblo español podía mostrar su adhesión a Franco y la dictadura. Además, la victoria futbolística coincidió con la campaña oficial de los "25 años de paz", con la que la dictadura quería conmemorar el cuarto de siglo de vigencia del régimen franquista. Había optado de forma diferente en 1960; ahora se arriesgó y obtuvo un resultado óptimo. La exaltación nacionalista se podía presentar además como una muestra de superioridad ideológica y política sobre el eterno enemigo, el comunismo. El diario *ABC*, el de mayor difusión en aquella época, lo explicitaba así en su editorial: "Por encima de sus espléndidos y evidentes valores deportivos, esta final de la Copa de Europa de Naciones tiene una extensa significación cívica y política que solo los miopes empecinados pueden ignorar. España es un pueblo cada día más ordenado, maduro y coherente, que marcha solidario por los caminos reales del desarrollo económico, social e institucional. A esta luz clara y rotunda, la hostilidad de quienes desde el exterior continúan con el reloj de la Historia parado cobra un tinte grisáceo y grotesco. España avanza unida en la labor y en el propósito. Es una ventura nacional"[47]. Y esa ventura nacional se fundamentaba, como no, en las características asociadas al concepto de la furia española, ese compendio de supuestas virtudes raciales, entre las cuales las consabidas virilidad, arrojo, individualidad, improvisación; todo ello un genio nacional particular. Un genio, el de España, que según el *NO-DO* "es capaz de desconcertar al más templado", una apología de valores propios que el presidente de la Federación española, Benito Pico, remataba afirmando que la selección "supo vencer a la española, con mucho coraje y con mucha resistencia"[48]. El periódico falangista *Arriba* insistía en la identificación de los jugadores con la nación al afirmar "Vistiendo de azul, que es el color más idóneo y representativo de estos veinticinco años de paz española, once muchachos con nombres y apellidos españoles se alzaron el domingo, brillante y justa y emocionantemente, con la Copa de Campeones de Europa"[49]. No debe pasar inadvertida la referencia al color azul de la camiseta, el mismo de los uniformes de la Falange, que fue adoptada en 1947 en sustitución del rojo, que para las autoridades sugería la identificación con los derrotados en la Guerra Civil.

Las Copas de Europa del Real Madrid y el triunfo de la selección en 1964 marcaron los momentos álgidos para exaltar esos éxitos deportivos en clave nacionalista, y en buena medida también como soporte del régimen. Aunque las autoridades y la prensa presentaban siempre esos éxitos como muestra de la fortaleza del binomio nación y régimen, y tenían muchos instrumentos para difundirlo, también es cierto que no podemos excluir síntomas de un carácter más transversal de ese fenómeno de nacionalización. En partidos disputados

---

[47] *ABC*, 23 de junio de 1964, p. 55, citado por Julián Sanz Hoya, "De la azul a "la roja". Fútbol e identidad nacional española durante la dictadura franquista y la democracia", en Ismael Saz, Ferran Archilés (eds.), *La nación de los españoles. Discursos y prácticas del nacionalismo español en la época contemporánea*, Publicacions de la Universitat de València, València, 2012, p. 425.

[48] Julián Sanz Hoya, "La patria en los estadios. Fútbol, nación y franquismo", en F. Archiles, M. García, I. Saz (eds.), *Nación y nacionalización. Una perspectiva europea comparada*, PUV, València, 2013, p. 291.

[49] *Arriba*, 23- VI-1964, citado por Julián Sanz, "La patria en los estadios...", p. 289.

fuera de España no era extraño que grupos de emigrantes y exiliados asistiesen a esos eventos como una forma de reafirmación nacional, y no necesariamente de adhesión política; en el caso de estos últimos es evidente que la distancia con la dictadura era absoluta.

La etapa cumbre que hemos descrito dio paso a una fase en que no hubo momentos estelares de tanta intensidad, y en todo caso los éxitos internacionales eran casos aislados, como los del tenista Manolo Santana, que venció en cuatro torneos del Grand Slam, en 1966 fue nombrado mejor jugador del mundo e incluso consiguió el oro en los Juegos de México, donde el tenis fue deporte de exhibición. Una victoria evidente, pero en un deporte con escasísimos practicantes en la España de la época. La participación en los Juegos olímpicos siguió siendo limitada y con escasos éxitos. Ni en Toquio (1964) ni en México (1968) consiguieron ninguna medalla, y solo una en Munich (1972). El orgullo patrio quedaba a expensas de casos particulares y aislados, en deportes escasamente desarrollados. El vacío en el medallero olímpico era la asignatura permanentemente pendiente. Por eso fue tan importante la medalla de oro que consiguió el esquiador Francisco Fernández Ochoa en los Juegos de invierno de Sapporo de 1972. Era la primera medalla de oro del olimpismo español. Ciertamente, en un deporte minoritario, pero fue jubilosamente celebrado.

Por otra parte, desde finales de los años Sesenta es posible detectar el resurgimiento de planteamientos de afirmación de las identidades catalana y vasca que iban más allá del "sano regionalismo" admitido por las autoridades, y que podían significar el cuestionamiento de la identidad nacional española transmitida por los medios oficiales. En el ámbito deportivo el caso más relevante era el del FC Barcelona, que en esos años fue interpretado por muchos como un club catalanista y demócrata[50], sospechoso a ojos de las autoridades y bien visto incluso por intelectuales antifranquistas. El escritor Manuel Vázquez Montalbán escribió en una revista izquierdista en 1969 que el club era "la

[50] Una perspectiva historiográfica en Carles Santacana, *El Barça y el franquismo. Crónica de unos años decisivos (1968-1978)*, Apóstrofe, Madrid, 2006. Un análisis antropológico en Jordi Salvador, *Futbol, metàfora d'una guerra freda. Estudi antropològic del Barça*, Proa, Barcelona, 2005.

única institución legal que une al hombre de la calle con la Cataluña que pudo haber sido y no fue"[51], lo que contravenía la utilización política del deporte que hacía el franquismo, y especialmente su identificación con una idea de nación española homogénea. También en el País Vasco algunos clubs emprendieron pequeñas acciones, pero con un gran valor simbólico, como imprimir los carnets de los socios en euskera. Volviendo a Vázquez Montalbán, es necesario señalar que fue en esos años una *rara avis*, intelectual de izquierdas que había pasado por la prisión, no seguía la senda mayoritaria de sus semejantes, muchos de los cuales identificaban el fútbol como el opio del pueblo. Para Vázquez el deporte, y el fútbol en particular, era un elemento de gran trascendencia en la identificación social, razón por la que trazó en sus artículos una determinada cosmovisión de lo que denominaría nacionalfutbolismo[52].

UN RECORRIDO POR ANALIZAR (1975-2024)

A la muerte del dictador Franco en 1975 y el inicio de la transición política a la democracia se podía constatar que el franquismo había conseguido transmitir e inculcar un sólido discurso nacionalista español en el deporte, y muy especialmente en el fútbol, el deporte más popular como espectáculo y que había conseguido algunos éxitos internacionales notables. Inserto en ese discurso, el deporte articulaba identidades locales perfectamente integradas en la narrativa nacional. Una situación más compleja era la que se vivía en comunidades que se querían afirmar nacionalmente, que en buena medida consideraban compatible esa afirmación con la pertenencia a un estado español democrático descentralizado y/o federal[53]. En Cataluña y el País Vasco,

---

[51] Manuel Vázquez Montalbán, "Barça!, Barça!, Barça!, Más allá del fútbol", *Triunfo*, 386, 25 octubre 1969.

[52] Una síntesis de sus ideas en Jordi Osúa, *Vazquez Montalbán. Fútbol y política*, Base, Barcelona, 2019.

[53] Algunas notas sobre las tensiones nacionalistas en el nuevo contexto en Lucía Payero, "La nación se la juega. Relaciones entre el nacionalismo y el deporte en España", *Ágora para la EF y el Deporte*, 10 (2009), pp. 81-118. También en Juan Carlos De la Madrid, *Una patria posible...*

y en menor medida en Galicia, algunas entidades deportivas eran identificadas con esas aspiraciones, y se implicaron en las demandas de autonomía política para sus territorios. Por otra parte, la retórica de la furia española se vería lentamente desplazada, hasta ser sustituida por los éxitos del tiki taka, que se podía identificar como el triunfo de la excelencia ante la pasión[54]. En cualquier caso, en el periodo democrático que se abría la narrativa españolista se despojó de su anterior identificación con la dictadura, y se apoyó en una tipología más amplia de deportes, consiguiendo incluir triunfos en atletismo, baloncesto y otras disciplinas. Sin duda, la proclamación en 1986 de Barcelona como futura sede de los Juegos olímpicos de 1992 confirió un papel estratégico a todo lo relacionado con el deporte y la forma de presentar España en el mundo. Se planteaba una situación nueva, con un deporte organizado por la sociedad civil pero tutelado por el estado democrático, que podía ser un eje nacionalizador de una nueva sociedad democrática, que dejase atrás conceptos como el de la furia y que diversificase su excelencia deportiva a prácticas diversas. Y al mismo tiempo, que fuese compatible con la nueva organización del estado autonómico, a medio camino entre la centralización y el federalismo. Los Juegos olímpicos de 1992 supusieron un acuerdo para presentar un imaginario español moderno y vinculado a la mediterraneidad. Paralelamente, aparecieron fricciones por la representación nacional en las competiciones internacionales, en una clara pugna por ejercer acciones nacionalizadoras de distinto signo. Mientras que algunas comunidades aspiraban a competir internacionalmente, la mayoría se sentían bien representadas por una selección española. En definitiva, muchos nuevos retos y el convencimiento por parte de todos los actores sociales de la relevancia del deporte en las representaciones de los imaginarios nacionales. Y el peso de un pasado todavía muy cercano, que provocaba las diferencias y contradicciones que afloraban en 2009 y 2010, como hemos expuesto en el inicio de este texto. La narrativa simbólica de la final de Valencia y

[54] Véase Juan Antonio Simón, "De la furia espagnole au tiki-taka. Football et constructions identitaires en Espagne (1920-2015), en Fabien Archambault, Stéphane Breaud y William Gasparini, *Le Football des nations. Des terraines de jeu aux communautés imaginées*, Publications de la Sorbonne, Paris, 2016, pp. 75-91.

de la victoria española en Johanesburgo no pueden explicarse sin las tensiones y las contradicciones que se habían fraguado en los setenta y cinco años que hemos analizado en este texto.

ESTADO, DEPORTE Y MODERNIDAD EXCLUYENTE: UN PROYECTO PARA LAS ÉLITES BRASILEÑAS[1]

João Manuel Casquinha Malaia Santos
Universidad Federal de Santa María

En Brasil, la historia del desarrollo de los deportes, especialmente aquellos que destacan por ser los más populares, tiene una relación compleja entre grupos de la elite empresarial y el Estado. Los deportes formaron parte de proyectos de modernidad más amplios, de los cuales el Estado fue un agente importante. Sin embargo, estos son proyectos de una modernidad excluyente, que apuntaban a satisfacer las demandas de estos grupos empresariales en el desarrollo del capitalismo.

Pienso en esta élite empresarial como "un grupo que posee o controla diferentes tipos de capital y, por lo tanto, tiene un poder económico relevante en relación con la sociedad".[2] Este grupo tiene diferentes niveles que van desde las élites regionales hasta las élites nacionales y controlaba algunas de las principales asociaciones deportivas del país. Por su fortaleza económica, este grupo también puede ser considerado una élite política, no solo porque ocupa cargos políticos relevantes, sino también porque interactúa con el Estado de manera privilegiada y obtiene beneficios para sus organizaciones deportivas.

Con la institucionalización de las prácticas deportivas desde la segunda mitad del siglo XIX y hasta la actualidad, las distintas esferas de poder han legitimado a ciertos grupos sociales económicamente privilegiados agrupados en organizaciones deportivas. Además, financiaron con fondos públicos toda una estructura que permitió el establecimiento de estas organizaciones como responsables del

[1] Trabajo realizado a partir de los resultados del proyecto "Los estadios de la Dictadura: historia pública para combatir el revisionismo en las escuelas", financiado por el Consejo Nacional de Desarrollo Científico y Tecnológico – CNPq".

[2] P. R. N. Costa e I. J. F. Engler, "Elite empresarial: recrutamento e valores políticos (Paraná, 1995-2005)", *Opinião Pública*, 4 (2), (2008), p. 493.

desarrollo deportivo del país y beneficiaron a grupos privilegiados vinculados a empresas constructoras, un segmento importante de la burguesía brasileña.

El sector empresarial vinculado a la construcción civil juega un papel importante como "fracción de la clase dominante en la conducción de la política urbana y en la constitución de la hegemonía burguesa en Brasil a través del apoyo del Estado".[3] Este apoyo puede explicarse claramente a través del análisis de las políticas públicas en relación al deporte. Principalmente desde el periodo republicano en adelante.

Grupos sociales vinculados a las diferentes élites locales, regionales y nacionales de Brasil que dirigían organizaciones deportivas comenzaron a ocupar posiciones destacadas en la sociedad brasileña y a crear redes políticas que se entrelazaban con el Estado.[4] De esta manera, los clubes deportivos pasaron a formar parte del tejido político brasileño. El proyecto brasileño de modernidad excluyente tenía como objetivo fortalecer estos grupos de élite en cada una de las ciudades del país. Un sinnúmero de clubes populares quedó fuera de este proceso o recibieron pocos beneficios.

Este capítulo tiene como objetivo mostrar un panorama de estas complejas relaciones entre organizaciones deportivas vinculadas a diferentes élites y el Estado brasileño desde la segunda mitad del siglo XIX hasta principios del siglo XXI. Intento realizar esta tarea observando las políticas públicas deportivas que beneficiaron a grupos privilegiados del panorama deportivo brasileño, principalmente a través del financiamiento de obras públicas como grandes estadios y gimnasios que sirven como lugar para la producción de espectáculos deportivos por parte de estas asociaciones deportivas y también servían a los intereses de una élite vinculada a la construcción civil. Este conjunto de fenómenos y relaciones muestra claramente que el proyecto de un Estado liberal fue ejecutado de manera muy fructífera para algunos pequeños sectores privilegiados de la élite brasileña.

---

[3] I. R. Ribeiro e I. Simionatto, "Estado, mercado e hegemonia burguesa na política urbana brasileira", *Argumentum*, 7 (2), (2015), p. 60.

[4] J. A. B. Alves e O. P. PIERANTI, O "Estado e a formulação de uma política nacional de esporte no Brasil", *RAE eletrônica*, 6(1), (2007), p. 1-20; Camila da C. Nunes e Gabriel S. V. T. da. Cunha, "Estado e as Políticas Públicas Esportivas: o Contexto Brasileiro", *Revista da ALESDE*, 4(2), (2014), pp. 4-15.

El periodo en el que se desarrolló este proceso es largo, con más de siglo y medio de historia, lo que necesariamente lleva a algunas consideraciones sobre este lapso de tiempo. Al abarcar un periodo largo, no será posible entrar en algunos detalles importantes del pasado deportivo de Brasil. Sin embargo, al observar el fenómeno a largo plazo, podremos comprender algunas constantes importantes relacionadas con el fenómeno y este es el punto más importante de este estudio. Ya existe una historiografía significativa sobre el pasado de las organizaciones deportivas en Brasil. Parte de esta producción sustenta las reflexiones de este capítulo.

Tras esta introducción, el capítulo se divide en seis partes. El primero aborda los inicios del desarrollo de las prácticas deportivas con césped en Brasil, desde el cambio de la primera a la segunda mitad del siglo XIX hasta principios del siglo XX. La segunda parte aborda la Primera República (1890-1930), periodo en el que el fútbol se popularizó en Brasil. A continuación, entramos en el análisis de la Era Vargas (1930-1945) y la presencia más activa del Estado en el deporte. La cuarta parte se adentra en el llamado Primer Periodo Democrático (1945-1964) y consolidación con inversiones en algunos estadios y competiciones internacionales. La quinta parte muestra la intensa relación entre la dictadura cívico-militar brasileña (1964-1985) y las inversiones públicas en infraestructura deportiva en ciudades de todo el país. La última parte presenta proyectos deportivos desde el periodo de redemocratización hasta 2016, cuando se realizaron los Juegos Olímpicos de Río 2016.

TURF: DESARROLLO DE PRÁCTICAS DEPORTIVAS EN BRASIL Y CLUBES DE CARRERAS

Las carreras de caballos en pistas circulares con posibilidad de realizar apuestas es una de las primeras prácticas deportivas que se institucionalizó en el mundo occidental. Desde principios del siglo XVIIII existían clubes de esta naturaleza en el Reino Unido gestionados por grupos de élite. En Brasil, la práctica inició su proceso de institucionalización con la organización del "Clube de Corridas", en

1846, en Río de Janeiro, entonces capital de la monarquía brasileña, que a pesar de no haber tenido una larga vida, impulsó importantes iniciativas que siguieron en Río de Janeiro y en el país.

El primero de ellos fue el Jockey Club, organizado por miembros de la élite de esta ciudad y que reunía a importantes figuras del Estado monárquico.[5] El club recibió autorización para gestionar el mercado de apuestas y fue lugar de reunión de importantes figuras políticas del Estado, entre ellos el emperador D. Pedro II, su hija, la princesa Isabel y su yerno, el conde D'Eu. El gobierno era propietario de los ferrocarriles de Río de Janeiro, con estaciones que conectaban el centro de la ciudad con el interior. Una de las estaciones era la del Jockey Club y la compañía ferroviaria tenía trenes especiales a esta estación los días de carrera.[6]

En los años siguientes se fundaron otros clubes gestionados por miembros de élite en diferentes regiones de la ciudad. El más importante de ellos fue el Derby Club, que se convirtió en un fuerte competidor del Jockey Club en el mercado de apuestas. El Derby Club estaba aún más cerca del centro y frente a él también había una estación de tren que lleva el nombre del club, también con trenes especiales los días de carrera.[7]

Además de estos, también se fundaron otros clubes de carreras más pequeños vinculados a grupos sociales menos adinerados, como el Club de Corridas Santa Cruz, el Prado Guarany incluso un club de carreras de la ciudad vecina de Niterói.[8] Sin embargo, los clubes más ricos empezaron a recibir cada vez más apoyo del Estado. El Jockey

---

[5] Victor Andrade de Melo, *Cidade Sportiva: primórdios do esporte no Rio de Janeiro*, Relume Dumará, Rio de Janeiro, 2001; Ricardo de Figueiredo Lucena, *O esporte na cidade*, Autores Associados, Campinas, 2000.

[6] João Manuel Casquinha Malaia Santos e Sérgio Settani Giglio, "O papel da memória na construção da identidade organizacional: a Sociedade Jockey Club (1868-1932) e o desenvolvimento da riqueza pastoril", *Recorde*, 10(1), (2017), pp. 1-21.

[7] Victor Andrade de Melo, *Cidade Sportiva: primórdios do esporte no Rio de Janeiro*, Relume Dumará, Rio de Janeiro, 2001.

[8] Victor Andrade de Melo, "Club de Corridas Santa Cruz (Rio de Janeiro, 1912/1918)", *Revista Topoi*, 20(40), (2019), p. 157-184; Victor Andrade de Melo e André L. Chevitarese, "Embates na sociedade fluminense: a experiência do Prado Guarany (1884-1890)", *Revista Brasileira de História*, 38(78), (2018), pp. 235-258; Victor Andrade de Melo, Forjando a capital: as experiências dos primeiros clubes de turfe e remo de Niterói (décadas de 1870-1880), *Tempo*, 26(1), (2020), pp. 43-66.

Club y (posteriormente) el Derby Club cambiaron sus estatutos y comenzaron a plantear que su principal objetivo como organización ya no era la organización de carreras, sino el "mejoramiento de la raza de caballos" y de esta manera obtuvieron aún más beneficios del Estado.[9]

Los directores de estos clubes recibían, por ejemplo, subvenciones de los ferrocarriles estatales (tanto bajo la monarquía como bajo el régimen republicano a partir de 1889) para el transporte de animales, además de otras ventajas como la organización de ferias de animales con el apoyo del Gobierno. Este proceso terminó generando la monopolización del mercado por parte del Jockey Club y el Derby Club, mientras los clubes más pequeños iban cerrando sus puertas. En 1932, los dos clubes se fusionaron, convirtiéndose en el Jockey Clube Brasileiro, que dominó el mercado de entretenimiento hípico en Río de Janeiro hasta la actualidad, siempre dirigido por importantes figuras de la élite de la ciudad.[10]

En otras ciudades importantes de Brasil, grupos vinculados a la élite también comenzaron a organizar clubes de corredores. Con estatutos y objetivos muy similares a los de las principales organizaciones de Río de Janeiro, estos clubes eran círculos importantes en la red política brasileña. Hay trabajos que muestran las relaciones entre el Estado brasileño y los clubes de carreras en ciudades como São Paulo, Curitiba, Porto Alegre, Salvador y Pernambuco.[11] En general,

[9] João Manuel Casquinha Malaia Santos e Sérgio Settani Giglio, "O papel da memória na construção da identidade organizacional: a Sociedade Jockey Club (1868-1932) e o desenvolvimento da riqueza pastoril", *Recorde*, 10(1), (2017), pp. 1-21.

[10] João Manuel Casquinha Malaia Santos, "Economia do entretenimento: o processo de monopolização do primeiro empreendimento esportivo no Brasil (1850-1930)", *Economia e Desenvolvimento*, 27, (2015), pp. 202-222.

[11] Edivaldo Gois Junior, "O esporte e a modernidade em São Paulo: práticas corporais no fim do século XIX e início do XX", *Movimento*, 19(4), (2013), pp. 95-117; Enzo Kitani e Gabriel Bertazolli, "Jockey Club do Paraná: do surgimento aos dias atuais", *Revista NEP*, 2(2), (2019), pp. 166-176; Marcelo M. Silva, "Comportamentos urbanos e esportes: contribuições para a esportivização do turfe e da pelota basca em Curitiba (1889-1905)", *Licere*, 18(3), (2015), pp. 86-115; Janice Z. Mazo e Ester L. Pereira, "Primórdios do esporte no Rio Grande do Sul: os imigrantes e o associativismo esportivo", en Silvana Goellner e J. C. von Müllen (orgs.), *Memórias do esporte e do lazer no Rio Grande do Sul*, FUNDERGS, Porto Alegre, 2013, pp. 15-26; Cleber E. Karls, *Modernidades sortidas: o esporte oitocentista em Porto Alegre e no Rio de Janeiro*, Tesis (Doctorado en História), Universidade Federal do Rio de Janeiro, 2017; Coriolano P. da Rocha Junior, *Esporte e modernidade: uma análise comparada da experiência esportiva no Rio de Janeiro e na Bahia nos anos finais do século XIX e iniciais do século XX*. 2011,

revelan a los clubes como un lugar de socialización y esparcimiento de la élite de estas ciudades, así como espacios para la formación de una importante red política en el país que buscaba beneficios del Estado para estas organizaciones deportivas.

LA POPULARIZACIÓN DEL FÚTBOL EN BRASIL Y LOS GRANDES CLUBES (1890-1930)

A partir de finales del siglo XIX y las primeras décadas del siglo XX, el fútbol pasó a ocupar un lugar destacado en el panorama deportivo brasileño, convirtiéndose incluso en el deporte más popular del país. A finales de los años 1910 y principios de los años 1920, tenemos un ejemplo muy importante de esta relación entre grupos de élite vinculados al fútbol y el Estado brasileño. Es el caso del Fluminense Football Club, de Río de Janeiro, y de su presidente en ese momento, Arnaldo Guinle, miembro de una de las familias más ricas y poderosas de Brasil.

Arnaldo Guinle asumió la presidencia del Fluminense en 1916, periodo en el que las empresas de la familia Guinle tenían importantes negocios con el Estado, como fue el caso de la mayor empresa de la familia, la Companhia Brasileira de Energia Elétrica, que suministraba energía a la entonces capital federal, Río de Janeiro, además de ciudades de los estados de Bahía y São Paulo.[12] Antes de Arnaldo Guinle, dos de sus hermanos también fueron presidentes del club: Carlos Guinle (1912 y 1914) y Guilherme Guinle (1913).

Además de convertirse en uno de los presidentes más antiguos del club carioca (de 1916 a 1931 y luego de 1943 a 1946), Arnaldo Guinle también fue presidente de la Confederación Brasileña de

Tesis (Doctorado en História Comparada), Universidade Federal do Rio de Janeiro, 2011; Thiago Lindemaier, *Turfe em Pernambuco*, Trabajo de Conclusión de Curso (Licenciatura em História), Universidade de Federal de Santa Maria, 2021.

[12] Clóvis Bulcão, Os Guinle: a história de uma dinastia, Intrínseca, Rio de Janeiro, 2015, C. R. S. O. Hansen, *Eletricidade no Brasil da Primeira República: a Companhia Brasileira de Energia Elétrica e os Guinle no Distrito Federal (1904-1923)*, Tesis (Doctoado em Historia), Universidade Federal Fluminense, 2012; A. M. Saes, "Luz, leis e livre-concorrência: conflitos em torno das concessões de energia elétrica na cidade de São Paulo no início do século XX", *História (São Paulo)*, 28(2), (2009), pp. 173-234.

Deportes (CBD) y del Comité Olímpico Brasileño (COB), además de miembro del Comité Olímpico Internacional (COI). Incluso la presidencia del CDB se logró mediante el nombramiento del entonces Ministro de Relaciones Exteriores, en 1916, cargo que ejerció hasta mediados de la década de 1920.[13] Con estos cargos deportivos y basándose en las fuertes relaciones que su familia mantuvo con la prestación de servicios al Estado brasileño, Arnaldo Guinle logró hacer del Fluminense el mayor club deportivo de Brasil en ese momento.[14]

La estrategia que utilizó fue hacer de su club sede de importantes eventos deportivos internacionales, los primeros que acogió Brasil. A partir de estos hechos logró convencer al gobierno brasileño para que invirtiera en el club (indirectamente) para albergar el Campeonato Sudamericano de Fútbol, en 1919, y posteriormente los Juegos Sudamericanos de 1922. Cada uno de estos eventos proporcionó al club beneficios como la reforma completa de su estructura deportiva.

Para el Campeonato Sudamericano de Fútbol de 1919, Arnaldo Guinle obtuvo un generoso préstamo del Banco do Brasil (banco estatal) para la construcción de su estadio de fútbol, el Estadio Manoel Schwartz, conocido como Estádio das Laranjeiras, que en ese momento tenía capacidad para casi 20 mil personas.[15] Además de la competición de fútbol, ese año el club también acogió una competición internacional de natación y renovó todo su parque acuático, lo que generó un enorme aumento en el número de socios del club.

La empresa responsable de las obras del estadio fue la Companhia Locativa e Constructora, importante empresa del sector en el país. En un informe a los accionistas publicado en el Diario Oficial de la

---

[13] C. E. Sarmento, "Futebol e brasilidade: o papel do Estado Nacional na construção do imaginário acerca da seleção brasileira", *Cadernos FGV Projetos*, 5, (2010), pp. 57-63.

[14] João Manuel Casquinha Malaia Santos, "Arnaldo Guinle, Fluminense Football Club, and the Economics of Early International Sport in Rio", *Journal of Sport History*, 40(3), (2013), pp. 393-401; João Manuel Casquinha Malaia Santos, "Como ser um "clube grande": Arnaldo Guinle e a Gestão do Fluminense Football Club (1916-1931)", *Revista Pensamento & Realidade*, 1(29), (2014), pp. 25-45, 2014; João Manuel Casquinha Malaia Santos, "Brazil: An Emerging Power Establishing itself in the World of International Sports Mega-Events", *The International Journal of the History of Sport*, 31(10), (2014), pp. 1-16.

[15] João Manuel Casquinha Malaia Santos, "Rio de Janeiro e o campeonato sul-americano de futebol de 1919: "América do Sul a correr atráz de uma bola", *Materiales para a Historia del Deporte*, 9, (2011), pp. 82-102.

Unión, la empresa dio fe de que las obras realizadas en Fluminense eran de suma importancia para la empresa. Sus directivos caracterizaron el periodo como "anormal" para la industria de la construcción y que las obras en el club eran sumamente importantes para la salud financiera de la empresa.[16]

Sin embargo, este no fue el único beneficio del Estado al club. En 1919, durante el torneo sudamericano de fútbol, Arnaldo Guinle, quien, junto con la presidencia del Fluminense, también ejerció como presidente del CBD, logró que Brasil fuera sede de los primeros Juegos Sudamericanos, en 1922. Y trajo buena parte de los acontecimientos al Fluminense.

Sin embargo, esta vez el club no podría conseguir un nuevo préstamo hipotecario del Banco do Brasil. El Fluminense estaba acumulando deudas y Guinle pensó en otra estrategia para poder poner en marcha nuevas recaudaciones de fondos para renovaciones en el club, incluida la ampliación del estadio. El dirigente fluminense obtuvo la aprobación del gobierno, en un decreto firmado por el presidente Epitácio Pessoa, para tomar préstamos mediante obligaciones al portador, las *debentures*, por valor de 100$000 (cien mil reales, valor del salario medio de un trabajador en industrias de Río de Janeiro) cada uno. Podría contratar un máximo de 5.000:000$000 de deuda, es decir, podría emitir 50.000 bonos al portador, pagando un interés del 7% anual a quien los comprara, en un plazo de 30 años, algo que ningún otro club deportivo podría hacer, debido a la naturaleza de estas asociaciones es sin fines de lucro.[17]

El estadio contó con la construcción de un ring superior que incrementó su capacidad a casi 30 mil espectadores. El club pasó a tener aún más socios y mayores ingresos por los partidos de fútbol, llegando incluso a alquilar el estadio a otros clubes, a la federación deportiva de Río de Janeiro y al propio CBD para albergar partidos de selecciones nacionales. Fluminense se convirtió en uno de los

[16] Ibídem.

[17] João Manuel Casquinha Malaia Santos, "O Rio de Janeiro e os jogos de 1922: economia de um projeto esportivo", en João Manuel Casquinha Malaia Santos e Victor Andrade de Melo (orgs.), *1922: celebrações esportivas do centenário*, 7 Letras, Rio de Janeiro, 2012, pp. 58-80.

clubes más importantes y ricos de Brasil y Sudamérica. Las relaciones de la familia Guinle con el Estado brasileño fueron extremadamente importantes para que Arnaldo Guinle lograra beneficios que los clubes más pequeños y populares nunca soñaron. El proyecto de modernización excluyente estaba en marcha.

ESTADO FUERTE EN EL DEPORTE: LA ERA VARGAS (1930-1945)

La llegada al poder de Getúlio Vargas en 1930 marcó profundos cambios en las políticas económicas del Estado y el deporte no quedó fuera. En el periodo de 1930 a 1945, las posibilidades de acción intervencionista del Estado en la economía se concretaron con un proyecto de desarrollo industrializador.[18] En el deporte, además de importantes medidas de control de la organización deportiva, como la reglamentación del Consejo Nacional de Deportes (CND) en 1941, otras medidas resultaron importantes en la relación del Estado con la élite de la gestión deportiva brasileña.

Ya se han realizado varios estudios analizando el gobierno de Vargas (1930 a 1945) y sus relaciones con el deporte.[19] Son famosas, por ejemplo, las celebraciones del Día del Trabajo y los anuncios de medidas del gobierno Vargas en el Estadio São Januário.[20] Como en periodos anteriores, empresarios de distintos sectores o políticos que desempeñaban diversas funciones, tanto dentro del poder legislativo como del ejecutivo, dirigieron las asociaciones deportivas más importantes del país. En algunas ocasiones, ocuparon cargos tanto en el ámbito privado de las instituciones deportivas como en

---

[18] Sônia Draibe, *Rumos e metamorfoses: estado e industrialização no Brasil 1930/1960*, Paz e Terra, Rio de Janeiro, 2004.

[19] Plínio J. L. Negreiros, A nação entra em campo: futebol nos anos 30 e 40, Tesis (Doctorado en História Social), Universidade de São Paulo, 1998; Maurício Drumond, *Estado Novo e esporte: a política e o esporte em Getúlio Vargas e Oliveira Salazar (1930-1945)*, 7 Letras, Rio de Janeiro, 2014; Eduardo S. Gomes e Caio L. M. Pinheiro (orgs.), *Olhares para a profissionalização do futebol: análises plurais*, Luminária Academia, Rio de Janeiro, 2015.

[20], Jorge M. A. Soares, *Justiça desportiva: O Estado Novo entra em campo (1941-1945)*, Tesis (Doctorado en História Social), Pontifícia Universidade Católica de São Paulo, 2016.

las autoridades públicas, presentando una relación profundamente entrelazada y con una considerable circularidad de agentes entre ellos.[21]

Sin embargo, vale la pena abordar aquí un tema que se convertiría en una constante en las políticas públicas enfocadas al deporte y que trascendió al gobierno de Vargas, marcando profundamente la historia del país a partir de entonces: la construcción de plazas deportivas públicas destinadas a ser escenario de disputas deportivas, llevadas a cabo en su mayoría por grandes clubes y entidades deportivas. Este hito inicial se puede definir con la construcción de un inmenso estadio público en la ciudad de São Paulo durante la llamada Era Vargas: el Estadio Municipal Paulo Machado de Carvalho, conocido como Estadio Pacaembu. Como afirman Machado y Banchetti, "el Estadio Municipal fue el buque insignia de los poderes públicos en sus obras de intervención en el espacio urbano".[22]

Este tipo de trabajo benefició a un sector importante de la burguesía: las grandes empresas constructoras. El estadio fue construido por la empresa de desarrollo urbano City of São Paulo Improvements and Freehold Land Company Ltd., de propiedad inglesa, con sede en la capital de São Paulo desde 1912 y conocida como City São Paulo. Esta empresa fue una de las grandes responsables de importantes cambios en la actividad inmobiliaria de la ciudad. Desarrolló proyectos principalmente dirigidos a la élite, como la organización de los llamados "barrios jardín", como el Jardim América, en 1915. Estas actividades aumentaron el valor de los terrenos adquiridos por la empresa y, en consecuencia, sus ganancias durante el periodo.[23]

En la década de 1920, esta empresa donó al gobierno un enorme terreno de 50.000 metros cuadrados en el barrio de Pacaembu, uno de sus mayores proyectos inmobiliarios en ese momento. El objetivo

---

[21] L. C. Ribeiro e J. U. Souza, "O futebol na proposta autoritária e corporativista da Era Vargas (1930-1945)", *Topoi*, 22(46), (2021), pp. 160-181.

[22] Felipe M. Machado e Luciano D. Banchetti, "O Futebol rouba a cena! O estádio-monumento enquanto palco de tensões e resistência: o caso Pacaembu", *Projeto História*, n.º 40, (2010), p. 450.

[23] Fernando Atique, Diógenes Sousa e Hennan Gessi, "Uma relação concreta: A prática do futebol em São Paulo e os Estádios do Parque Antarctica e do Pacaembu", *Anais do Museu Paulista*, 23(1), (2015), pp. 91-109, 2015; R. M. M. D'Elboux, "Os primeiros anos da Cia. City em São Paulo (1911-1915): a revisão de uma lacuna", *Revista Brasileira de Estudos Urbanos e Regionais*, v. 22, (2020), pp. 1-29.

era que el gobierno de São Paulo construyera allí un estadio de fútbol para aumentar el valor del terreno e impulsar las ventas inmobiliarias de la empresa. Con la llegada de Vargas a la presidencia, la empresa comenzó a presionar al gobierno de São Paulo para que realizara mejoras y pavimentación de calles en el barrio, además de financiar la construcción del estadio.[24]

Las obras del estadio tardaron mucho en despegar, convirtiéndose en una realidad concreta a partir de la segunda mitad de la década de 1930. Según Assumpção, la única condición impuesta por el gobierno Vargas a la ciudad de São Paulo fue la finalización de una licitación pública para elegir la empresa que ejecutaría la construcción del estadio Pacaembu.[25] Esta imposición iba en contra del acuerdo ya establecido con la City São Paulo. La empresa exigió a la Municipalidad participar en la elaboración de las bases de la convocatoria de licitación pública. La City fue atendida y se redactó la convocatoria para que solo una empresa pudiera cumplir con las exigencias del aviso: el Escritório Severo & Villares, que tenía un convenio firmado con la City São Paulo para realizar los trabajos años antes.

La construcción del estadio se inició en 1936 y fue realizada en su mayor parte por Adhemar de Barros, alcalde designado por Getulio Vargas durante la dictadura del Estado Novo (1937-1945). El estadio fue inaugurado en 1940.[26] Este periodo coincide con lo que Lassance llamó "el montaje gradual, sujeto a varios reveses, de un nuevo régimen de política económica", caracterizado por políticas públicas que cambiaron decisivamente el rumbo de la economía y de la sociedad brasileña.[27]

El estadio se convirtió en escenario de importantes disputas deportivas, pero también de celebraciones políticas bajo el gobierno de Vargas. Negreiros (1998), señala que Pacaembu tenía un propósito

---

[24] Ricardo R. Assumpção, *Estádio do Pacaembu: Modernidade e Obsolescência (1921-1970)*, Tesis (Master en Arquitetura e Urbanismo), Universidade de São Paulo, 2019.

[25] Ibidem.

[26] H. Gessi, *Pacaembu: construção e apropriação do espaço, 1933-1963*, Trabajo de Conclusión de Curso (Bacharelado en História), Universidade Federal de São Paulo, 2013.

[27] A. Lassance, "Revolução nas políticas públicas: a institucionalização das mudanças na economia, de 1930 a 1945", *Estudos Históricos*, 33(71), (2020), p. 531.

mayor que el de ser una inmensa plaza deportiva.[28] Debería representar la importancia que los poderes públicos daban al deporte organizado por el Estado. Esto abrió una nueva etapa en las relaciones entre el Estado y el deporte, con la intervención directa de políticas públicas encaminadas a desarrollar infraestructura para atender las crecientes demandas de los clubes deportivos vinculados a la élite del país.

TERCERA REPÚBLICA Y EL DEPORTE: INVERSIONES EN ESTADIOS Y COMPETICIONES INTERNACIONALES (1945-1964)

En el periodo conocido como Tercera República y lo que muchos llaman República Populista, se amplió el proceso inversionista del Estado en obras de infraestructura deportiva destinadas a atender las demandas de la elite deportiva, principalmente en los dos mayores centros urbanos del país: Río de Janeiro y São Pablo. Con el fin de la dictadura de Getúlio Vargas, en 1945, Brasil pasó por un momento de reorganización con fuerzas populares al frente del Estado que ya se gestaba al final de la Era Vargas, con una serie de concesiones a las clases trabajadoras.

El intervencionismo estatal en la economía y sus defensores sufrieron una gran derrota. La defensa de una economía liberal, principalmente por parte de representantes del partido União Democrática Nacional (UDN), fue la que cobró mayor importancia en la sociedad. En las elecciones de finales de 1945, la UDN y su candidato presidencial Eduardo Gomes fueron derrotados. El ganador fue Eurico Gaspar Dutra, general del Ejército y ex Ministro de Guerra del gobierno de Vargas, representante del Partido Trabalhista Brasileiro (PTB). A pesar de la derrota de la UDN, Dutra formó un gobierno de coalición con este partido. En los primeros años de gobierno, la política económica estuvo guiada por la lógica liberal, con la quema de las reservas de divisas adquiridas durante la guerra, combinada con una política laboral austera. Si podemos observar en el Gobierno Dutra una retórica liberal con una menor interferencia

---

[28] Plínio J. L. Negreiros, "O Estádio do Pacaembu". *Lecturas*, 3(10), 1998.

del Estado en la esfera productiva, una mirada más cercana al deporte, especialmente al fútbol, puede revelarnos un poco mejor las contradicciones de este proyecto liberal.[29]

En 1946, Brasil fue elegido anfitrión de la Copa del Mundo de 1950, unos seis meses después de la toma de posesión del entonces presidente Eurico Gaspar Dutra. La principal medida de apoyo del gobierno brasileño al evento fue la construcción del estadio de fútbol más grande del mundo como escenario principal de la competición, el Maracanã. La coalición liderada por Dutra entre partidos opuestos en las elecciones queda bien expresada cuando observamos que los partidos que se opusieron en las elecciones se reunieron en torno a la Copa del Mundo. Surgieron desacuerdos entre los grupos políticos opuestos de la época, pero no por la construcción de un gigantesco estadio público en Rio de Janeiro, la entonces capital federal. Según Melo y Cid, la "principal divergencia en torno a la responsabilidad en la construcción del estadio se plasmó en las diferentes visiones sobre el papel que debía desempeñar el Estado y el sector privado".[30]

Uno de los principales dirigentes de la UDN, Carlos Lacerda, con el apoyo de uno de los periódicos más importantes de Río de Janeiro, Correio da Manhã, defendió la creación de un estadio en Jacarepaguá, un barrio alejado del centro de la ciudad. El objetivo era trasladar el recinto deportivo a una zona suburbana. Lacerda también criticó el gasto gubernamental, principalmente en obras de infraestructura alrededor del estadio.

Por otro lado, se reunirán grupos de empresarios encabezados por Mario Filho, propietario del mayor diario deportivo de la ciudad, Jornal dos Sports. Estos unieron fuerzas con el locutor de radio, columnista deportivo, abogado y concejal de la UDN Ary Barroso y el diputado del PTB Vargas Neto, el sobrino de Getúlio Vargas y columnista del Jornal dos Sports. Este grupo defendió la construcción del estadio en su ubicación actual, donde se ubicaba un importante

---

[29] Julio M. Pires, "Desenvolvimentismo versus liberalismo econômico no periodo populista e o gasto público social", *Economia e Sociedade*, 19(3), (2010), pp. 529-556.

[30] Erick S. O. de Melo e Gabriel da S. V. Cid, "Vida e morte do Maracanã: a batalha do estádio em dois atos", *Estudos Históricos*, 32(67), (2019), p. 702.

club hípico, el Derby Club.[31] El grupo también defendió el plan del gobierno de vender 30.000 asientos cautivos como forma de financiar el estadio.

En este choque de posiciones, la idea ganadora fue la defendida por el grupo de Mario Filho (que terminó dando nombre al estadio), corroborando la idea de un Estado con acciones decisivas en la ejecución de un proyecto de gobierno vinculado al deporte. La propuesta de recaudar fondos mediante la venta de asientos cautivos fortaleció la posición de que el deporte era un fenómeno colectivo y no una lógica basada en la ejecución del trabajo por parte del sector privado. El presidente Dutra y el alcalde de Río de Janeiro, Mendes de Moraes, adquirieron los escaños número 1 y 2, respectivamente, dando fuerza simbólica al proyecto.

La obra benefició a importantes empresas del sector de la construcción. El ganador de la licitación fue un consorcio formado por seis empresas constructoras: Empresa Construtora Humberto Menescal SA; Christiani & Nielsen Engenheiros Construtores SA; Cia. Constructora Nacional SA; Severo Villares do Río de Janeiro SA; Cavalcanti Junqueira SA; y Construtora Dourado SA. Las empresas se beneficiaron de la alta inversión pública en la construcción del gigante estadio. La celebración de la fiesta también podría simbolizar la alianza de clases en torno a la selección nacional. El estadio, con capacidad para más de 200 mil personas, debía ser el escenario de la consagración de Brasil como campeón mundial de fútbol en 1950, lo que no sucedió.[32]

La Copa del Mundo se celebró en julio de 1950 y las elecciones presidenciales estaban previstas para el 3 de octubre de ese año. Luego de la derrota del equipo ante Uruguay en la final, la candidatura de Getúlio Vargas para regresar a la presidencia tomó fuerza. Getúlio fue elegido con más del 48% de los votos, casi la suma de los dos candidatos derrotados, Eduardo Gomes (29%) y Cristiano Machado (21%).

---

[31] Ibídem.

[32] Gilmar Mascarenhas, "A Copa do Mundo de 1950 e sua inserção na produção do espaço urbano brasileiro". *Geo UERJ*, 2(24), (2014), pp. 1-22, 2014; F. Franzini, "Da expectativa fremente à decepção amarga: o Brasil e a Copa do Mundo de 1950", *Revista de História*, 163, (2010), pp. 243-274.

El segundo gobierno de Vargas (1951 a 1954) se caracterizó por "la existencia de un proyecto de largo plazo cuyo epicentro fue la industrialización acelerada y la modernización del sector primario –en términos generales lo que convencionalmente se llamó desarrollismo nacional".[33] Los principios fundamentales del desarrollismo nacional estuvieron guiados por la ayuda estatal a la industrialización, vista como un proyecto de desarrollo nacional, además de una defensa de la alianza de clases, "impulsada a través de políticas de bienestar social para los trabajadores y beneficios para la burguesía del país que se oponía al imperialismo económico extranjero".[34]

Durante el segundo gobierno de Vargas otras obras de infraestructura deportiva fueron financiadas por el Estado. Uno de ellos fue el gimnasio Maracanãzinho, en Río de Janeiro, inaugurado aproximadamente un mes después de la muerte de Vargas y ya durante el gobierno de Café Filho, en septiembre de 1954. El gimnasio (ubicado al lado del estadio Maracaná) fue construido por la constructora Prolar SA, que ganó el concurso público para construcción. Uno de los principales directores de Prolar SA, que siguió todo el desarrollo de la obra, fue Benicio Ferreira Filho, quien fue director de fútbol del Fluminense a principios de la década de 1950. La obra estuvo lista a tiempo para albergar el Campeonato Mundial de Baloncesto, entre octubre y noviembre de 1954.

Otro proyecto que también comenzó durante su presidencia fue el gimnasio de Ibirapuera, en la ciudad de São Paulo. La idea de construir el gimnasio, con capacidad para más de 20 mil personas, era ser escenario de las celebraciones deportivas del IV Centenario de la ciudad de São Paulo, en 1954, lo que finalmente no se realizó. Las obras fueron realizadas por Cavalcanti Junqueira SA, empresa que también había participado en la construcción del Estadio Maracaná.[35]

---

[33] P. C. D. Fonseca, "Nem ortodoxia nem populismo: o Segundo Governo Vargas e a economia brasileira". *Tempo*, 14(28), (2010).

[34] Gustavo H. Dalaqua, "Populismo e Democracia: reflexões a partir de Álvaro Vieira Pinto", *Novos Estudos Cebrap*, 42(2), (2023), p. 296.

[35] R. Millan Valdes, ""Ibirapuera, o sonho desfeito": o Ginásio, o Velódromo e o fracasso do calendário esportivo das comemorações do IV Centenário da cidade de São Paulo (1954)", *Anais do Museu Paulista*, 31, (2023).

El gimnasio acabó siendo inaugurado en 1957, durante el gobierno de Juscelino Kubitschek.

Durante el gobierno de Kubitschek se produjo un cambio en la política económica, cuando el estilo de desarrollo adoptado fue más internacionalizador y menos proclive a políticas redistributivas. Importantes intelectuales de la época se movilizaron en torno a un centro de investigación centrado en la creación de teorías que influyeron en el debate público del Ministerio de Educación y Cultura: el Instituto Superior de Estudos Brasileiros, creado en 1955. Uno de los principales nombres de este organismo fue su director del Departamento de Filosofía, Álvaro Vieira Pinto, autor del libro Ideologia e Desenvolvimento Nacional. Para este pensador, Brasil se encontraba en una situación de dependencia externa que habría condicionado la evolución social del país. Señaló la segunda mitad de la década de 1950 como el periodo para dar fin a esta situación y permitiría a Brasil tener las condiciones de infraestructura material para lo que llamó una aspiración autóctona.[36]

El cambio de dirección del papel del Estado en la economía hizo posible la entrada de industrias multinacionales en el país. Las políticas públicas enfocadas al deporte comenzaron a priorizar no la construcción de estadios y gimnasios públicos, sino eventos internacionales. En 1958, bajo el gobierno de Kubitschek, Brasil se proclamó campeón mundial de fútbol por primera vez. Ese año también logró asegurar la sede de los Juegos Panamericanos de 1963 para São Paulo como parte de una estrategia para tener el deporte como herramienta de proyección internacional.[37] El evento se produjo en un contexto político convulso, con Brasil gobernado por João Goulart, elegido vicepresidente en 1961, pero que asumió el gobierno tras la renuncia del candidato electo a la presidencia, Jânio Quadro, que gobernó el país durante unos meses ese año.

---

[36] Álvaro V. Pinto, *Ideologia e Desenvolvimento Nacional*, Ministério da Educação e Cultura, Rio de Janeiro, 1956.

[37] João Manuel Casquinha Malaia Santos, "Brazil: An Emerging Power Establishing itself in the World of International Sports Mega-Events", *The International Journal of the History of Sport*, 31(10), (2014), pp. 1-16.

Los Juegos Panamericanos de 1963 se desarrollaron en algunos de los principales clubes deportivos de élite de São Paulo, como la Sociedade Esportiva Palmeiras (waterpolo, saltos y voleibol); el Esporte Clube Pinheiros y la Sociedade Harmonia de Tênis (tenis).[38] Además de esta competición, Brasil también fue sede de los juegos universitarios mundiales en 1963, conocidos como Universiada. El evento tuvo lugar en Porto Alegre y también hubo apoyo del Estado para mejorar las instalaciones de los principales clubes de Porto Alegre, como SC Internacional y Grêmio.[39]

Durante este periodo se produce una alternancia en las políticas públicas orientadas al deporte. Sin embargo, estos siguen una línea de apoyo a las iniciativas de clubes de élite de las principales ciudades del país. El proyecto de una modernidad excluyente a través del deporte siguió siendo el principal motivo del desarrollo del fenómeno deportivo en el país. La dictadura cívico-militar que se instaló en el país tras el golpe de Estado que sufrió João Goulart en 1964 profundizaría aún más esta cuestión.

DICTADURA CÍVICO-MILITAR BRASILEÑA (1964-1985): PROYECTOS DE INVERSIÓN PÚBLICA NACIONAL EN INFRAESTRUCTURA DEPORTIVA

La relación entre el gobierno dictatorial y las empresas constructoras (y con la élite empresarial en general) ha llamado la atención de los historiadores, especialmente desde la publicación de la obra de Pedro Campos.[40] Este autor buscó explorar la relación intrínseca entre las mayores empresas constructoras de Brasil y la dictadura, basada principalmente en el financiamiento por parte del Estado de

---

[38] Thalles S. Valle, Renato D. Bragagnollo, Sérgio R. Barbosa e Leandro C. Mazzei, "Gestão Esportiva no Brasil: comparativo entre os Jogos Pan-Americanos no Brasil em 1963 e 2007", en Lucio M. V. Souza (org.), *Ciências do esporte e educação física: saúde e desempenho*, Atena, Ponta Grossa, 2022, pp. 43-56.

[39] E. L. Pereira, V. B. Lyra e J. Z. Mazo, "Universíade de 1963: Porto Alegre sedia um evento esportivo mundial", *Kinesis*, 30 (2), (2013), pp. 1-13.

[40] Pedro H. P. Campos, *Estranhas catedrais: as empreiteiras brasileiras e a ditadura civil-militar, 1964-1988*. Editora da UFF, Niterói, 2014.

innumerables obras públicas durante el periodo. La investigación impulsó toda una producción que buscó caracterizar este régimen como una dictadura militar corporativa.[41]

A pesar de una importante y reciente producción sobre las relaciones de la dictadura brasileña con el deporte (principalmente el fútbol), pocos estudios se han centrado en la relación del gobierno con directivos de clubes deportivos de élite y la construcción de obras públicas destinadas a ampliar la infraestructura para la asignación de eventos deportivos. La construcción de estadios y gimnasios polideportivos públicos adquirió una dimensión nunca antes vista en la historia del país.

Malaia y Fortes analizaron un poco este proceso a través de la investigación de 14 estadios públicos construidos en capitales de estados, principalmente en las regiones Centro-Oeste, Nordeste y Norte de Brasil, todos con capacidad para más de 40 mil aficionados.[42] Los autores buscaron entender este proceso como una forma de crear discursos de consentimiento en relación con el régimen y como parte de una retórica de integración nacional llevada a cabo por los gobernantes de la dictadura. Aunque este no es el foco del trabajo, el artículo también inicia una breve discusión sobre el papel de los contratistas en este proceso.

Las obras fueron ejecutadas por contratistas que ganaron procesos de licitación pública realizados por gobiernos estatales, todos ellos gobernados por políticos de Aliança Renovadora Nacional (ARENA), partido político que apoyó a la dictadura, y designados por los presidentes del periodo. De los 14 estadios construidos, la

---

[41] Thomaz J. Herler, "As denúncias à Ditadura Empresarial-Militar brasileira na Europa pela revista Brasil Socialista", *Faces da História*, 4(1), (2017), p. 226–240; M. A. de C. Silva, P. H. P. Campos e A. Costa. "A Volkswagen e a ditadura: a colaboração da montadora alemã com a repressão aos trabalhadores durante o regime civil-militar brasileiro", *Revista Brasileira de História*, 42(89), 2022, p. 141-164; P. H. P. Campos e R. V. da M. Brandão, "A construção da usina hidrelétrica de Itaipu durante a ditadura: violações de direitos e favorecimento a grandes grupos econômicos", *Projeto História*, 77, (2023), pp. 7-34.

[42] João Manuel Casquinha Malaia Santos e Rafael Fortes. 'Brasil-grande, estádios gigantescos': toponímia dos estádios públicos da ditadura civil-militar brasileira e os discursos de reconciliação, 1964-1985, *Tempo*, 27(1), (2021), pp. 165-183.

mitad de ellos quedaron bajo responsabilidad de la empresa Emilio Baumgart Engineering Services, o SEEBLA.

SEEBLA era una de las mayores empresas de construcción civil del país, con oficinas en São Paulo y Río de Janeiro. Durante la dictadura, fue responsable de numerosas obras públicas y fue esta empresa la que realizó la mayor parte de las obras en los estadios Magalhães Pinto (Belo Horizonte/MG); Rei Pelé (Maceió/AL); Ernani Sátyro (Campina Grande/PB); José Américo de Almeida Filho (João Pessoa/PB); José Fragelli (Cuiabá/MT); João Castelo (São Luís/MA); además de conducir la primera parte de las obras del estadio Alberto Silva (Teresina/PI).

Otra empresa destacada en la realización de obras públicas durante la dictadura fue la Constructora Guarantã, con sede en São Paulo. Fue la empresa responsable de la finalización de las obras del estadio Alberto Silva (Teresina/PI), además de la construcción del estadio Serra Dourada (Goiânia/GO). Este estadio incluso fue objeto de una intensa investigación por parte de la Comisión General de Investigaciones, organismo gubernamental, con documentación que acredita los sobreprecios en las obras.

En otro artículo, realicé una investigación sobre estadios públicos construidos en ciudades más pequeñas del país, pero que también cumplían con la misma lógica que los estadios públicos estatales.[43] Utilizando el caso del estadio de Brasilia como modelo para ciudades más pequeñas, el estudio demuestra que la práctica no se limitó a los estadios de las capitales y se extendió por el interior del país. Además, muestra que también en las ciudades pequeñas, la élite local de los clubes deportivos, los empresarios locales propietarios de pequeñas empresas constructoras y los agentes del régimen establecido en 1964 también hicieron arreglos para fortalecer sus posiciones de poder económico, político y social.

Otro proceso tuvo lugar simultáneamente con la construcción de estadios públicos. Después de la llegada del brigadier de la Fuerza Aérea Jerônimo Bastos al mando del CBD, el campeonato brasileño

[43] João Manuel Casquinha Malaia Santos, "Urbanização, estádios de futebol e ditadura civil-militar: possibilidades de investigação no acervo digital do Sian". *Acervo*, 36(1), 2023, pp. 1-15.

de fútbol se transformó en un contra-negocio político destinado a fortalecer la imagen de integración nacional que el gobierno dictatorial buscaba transmitir a la población. La competición tuvo un aumento considerable de clubes de primera división en función de las invitaciones, y no de ningún tipo de mérito deportivo. El campeonato, que en 1972 contaba con 26 equipos, llegó a 94 clubes en 1979, siempre al servicio de los intereses de las elites locales de los clubes repartidos por todo el país.

Una vez más, el Estado se puso al servicio de estas élites locales y de las grandes empresas constructoras. El proyecto de desarrollo deportivo que servía a los intereses de una minoría adquirió dimensiones aún mayores. Expresó de esta manera la modernidad excluyente que se había desarrollado durante muchos años en el país y que continuaría con el fin de la dictadura.

REDEMOCRATIZACIÓN Y MEGAEVENTOS DEPORTIVOS

Con el fin de la dictadura y la llegada de un nuevo periodo democrático, la continuidad de este proyecto se mantuvo a un ritmo acelerado. Sobre este periodo se realizaron numerosos trabajos analizando las políticas públicas deportivas y sus relaciones con la élite del país.[44] Estas relaciones se profundizaron especialmente cuando el país logró albergar importantes eventos deportivos internacionales, como los Juegos Panamericanos (2007), la Copa Mundial de Fútbol (2014) y los Juegos Olímpicos de Río de Janeiro (2016).

Los llamados megaeventos deportivos con sede en Brasil tuvieron como principal elemento discursivo de persuasión el llamado "legado" que dichas competiciones dejarían para el país. Sin embargo, lo que

[44] Meily A. Linhales, *A trajetória política do esporte no Brasil: interesses envolvidos, setores excluídos*, Tesis (Master em Ciencia Política), Universidade Federal de Minas Gerais, 1996; Luiz F. C. Veronez, Quando o Estado joga a favor do privado: as políticas de esporte após a constituição de 1988, Tesis (Doctorado en Educación Física), Universidade Estadual de Campinas, 2005; Juliane C. A. Correia, O setor privado sem fins lucrativos e as políticas de esporte e lazer (2008-2011), Tesis (Master en Educación), Universidade Estadual de Campinas, Campinas, 2012; Lino Castellani Filho, "A política esportiva brasileira: de 'política de estado' ao 'estado da política'", *Motrivivência*, 31(60), (2019), pp. 1-18.

se pudo observar es que este "legado" continuó trayendo ventajas a grupos históricamente privilegiados en este proceso de modernización excluyente a través de iniciativas del Estado en relación al deporte. El Estado fue el agente central de este proyecto para facilitar megaeventos deportivos en Brasil. Según Santos Junior y Lima[45], este fenómeno se produjo debido a "inversiones directas, financiamiento al sector privado y exenciones tributarias otorgadas para el mismo", además de la deuda pública de los gobiernos estatales y municipales. En estas inversiones en el sector privado, una vez más, se destacan grandes constructoras que ejecutaron las obras, como Odebrecht, Andrade Gutierrez, Carioca Engenharia, Camargo Corrêa, Grupo OAS, Queiroz Galvão, Delta y Via Engenharia.

Damo y Oliven afirman que el gobierno federal habría sido muy prudente al liberar recursos para financiar infraestructura deportiva para los eventos en cuestión, pero que este hecho "no impidió la realización de ciertos proyectos faraónicos, como Estadio Nacional Mané Garrincha", en Brasilia.[46] Silvia Amaral también destacó que la construcción de infraestructura deportiva llevó a un proceso de desplazamiento forzoso de comunidades en varias ciudades que fueron sede del Mundial de 2014 y de los Juegos Olímpicos de 2016, impactando predominantemente a los estratos sociales económicamente desfavorecidos de la sociedad.[47]

También hubo inversiones directas en clubes privados. Uno de los ejemplos fue el financiamiento que el Banco Nacional de Desenvolvimento Econômico e Social (empresa pública federal que apunta a financiar segmentos de la economía brasileña) proporcionó para la construcción del estadio del Sport Club Coríнthians Paulista, uno de los clubes más grandes del país. La obra fue realizada por una de

[45] Santos Junior, Orlando A. e Lima, Caio G. R. "Impactos Econômicos dos Megaeventos no Brasil: investimento público, participação privada e difusão do empreendedorismo urbano neoliberal". In: Santos Junior, Orlando Alves; Gaffney, Christopher; e Ribeiro Luiz C. de Q. (orgs.). *Brasil: os impactos da Copa do Mundo 2014 e das Olimpíadas 2016*. Rio de Janeiro: E-papers, 2015, pp. 57-78.

[46] A. S. Damo e R. G. Oliven, "O Brasil no horizonte dos megaeventos esportivos de 2014 e 2016: sua cara, seus sócios e seus negócios", *Horizontes Antropológicos*, 19(40), (2013).

[47] Silvia Cristina Franco Amaral, "A sociedade civil e os conflitos na construção dos megaeventos esportivos no Brasil", *Sociedade e Estado*, 29(2), (2014), pp. 637-660.

las mayores constructoras de Brasil, la Odebrecht. Tuvo impactos negativos en la población, como el traslado de familias de la región del estadio, la especulación inmobiliaria y el incumplimiento de promesas sobre obras de movilidad urbana en la región.[48] Además, tres trabajadores fallecieron mientras realizaban las obras.

A pesar de importantes avances y conquistas sociales, principalmente durante los gobiernos de Lula (2003-2010) y Dilma (2011-2016), la relación del Estado con las empresas constructoras y los clubes administrados por grupos de élite en Brasil continuó siendo parte importante de las políticas públicas del deporte. Logros significativos impulsaron importantes iniciativas dirigidas a la población, como la beca al deportista y el apoyo a proyectos sociales enfocados al deporte. Pero lo que pudimos ver en este periodo democrático fue una constante en el pasado brasileño cuando pensamos en políticas públicas orientadas al deporte.

CONSIDERACIONES FINALES

Como se indicó al comienzo de este capítulo, un ejercicio que busca abordar el pasado de largo plazo tiene sus ventajas y desventajas. Evidentemente perdimos la posibilidad de analizar innumerables casos y situaciones. Además, ciertamente quedaron fuera un sinnúmero de obras que, debido al límite de este capítulo, no pudieron ser citadas.

Sin embargo, podemos vislumbrar algunas constantes y esta sería entonces una de las aportaciones de este trabajo. Sea en el Imperio o en la República, en regímenes democráticos o dictatoriales e independientemente del espectro ideológico de quienes gobernaban el Estado brasileño, las iniciativas en relación al deporte privilegiaban a grupos de la elite nacional. Tanto una élite deportiva como grupos económicamente privilegiados como los propietarios de grandes empresas constructoras.

---

[48] C. L. de Paula e Ricardo Ricci Uvinha, "Mundial FIFA 2014 en San Paulo y sus impactos: estádio arena Corinthians como equipamiento de ócio", *Pasos*, 14(5), (2016), pp. 1241-1251.

Sería importante trabajar más para investigar en profundidad cada una de estas etapas, especialmente la financiación y construcción de estadios y pabellones deportivos. Investigar las formas en que, en cada periodo, el Estado apoyó al sector privado en el desarrollo del fenómeno deportivo brasileño. Trabajos que pueden mostrarnos las diferencias entre cada uno de los periodos, pero que también pueden darnos aún más apoyo para comprender este proceso en Brasil.

Lo que llamamos modernidad excluyente fue el resultado de acciones que duraron más de siglo y medio. Un proyecto que buscaba beneficiar a los grupos de poder en detrimento de los grupos populares. Un proceso que dio forma al deporte brasileño tal como lo conocemos hoy.

ASOCIACIONISMO DEPORTIVO Y ESTADO

Sixte Abadia
Universitat Ramon Llull

CUANDO "TODO ESTABA POR HACER Y TODO ERA POSIBLE". EL DEPORTE ESPAÑOL AL INICIO DE LA DEMOCRACIA

El señor Enric Truñó, concejal de juventud y deportes del Ayuntamiento de Barcelona entre 1981 y 1998, definía con las palabras textuales "todo estaba por hacer y todo era posible"[1], la situación de las políticas deportivas de grandes ciudades como Barcelona, a inicios de la década de 1980. Ciertamente, transcurridos ya unos años tras la muerte del dictador Francisco Franco (1975), seguían existiendo enormes lagunas en cuanto a los recursos disponibles y a las políticas deportivas a implementar por parte de los poderes públicos. El contexto de inestabilidad característico de la transición política española, denominación con la cual se conoce el periodo inmediatamente posterior a la muerte de Franco comprendido entre 1975 y 1982, y la priorización de otros ámbitos también deficitarios como la educación, la sanidad o los servicios sociales, relegaron al deporte a una transformación tardía en comparación con otras prioridades políticas.

Bajo esta perspectiva, cabe considerar que la muerte del dictador Franco no supuso "la simultánea muerte de la dictadura"[2], al seguir vigentes durante cierto tiempo tanto la legalidad como las instituciones

[1] Esta frase es la adaptación de la expresión en catalán "tot està per fer i tot és possible", muy popular en la Comunidad Autónoma de Cataluña al pertenecer al poema "Ara mateix" de Miquel Martí i Pol, que fue versionado posteriormente por el cantautor Lluís Llach. Esta expresión de Enric Truñó se recogió en el marco del proyecto expositivo titulado "Ahora hace 40 años. El inicio de la política deportiva en Barcelona", promovido por el Ayuntamiento de Barcelona entre 2018 y 2019.

[2] Carme Molinero y Pere Ysàs, *La transición: historia y relatos*, Madrid, Siglo XXI España, 2018, p. 11.

franquistas. A diferencia de otros procesos de democratización, esta transición política fue un proceso de reforma pactada caracterizado por la voluntad de entendimiento entre los sectores franquista y democrático, enormemente condicionado por un contexto de inestabilidad social, económica y política.

Esta primera etapa post-dictatorial, que culminó con la victoria del Partido Socialista Obrero Español (PSOE) en las elecciones generales de 1982, fue muy importante para el deporte español al plantearse una nueva concepción deportiva acorde con el contexto internacional y definirse el marco organizativo del deporte en España[3] a partir del cual el deporte se fue expandiendo y democratizando gradualmente[4].

Uno de los primeros hitos destacables en la incorporación del deporte en los procesos democráticos fue la celebración de la I Asamblea General del Deporte (1977), cuyas conclusiones incidieron en el origen del modelo deportivo actual. En esta cita, que aglutinó a representantes de diferentes ámbitos y sectores del deporte español con el propósito de definir las líneas de actuación futuras del deporte español, se concluyó la necesidad de una ley del deporte, la regulación de la educación física en el sistema educativo, el papel del Estado apoyando el deporte a nivel económico, la democratización de clubes y federaciones o la necesidad de construir instalaciones de deporte para todos[5].

Ya en 1978 se aprobó y ratificó la Constitución Española, la norma suprema que rige el funcionamiento del Estado español. En su artículo 43.3 recogía que "Los poderes públicos fomentarán la educación sanitaria, la educación física y el deporte. Asimismo, facilitarán la adecuada utilización del ocio"[6], sugiriendo de este modo el

---

3 Fernando París-Roche, "Visión histórica de la construcción del modelo deportivo español 1975-2019", en N. Puig-Barata y A. Camps-Povill (eds.), *Diálogos sobre el deporte, 1975-2020,* Barcelona, Editorial INDE, 2020, pp. 31-48.

4 Sixte Abadia, "Deporte, ciudadanía y libertad: La Transición en España y el deporte, 1975-1982", en X. Pujadas (coord.), *Atletas y ciudadanos. Historia social del deporte en España. 1870-2010,* Madrid, Alianza Editorial, 2011, 357-392.

5 Alfil, "Con el pleno termina la I Asamblea del Deporte", *El Mundo Deportivo*, 17 de diciembre de 1977, p. 20.

6 Cortes Generales, "Constitución Española", 1978, https://www.boe.es/buscar/act.php?id=BOE-A-1978-31229&p=20110927&tn=6.

derecho a la práctica deportiva pese a no formularse explícitamente en estos términos. La inclusión del epígrafe deportivo fue un hito muy destacado para el acontecer de esta materia en España. A su vez, el artículo 148 de la Constitución hacía mención a la "Promoción del deporte y de la adecuada utilización del ocio" como una de las competencias que podían asumir las comunidades autónomas, siendo éste un aspecto muy relevante ya que definía un modelo descentralizado de organización del deporte[7], tal y como se comentará más adelante. La incorporación del deporte en la Carta Magna reflejaba la función social ya otorgada al deporte en la mejora de la calidad de vida, por lo que debía ser atendido por el Estado del bienestar[8].

Partiendo de las conclusiones y recomendaciones de la mencionada Asamblea General del Deporte, en 1980 se aprobó la Ley General de la Cultura Física y del Deporte[9]. En este texto, con un marcado espíritu organizativo, destacaba el reconocimiento de las competencias en materia deportiva de las comunidades autónomas y de las corporaciones locales, las atribuciones del Consejo Superior de Deportes (CSD) –organismo creado en 1977 tras la disolución meses antes de la Delegación Nacional de Educación Física y Deportes (1941-1977)–, el reconocimiento de las relaciones laborales en los deportistas profesionales, técnicos y entrenadores, la regulación de clubes y federaciones deportivas, y la creación de las agrupaciones deportivas, entre otros[10].

Por lo tanto, mediante la inclusión del deporte en la Constitución Española y la posterior redacción de la primera ley del deporte en democracia se definieron las bases de la reestructuración del deporte en España, bajo una notable influencia de la Carta Europea del

[7] Fernando París-Roche, "Visión histórica de la construcción…".

[8] Núria Puig *et alii*, "Sport and Welfare State in the process of Spanish democratisation", en K. Heinemann (ed.) *Sport and Welfare Policies. Six European case Studies*, Schorndorf, Hofmann-Verlag GmbH & Co, 2003, p. 295-350.

[9] El Partido Socialista Obrero Español (PSOE), que ganaría las elecciones generales de 1982 y que entonces estaba en la oposición, presentó una enmienda a la totalidad a esta ley. Previamente había presentado una propuesta de ley del deporte alternativa. Para más información en torno a la similitudes y diferencias entre ambos textos, véase Joan Carles Burriel, "Las leyes del deporte: exponentes de realidades y políticas sociodeportivas diferentes", *Apunts. Educación Física y Deportes*, 27 (1993): pp. 48-56.

[10] Cortes Generales, "Ley 13/1980, de 31 de marzo, General de la Cultura Física y del Deporte", 1980, https://www.boe.es/eli/es/l/1980/03/31/13.

Deporte para Todos, presentada en 1975 y finalmente adoptada por el Consejo de Ministros del Consejo de Europa en septiembre de 1976. En un momento de progresiva recuperación de las libertades democráticas y de instauración de nuevos hábitos y valores entre la sociedad española, emergieron estas tesis favorables al deporte para todos en contraposición al modelo deportivo tradicional de tipo competitivo representado por clubes y federaciones. Sin ir más lejos, la regulación de una nueva figura asociativa como la Agrupaciones Deportivas en la citada Ley General de Cultura Física y del Deporte ejemplificaba esta voluntad de promover el deporte para todos[11]. Este contraste entre el modelo competitivo y el del deporte para todos, que fue también un reflejo del posicionamiento político de los partidos conservadores y progresistas del arco parlamentario durante los primeros años de democracia, se fue diluyendo progresivamente.

De acuerdo con el nuevo orden constitucional, otro elemento fundamental para el devenir del deporte español fue la celebración de las primeras elecciones municipales democráticas (1979). Estos comicios otorgaron el poder de las principales ciudades –Madrid, Barcelona, Valencia, Sevilla, Zaragoza o Málaga, entre otras– a las fuerzas de izquierda gracias a la coalición entre el Partido Socialista Obrero Español (PSOE) y el Partido Comunista de España (PCE). De manera paulatina, los ayuntamientos de los municipios grandes fueron convirtiéndose en el principal agente para la democratización del deporte, mediante la creación de los denominados Servicios Deportivos Municipales y el despliegue de su oferta deportiva[12].

Desde la perspectiva ciudadana, en esta etapa el deporte se convirtió en una expresión más de la recuperación de las libertades democráticas a partir del auge de la práctica deportiva al aire libre. Esta tendencia se constató, por ejemplo, mediante la proliferación de carreras populares con un marcado sentido festivo y a través de la construcción de circuitos deportivos al aire libre en ciudades como Elche, Sevilla, Madrid o Barcelona. Carreras tan consolidadas

[11] Eduardo Blanco-Pereira, "Reflexiones sobre el marco legal del deporte y los retos del futuro", en N. Puig-Barata y A. Camps-Povill (eds.), *Diálogos sobre el deporte, 1975-2020*, Barcelona: Editorial INDE, 2020, pp. 75-84.

[12] F. París-Roche, «Visión histórica de la construcción…".

actualmente como los maratones de Madrid (1979), Barcelona (1980) o Valencia (1981) así como otras carreras de distancia inferior como la Cursa de la Mercè de Barcelona (1979) se iniciaron por aquel entonces, a partir del apoyo o liderazgo de los ayuntamientos y bajo la influencia de la primera oleada del *running* procedente de Estados Unidos. Algunas de estas carreras, más allá de reflejar el cambio de valores de la sociedad española[13], posibilitaron la reivindicación por parte de los movimientos sociales de mejoras en cuanto a servicios sociales existentes y a las posibilidades de práctica deportiva. Las pancartas "Magisterio en lucha" mostradas por un grupo de participantes en la I Carrera Popular Ciudad de Barcelona (1979)[14] o la "Diada Naturista" celebrada varios años a finales de los años setenta en esta misma ciudad para reivindicar el mayor uso de la bicicleta en la ciudad, la creación de carriles bici y el aumento de zonas verdes[15] son un buen ejemplo de ello.

Merece especial atención la labor desarrollada por las asociaciones devecinos durante los últimos años de la dictadura y durante los primeros años de la transición política, reivindicando y facilitando el acceso al deporte especialmente en los núcleos urbanos más importantes de España. En la medida que otras reivindicaciones se fueron solventando, la práctica deportiva se sumó a los ejes de actuación del asociacionismo vecinal, ya fuese mediante la reivindicación de equipamientos deportivos, difundiendo a través de sus boletines las opciones de práctica deportiva en el vecindario o directamente promocionando actividades deportivas, por ejemplo, en el marco de las fiestas mayores de los barrios[16]. De este modo, el asociacionismo vecinal se sumaba al deportivo, el cual siguió siendo el principal

[13] Walther L. Bernecker, "El cambio de mentalidad en el segundo franquismo", en N. Townson (coord.), *España en cambio. El segundo franquismo, 1959-1975*, Madrid, Siglo XXI de España Editores, 2009, pp. 49-70.

[14] Sixte Abadia, "Las carreras populares en la Barcelona de la transición política (1975-1982)", *RICYDE. Revista internacional de ciencias del deporte* 10, n.º 36, pp. 156-172, https://doi.org/10.5232/ricyde2014.03606.

[15] Enric Canals, "Casi 30.000 naturistas se manifestaron en Barcelona", *El País*, 7 de noviembre de 1978, https://elpais.com/diario/1978/11/07/sociedad/279241220_850215.html.

[16] Sixte Abadia, *El Moviment veïnal i la promoció de l'esport a la Barcelona de la transició democràtica (1975-1982)*, Barcelona, Generalitat de Catalunya, Consell Català de l'Esport, 2011.

agente promotor del deporte desde una vertiente competitiva, a la espera de las políticas deportivas municipales que se fueron implementando progresivamente a partir de 1979[17], tal y como se ha comentado anteriormente.

Ahora bien, lejos de lo que podría parecer, ni estas iniciativas ni los cambios estructurales implementados durante la segunda mitad de la década de 1970 comportaron cambios muy significativos e inmediatos en la realidad deportiva del país. En un momento de enormes incertidumbres derivadas de la crisis económica internacional iniciada en 1973, de una gran movilización social y de una enorme conflictividad laboral[18], la principal virtud de este periodo fue la definición de un modelo y de unos agentes que permitirían la transformación del deporte de manera gradual ya entrada la década de 1980. Del "todo estaba por hacer" se había pasado al establecimiento de las bases estructurales de la democratización del deporte en España[19].

EL MODELO DE GOBERNANZA DEL DEPORTE ESPAÑOL

La definición del marco organizativo del deporte y la eclosión del deporte para todos fueron dos de los avances más destacados de la transición política española en términos deportivos, periodo que finalizó en 1982 con la ya mencionada victoria en las elecciones generales del Partido Socialista Obrero Español (PSOE). Tras la celebración de estos comicios se habían resuelto importantes incertidumbres como la organización territorial del Estado, el involucionismo militar y la debilidad del sistema de partidos[20]. A continuación, se iniciaba una nueva etapa que tuvo como prioridades salir de la crisis económica,

---

[17] Sixte Abadia y Xavier Pujadas, "Deporte y democratización en la Barcelona contemporánea: apuntes para un estudio", *Cultura, Ciencia y Deporte* 1, n.º 2 (2005), pp. 51-56, https://doi.org/10.12800/ccd.v1i2.89.

[18] Álvaro Soto, *Transición y cambio en España, 1975-1996*, Madrid, Alianza Editorial, 2005.

[19] Sixte Abadia, "Deporte, ciudadanía y libertad..."; F. París-Roche, "Visión histórica de la construcción...".

[20] Álvaro Soto, *Transición y cambio en España...*

proseguir con el despliegue de competencias a nivel autonómico, continuar la lucha antiterrorista y consolidar el Estado del Bienestar.

En clave deportiva, la finalización de la transición política no debe interpretarse como el inicio de un nuevo periodo. Más allá de delimitaciones cronológicas condicionadas por los vaivenes económicos y políticos, a partir de 1982 no se produjo una ruptura en los planteamientos deportivos iniciados previamente. Más bien al contrario, esta nueva etapa política se caracterizó por la permanencia en las políticas deportivas planteadas pocos años atrás[21]. Producto también de esta continuidad, se avanzó en la definición de un modelo deportivo reconocible aún vigente en la actualidad, y que se ha ido adaptando a los diferentes contextos sociales, políticos y económicos de estas cinco décadas de democracia. En buena medida como consecuencia de este modelo, que puede calificarse de exitoso, desde 1980 se ha duplicado la población entre 15 y 65 años que practica deporte en España (véase el gráfico 1) y el peso del sector deportivo ha seguido una tendencia creciente hasta alcanzar el 1,44% del Producto Interior Bruto del país en el año 2012[22].

Algunos de los aspectos más característicos de este modelo deportivo son la colaboración y equilibrio entre el sector público y el sector privado, la colaboración en los ámbitos territoriales estatal, autonómico y local, el papel del sector público como promotor directo en el ámbito educativo, en la construcción y gestión de instalaciones, en la formación de responsables y profesionales, y en el deporte de alto nivel, y el papel del sector privado –asociativo o comercial– asumiendo la responsabilidad directa en la práctica deportiva organizada o libre de la ciudadanía[23]. Por lo tanto, la colaboración de los poderes públicos con la diversidad de agentes que conforman los ámbitos

[21] Cabe recordar la afirmación del novelista y periodista Manuel Vázquez Montalbán al considerar que la transición política fue una "ilusión óptica" de "un periodo con entidad propia y el paquete es perfecto si abarca desde la arteriosclerosis profunda del franquismo hasta ese desquite moral de la izquierda española el 28 de octubre de 1982". Manuel Vázquez Montalbán, *Crónica sentimental de la transición*, Barcelona, DeBolsillo, 2005, p. 293.

[22] Júlia Bosch-Jou, Jaume García-Villar, y Carles Murillo-Fort, "El deporte como sector de desarrollo económico y su medición", en N. Puig-Barata y A. Camps-Povill (eds.), *Diálogos sobre el deporte, 1975-2020*, Barcelona, Editorial INDE, 2020, pp. 355-374.

[23] F. París-Roche, "Visión histórica de la construcción…".

Gráfico 1. Evolución de la práctica deportiva en España (1980-2015)

1980	1985	1990	1995	2000	2005	2010	2015
25	34	35	39	38	40	45	53

Fuente: Manuel García Ferrando y Ramón. Llopis Goig, *La popularización del deporte en España*, Madrid: CIS - Centro de Investigaciones Sociológicas, 2017. Base: población entre 15 y 65 años

asociativo y comercial, y la descentralización política en diferentes niveles de la Administración Pública –estatal, autonómico y local– son las principales características del modelo de gobernanza existente en el sistema deportivo español. A continuación, se profundiza en las particularidades de cada uno de estos ejes.

LA DESCENTRALIZACIÓN DE LAS POLÍTICAS DEPORTIVAS. UNA RELACIÓN EFICAZ ENTRE ADMINISTRACIONES PÚBLICAS

La organización territorial del Estado establece diferentes niveles administrativos como son los municipios, las provincias y las Comunidades Autónomas[24]. Consecuentemente, este modelo de Estado Autonómico establece una distribución de poderes en las diferentes

[24] Cortes Generales. *Constitución Española*.

entidades territoriales, bajo cuatro principios inspiradores como son la unidad del Estado, la autonomía, la solidaridad y la igualdad.

En materia deportiva, en paralelo a la paulatina puesta en marcha de los servicios deportivos municipales a partir de 1979, se inició el proceso de descentralización autonómica mediante la redacción y aprobación de los Estatutos de Autonomía del País Vasco y de Cataluña en 1979, y posteriormente del resto de las 15 autonomías entre 1981 y 1983 –exceptuando las ciudades autónomas de Ceuta y Melilla, que lo aprobaron en 1995–. En sendos estatutos se recogía el deporte como competencia exclusiva de las comunidades autónomas, en la mayoría de los casos haciendo también mención a la promoción del ocio, de acuerdo con las competencias que podían asumir las comunidades autónomas (art. 148)[25]. Con posterioridad a la aprobación de estos estatutos se transfirieron competencias y recursos a las comunidades autónomas que, progresivamente, fueron creando estructuras administrativas de carácter deportivo. Esta transferencia competencial tanto a nivel local como autonómico posibilitó el acercamiento de los centros de decisión a la práctica deportiva de la ciudadanía. Buen ejemplo de ello lo hallamos en el 95% del gasto público en deporte que en la década de 2010 era asumido por las corporaciones y las comunidades autónomas[26].

Desde el punto de vista normativo, cabe recordar que la Ley General de la Cultura Física y del Deporte incluía el detalle de las competencias asumidas por el Consejo Superior de Deportes, el reconocimiento de las competencias autonómicas y locales en materia deportiva, así como la obligación de clubes y federaciones deportivas a elaborar sus estatutos y reglamentos a partir de principios democráticos y de representatividad (art. 12 y 17)[27]. En esta misma dirección, también es importante resaltar la aprobación de la Ley 7/1985, de 2 de abril, reguladora de las Bases de Régimen Local,[28]

---

[25] Cortes Generales. *Constitución Española*.
[26] F. París-Roche, "Visión histórica de la construcción…".
[27] Cortes Generales, "Ley 13/1980, de 31 de marzo, General de la Cultura Física y del Deporte".
[28] Cortes Generales, "Ley 7/1985, de 2 de abril, Reguladora de las Bases del Régimen Local", 1985, https://www.boe.es/buscar/act.php?id=BOE-A-1985-5392&p=20231220&tn=6#tabs.

que disponía que los municipios ejercerán competencias en relación a las actividades y a las instalaciones deportivas.

Esta descentralización competencial también se produjo en el ámbito asociativo, al otorgar personalidad jurídica propia a las federaciones deportivas autonómicas (art 17)[29]. De este modo, se planteaba una coexistencia entre las federaciones autonómicas y españolas a partir de competencias y funciones diferenciadas. Asimismo, se planteaba la democratización y representatividad de las federaciones deportivas, pero sin que esta medida fuese inicialmente vigente ya que las "antiguas federaciones españolas se habían «bunkerizado» y eran quienes manejaban sus propios órganos democráticos"[30].

Buena muestra de la provisionalidad e incertidumbre existente al inicio de la democracia, así como de la evolución social y política de España durante la década de 1980, se refleja en la rapidez con la cual se sustituyó la Ley General de la Cultura Física y del Deporte. Concretamente, diez años más tarde se aprobó la Ley 10/1990, de octubre, del Deporte[31] promovida por el PSOE, la formación política que durante cuatro legislaturas consecutivas ostentó el gobierno del país (1982-1996). Pese al hito que supuso la ley de 1980 para el avance del deporte, fue necesario sustituirla por razones como la poca claridad de la división y distribución de competencias entre el Estado y las comunidades autónomas, la inexistencia de una separación nítida entre el deporte profesional y el deporte aficionado, o el horizonte de unos Juegos Olímpicos y Paralímpicos de 1992 y la necesidad de modernización de las estructuras deportivas del país[32].

Esta nueva ley del deporte, cuya denominación ya denotaba un campo de actuación limitado casi exclusivamente al deporte competitivo al no hacer referencia a la cultura física[33], tenía como objetivos

---

29 Cortes Generales, "Ley 13/1980, de 31 de marzo, General de la Cultura Física y del Deporte".

30 F. París-Roche, "Visión histórica de la construcción…", p. 36.

31 Cortes Generales, "Ley 10/1990, de 15 de octubre, del Deporte", 1990, https://www.boe.es/buscar/act.php?id=BOE-A-1990-25037&p=20221231&tn=6#tabs.

32 José Luis Carretero-Lestón, "El marco legal estatal como reflejo de los procesos de cambio en el deporte", en N. Puig-Barata y A. Camps-Povill (eds.), *Diálogos sobre el deporte, 1975-2020*, Barcelona, Editorial INDE, 2020, pp. 64-74.

33 J. C. Burriel, "Las leyes del deporte: exponentes de…".

la ordenación y el fomento de la práctica deportiva sin menoscabar las competencias autonómicas, el reconocimiento y la facilitación del deporte a través de estructuras asociativas, y la regulación del deporte espectáculo, "considerándolo como una actividad progresivamente mercantilizada" (Preámbulo)[34]. Es destacable esta referencia a la mercantilización del deporte espectáculo como consecuencia de la evolución de modalidades deportivas como el fútbol o, en menor medida, del baloncesto, y que ocultaba una voluntad de control de las actividades económicas de este tipo de entidades deportivas tras haber demostrado problemas en su gestión patrimonial y económica[35]. Esta ley dio pie a la conversión en sociedades anónimas deportivas a los clubes deportivos que participaban en ligas profesionales, siendo este uno de los aspectos más polémicos del texto[36].

A nivel autonómico, a finales de la década de 1980 diversas comunidades autónomas fueron aprobando sus respectivas leyes del deporte como un eslabón más en esta descentralización del deporte, pese a qué en la mayoría de los casos su redacción y aprobación fue posterior a la Ley del Deporte de 1990.

La última década del siglo veinte se inició, por lo tanto, con una nueva ley del deporte y con la celebración de unos Juegos Olímpicos y Paralímpicos en 1992 que permitieron impulsar el deporte y proyectar internacionalmente al país, todo ello en un contexto de crecimiento económico que finalizó en 1993. Como consecuencia de esta crisis postolímpica, de la necesidad de hacer frente al déficit público acumulado y también de la victoria en las elecciones generales de 1996 del Partido Popular (PP) –de carácter más conservador y liberal– esta década y los primeros años del siglo veintiuno se caracterizaron por una mayor austeridad. Fue una época en la cual "el deporte español entró en una fase de calma, ajuste, estabilidad y revisión de modelos,

[34] Cortes Generales, "Ley 10/1990, de 15 de octubre, del Deporte".

[35] J. C. Burriel, "Las leyes del deporte: exponentes de…".

[36] En 2022 se estrenó la serie documental "La liga de los hombres extraordinarios" (más información: https://www.filmaffinity.com/es/film169884.html), que relata la irrupción de líderes del empresariado español como máximos accionistas de clubes de fútbol después de su conversión en sociedades anónimas deportivas, gozando de gran popularidad e impacto mediático.

pero también de crisis de ideas y falta de iniciativas"[37]. Tal y como se detalla posteriormente, en paralelo al desarrollo de políticas de índole más liberal –en el periodo 1996-2004 con el PP al frente del gobierno español se acentuó el programa de privatizaciones iniciado durante los gobiernos socialistas–, a nivel deportivo emerge el sector privado comercial mediante la aparición de la nueva tendencia del *fitness* y de una práctica deportiva deporte cada vez más cercana al hábito de consumo entre la población española.

A nivel internacional, en el inicio de la década de 1990 cabe indicar la aprobación por parte del Consejo de Ministros del Consejo de Europa de la Carta Europea del Deporte (1992), que tuvo una gran influencia en las políticas deportivas desarrolladas en España, al considerar por deporte "todo tipo de actividades físicas que, mediante una participación, organizada o de otro tipo, tengan por finalidad la expresión o la mejora de la condición física y psíquica, el desarrollo de las relaciones sociales o el logro de resultados en competiciones de todos los niveles"[38].

Mediante este despliegue competencial y normativo efectuado en estas primeras décadas de democracia quedaban definidas las relaciones y funciones de cada uno de estos agentes del sector público. A nivel de gobierno central, el organismo responsable del deporte, el Consejo Superior de Deportes (CSD), tenía competencias en cuestiones de interés nacional como las referentes al deporte profesional y de alto rendimiento, la celebración de competiciones internacionales en ámbito nacional, el apoyo a las federaciones deportivas españolas o la construcción de instalaciones deportivas, entre otras. Por su parte, las comunidades autónomas, en su ámbito de actuación geográfico se responsabilizaban de la construcción de instalaciones deportivas, de la promoción de programas de deporte para todos y del deporte escolar, y del apoyo del deporte de alto rendimiento. En paralelo, las diputaciones provinciales basaban su actuación principal en el apoyo

---

[37] F. París-Roche, "Visión histórica de la construcción…", p. 40.

[38] Consejo de Europa, "Carta Europea del Deporte" 1992, https://rm.coe.int/16804c9dbb

a los ayuntamientos en el fomento del deporte[39]. Finalmente, los ayuntamientos tenían un papel fundamental desarrollando políticas deportivas en torno a la organización de actividades, construcción de instalaciones, promoción de cursos de formación, apoyando el tejido asociativo con recursos e infraestructuras, y prestando su colaboración. Este entramado competencial, sustentado en los recursos destinados al deporte por parte de cada Administración, ha permitido una notable coordinación y complementariedad, convirtiendo a las Administraciones Públicas –especialmente las locales– en un agente fundamental para el desarrollo del deporte en España. De modo indicativo, la tabla 1 refleja la distribución del gasto público en materia deportiva durante el periodo 2010-2020, en la cual se constata también los efectos de la crisis económica sufrida entre 2008 y 2013, y la lenta recuperación posterior.

Tabla 1. Evolución del gasto público en deporte (2010-2020)

	2020	2017	2013	2010
Administración General del Estado				
TOTAL (Miles de euros)	181.828	143.326	152.123	170.230
Administración Autonómica				
TOTAL (Miles de euros)	370.228	342.584	336.558	558.684
Administración Local: Total				
TOTAL (Miles de euros)	2.268.558	2.150.485	1.902.621	3.057.293

Fuente: Ministerio de Educación, Formación Profesional y Deportes, "Gasto público vinculado al deporte", DEPORTEData, 2023, https://www.educacionfpyderportes.gob.es/mc/deportedata/gasto-publico/resultados.html

Pese a la notable coordinación entre estas administraciones con respecto a las políticas deportivas implementadas, es preciso mencionar ciertas discrepancias a partir de posicionamientos ideológicos dispares o por el propio contexto político general. De este modo,

[39] Núria Puig, Joaquín Martínez, y Borja García, "Sport Policy in Spain", *International Journal of Sport Policy and Politics* 2, n.º 3 (2010): pp. 381-390, https://doi.org/10.1080/19406940.2010.519343

comunidades autónomas como el País Vasco o Cataluña, respectivamente a través de la Ley 14/1998, de 11 de junio, del Deporte del País Vasco[40] y de la Ley 9/1999, de 30 de julio, de apoyo a las selecciones catalanas[41], hacían referencia a la proyección internacional de sus respectivas selecciones autonómicas, superando los límites a nivel legal y jurídico establecidos previamente. Esta circunstancia comportaría la presentación de sendos recursos de inconstitucionalidad por parte del Gobierno Español. Sin ir más lejos, la ley del deporte de Cataluña aprobada en el año 2000[42] y que partía de la derogada Ley 9/1999 incluía entre sus principios "Promover y difundir el deporte catalán en sus ámbitos supraautonómicos, y también la participación de las selecciones catalanas en estos ámbitos" (art. 3). En el caso de ambas comunidades autónomas, no fue hasta el año 2012 cuando el Tribunal Constitucional avaló la participación internacional de estas selecciones autonómicas siempre y cuando no se enfrentasen con la española y se tratara de deportes en los cuales no existieran federaciones españolas. Estas aspiraciones de representación internacional por parte de comunidades autónomas como Cataluña han derivado en otros episodios de tensión, como cuando en 2004 la Federación Internacional de Patinaje (FIRS) reconoció provisionalmente la Federación Catalana de este deporte, decisión que posteriormente fue desestimada y que culminó con la denegación del ingreso de esta federación autonómica en 2005.

Por lo tanto, pese a la eficacia y fluidez de la descentralización de las políticas deportivas, en ocasiones la relación entre las diferentes Administraciones se ha visto condicionada por cuestiones de política general, especialmente en algunas de las nacionalidades históricas como el País Vasco o Cataluña.

---

[40] Parlamento Vasco, "Ley 14/1998, de 11 de junio, del Deporte del País Vasco", 1998, https://www.legegunea.euskadi.eus/eli/es-pv/l/1998/06/11/14/dof/spa/html/weblegoo-contfich/es/

[41] Parlamento de Cataluña, "Ley 9/1999, de 30 de julio, de apoyo a las selecciones catalanas", 1999, https://www.boe.es/buscar/doc.php?id=BOE-A-1999-18003.

[42] Parlamento de Cataluña, "Decreto legislativo 1/2000, de 31 de julio, por el que se aprueba el Texto único de la Ley del deporte", 2000, https://www.boe.es/buscar/doc.php?id=DOGC-f-2000-90007.

Ya durante la década de 2010 son diversas las leyes autonómicas del deporte actualizadas en territorios como Comunidad Valenciana, Galicia, Región de Murcia, La Rioja, Castilla-La Mancha, Castilla y León, Andalucía, Aragón y Canarias, a raíz de la importancia y constante evolución que ha adquirido el deporte. En esta dirección, a nivel estatal recientemente se aprobó la Ley 39/2022, de 30 de diciembre, del Deporte[43]. Tal y como se manifiesta en su preámbulo, "La propia naturaleza del acontecimiento deportivo y su realidad multidimensional hacen de él un fenómeno en continuo cambio e inconmensurable fuerza social, que debe ser objeto de atención por parte de los poderes públicos, para dotarlo de las herramientas necesarias para su desarrollo y encauzamiento legal preciso de las novedosas necesidades que surjan a su paso. La necesaria adecuación normativa a las actuales necesidades del deporte ha sido señalada en numerosas ocasiones, principalmente durante la última década, por la doctrina especializada del país"[44].

LA COLABORACIÓN PÚBLICO-PRIVADA. DEL DEPORTE COMO SERVICIO PÚBLICO AL CRECIMIENTO DE UNA INDUSTRIA DEPORTIVA

Pese a que la colaboración entre agentes del sector público, asociativo y comercial está actualmente muy consolidada y se ha erigido como uno de los elementos definitorios del modelo deportivo español, este modelo de gobernanza se ha caracterizado por su notable evolución. Tal y como se detalla a continuación, se ha pasado de un liderazgo de las instituciones públicas durante las décadas de 1980 y 1990 a un papel cada vez más preeminente de los agentes privados, resultado del crecimiento del deporte como expresión ciudadana y motor económico del país.

Tras la celebración de las elecciones municipales de 1979, la relación entre el sector público y privado no fue algo inicialmente

43 Cortes Generales, "Ley 39/2022, de 30 de diciembre, del Deporte", 2023, https://www.boe.es/diario_boe/txt.php?id=BOE-A-2022-24430.

44 Cortes Generales, "Ley 39/2022, de 30 de diciembre, del Deporte".

constitutivo ni característico del deporte español. En aquel momento los ayuntamientos asumieron directamente la promoción del deporte, contratando personal y dinamizando programas y actividades a partir de la creación de servicios deportivos municipales. Estos Servicios Deportivos, con denominaciones como Patronato, Fundación o Instituto entre otros, tuvieron un papel fundamental generando consciencia de "la igualdad de derechos ante el deporte y, además, en generar demanda deportiva entre la enorme masa sedentaria del momento"[45]. Para ello fueron claves políticas como la creación de escuelas deportivas para niños y niñas, los precios populares de acceso a instalaciones deportivas, los abonos familiares o los programas deportivos para la gente mayor o para la población con diversidad funcional. La campaña ESPORT3 [DEPORTE3] llevada a cabo en 1982 para promover la actividad física en las residencias de personas mayores en Barcelona fue buen ejemplo de ello.

El planteamiento de estos servicios deportivos contrastaba con la oferta realizada por clubes y federaciones en el sentido de adoptar un carácter popular y recreativo bajo la concepción del deporte para todos[46], frente a una oferta deportiva de carácter competitivo vehiculizada a través de clubes y entidades, especialmente en los núcleos urbanos más grandes y en aquellas comunidades autónomas con mayor tradición de asociacionismo deportivo como Cataluña o el País Vasco.

Coincidiendo también con la involucración paulatina de los ayuntamientos en la promoción deportiva, se evidenció cierta desconfianza entre los representantes del sector público –orientado al deporte para todos– y del sector asociativo –orientado al deporte de competición– producto de una visión en torno al deporte muy diferente. Buen ejemplo de ello es este fragmento incluído en la publicación *Manual de política deportiva* (1985) según el cual "es necesario abordar el tema de los clubes deportivos y Federaciones. Muchos de ellos no dan respuesta a las aspiraciones del deporte popular, forzados a asumir el cumplimiento de las actividades competitivas"[47].

[45] Eduardo Blanco-Pereira, "Reflexiones sobre el marco legal…", p. 92.
[46] Núria Puig *et al.*, "Sport and Welfare State in the process of Spanish democratisation".
[47] VV. AA. *Manual de política deportiva*, Madrid, Federación Española de Municipios y Provincias, 1985, p. 13.

En referencia al asociacionismo deportivo, es relevante destacar que en las diferentes comunidades autónomas de España existía una realidad divergente en cuanto a la red de entidades deportivas –País Vasco, Navarra o Cataluña gozaban de una amplia tradición de asociacionismo deportivo, algo que no sucedía en otras CCAA–, pero lo cierto es que inicialmente la mayoría de los ayuntamientos no contaron con otros agentes para llevar a cabo las políticas municipales previstas[48].

Estos posicionamientos casi antagónicos en el ámbito público y asociativo se fueron moderando paulatinamente. En ello tuvo un papel determinante la candidatura de Juegos Olímpicos y Paralímpicos de Barcelona de 1992, gestada a inicios de los ochenta y que revalorizó el deporte entre la clase política y la sociedad española[49]. Esta candidatura fue un faro para los diferentes sectores, ya que se facilitaron inversiones, se crearon infraestructuras, programas de promoción y desarrollo del deporte de élite, así como el reconocimiento del deporte como fuente de salud, educación y socialización[50].

Por lo tanto, durante la década de 1980 los ayuntamientos actuaron más como proveedores de servicios deportivos que como agentes que colaboraban en la prestación de estos servicios con otros agentes[51]. Esta situación cambió especialmente a partir de la década siguiente, en paralelo a la adopción de valores más cercanos a la individualidad, la eficiencia y a la ideología de mercado[52]. Es en aquel periodo cuando prolifera también la transferencia de competencias a entidades deportivas, en ocasiones fomentadas por la propia Administración.

Desde una perspectiva histórica, el importante involucramiento inicial del sector público en la promoción del deporte ha condicionado hasta el momento actual la colaboración con el sector asociativo. Bajo este prisma, en modelos más intervencionistas como el español

[48] Puig *et al.*, "Sport and Welfare State in the process of Spanish democratisation".

[49] Luis V. Solar-Cubillas, "Las políticas deportivas en el proceso de descentralización", en N. Puig-Barata y A. Camps-Povill (eds.), *Diálogos sobre el deporte, 1975-2020*, Barcelona, Editorial INDE, 2020, pp. 86-102.

[50] Marta Carranza, "Las políticas deportivas y el proceso de descentralización, claves en la democratización del deporte", en N. Puig-Barata y A. Camps-Povill (eds.), *Diálogos sobre el deporte, 1975-2020*, Barcelona, Editorial INDE, 2020), 103-118.

[51] Núria Puig, Joaquin Martínez, y Borja García, "Sport Policy in Spain".

[52] N. Puig, J. Martínez, y B. García. "Sport Policy in Spain".

la promoción del deporte se considera un servicio público, ya sea asumido por las instituciones públicas o por el movimiento asociativo mediante un control desde el ámbito público. Es por ello que en estos países como España existe una amplia legislación deportiva específica orientada a la regulación de las entidades deportivas, algo inexistente en países de corte más liberal. De este modo, a diferencia de otros países de Europa, en España el asociacionismo deportivo se posiciona respecto al sector público[53], ya sea dependiendo del sector público por las subvenciones que éste concede, mediante la colaboración entre ambos, o quedando muy condicionado cuando el sector público emprende iniciativas de promoción deportiva en competencia con las asociaciones.

Volviendo a los Juegos Olímpicos y Paralímpicos celebrados en 1992, más allá de su éxito organizativo, parte de su legado fue la creación de unas estructuras colaborativas entre la administración pública y el sector privado, convertidas con el paso del tiempo en identificativas del sistema deportivo español[54]. Una buena muestra de esta colaboración público-privada la hallamos en la gestión de equipamientos deportivos municipales desde mediados de la década de 1990, producto del esfuerzo realizado por las Administraciones Públicas durante la década previa en la construcción de estas instalaciones. Tal y como se puede observar en el gráfico 2, durante las dos últimas décadas del siglo veinte se produce un importante aumento del parque de instalaciones deportivas en este país, como consecuencia de la inversión pública realizada, aprovechando el contexto económico favorable del periodo comprendido entre 1982 y 1993. En esta línea, es relevante destacar el denominado "modelo Barcelona", mediante el cual el Ayuntamiento de esta ciudad cedía la gestión de las instalaciones deportivas municipales –muchas de ellas impulsadas a raíz de los Juegos Olímpicos y Paralímpicos– inicialmente a clubes, asociaciones y federaciones –posteriormente

---

[53] Núria Puig, Alberto Moreno, y C. López, "Propuesta de marco teórico interpretativo sobre el asociacionismo deportivo en España", *European Journal of Human Movement*, n.º 2 (1996): pp. 75-92.

[54] Carranza, "Las políticas deportivas y el proceso de descentralización…".

también al tejido empresarial–, y que se extendió a otras partes del territorio español.

Gráfico 2. Evolución de los espacios e instalaciones deportivas en España (1985-2005)

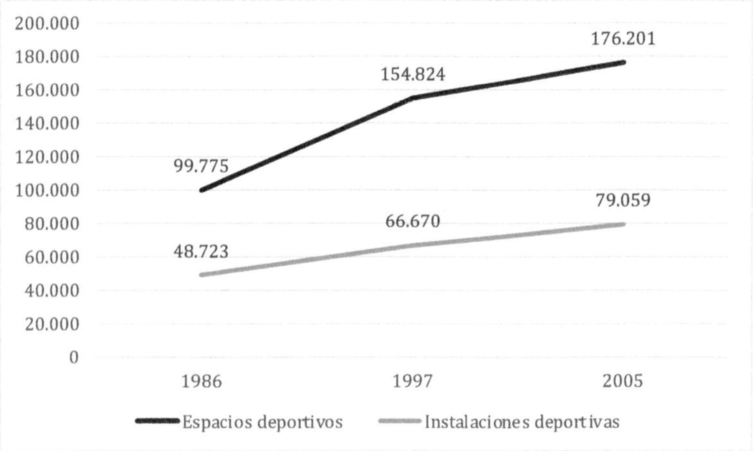

	1986	1997	2005
Espacios deportivos	99.775	154.824	176.201
Instalaciones deportivas	48.723	66.670	79.059

Fuente: Leonor Gallardo, *Censo Nacional de Instalaciones Deportivas 2005 España*, Madrid, Consejo Superior de Deportes, 2007

Mediante esta fórmula de colaboración, el tejido asociativo se implicó en la gestión de instalaciones municipales con el fin de descargar de obligaciones de personal a los ayuntamientos, fortalecerse como organizaciones y colaborar en la promoción deportiva del municipio. A se vez, permitió la progresiva creación de un nuevo sector económico de gestión deportiva[55].

Desde una perspectiva territorial esta colaboración entre agentes del sector público y privado ha sido asimétrica en las diferentes comunidades autónomas, en buena medida como resultado de la madurez y riqueza del tejido asociativo, así como también del posicionamiento ideológico en torno a un mayor o menor intervencionismo de los poderes públicos en el fomento del deporte. Desde

[55] Carranza, "Las políticas deportivas y el proceso de descentralización…".

aquellas comunidades autónomas caracterizadas por un modelo de gestión más centralista –como es el caso de Castilla y León–, a otras caracterizadas por un modelo más centralista y de mercado –como Andalucía–, u otras con un modelo más cooperativo –como Cataluña–[56]. En cualquier caso, los avances del deporte español se han sustentado también en un asociacionismo deportivo que ha ido creciendo de manera notoria durante estas décadas, pasando de los 32.385 clubes deportivos federados en 1980, a los 65.711 de 2015, tal y como se observa en el gráfico 3.

Gráfico 3. Evolución del número de sociedades y clubes deportivos federados en España (1980-2015)

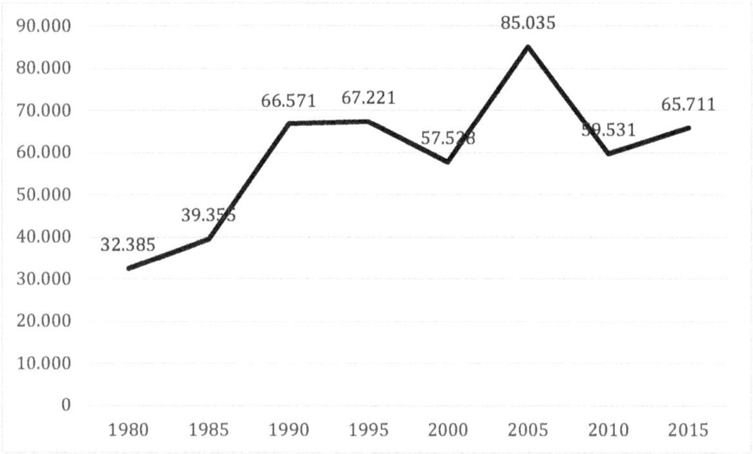

Fuente: *Anuario Estadístico de España*, varios años. https://ine.es/prodyser/pubweb/anuarios_mnu.htm

También durante la década de 1990 aparece un nuevo agente de carácter privado comercial como consecuencia del auge del *fitness*, sumándose a la colaboración público-privada a través de la gestión

[56] Núria Puig y Klaus Heinemann, "Institucions públiques i desenvolupament de l'esport a Catalunya (1975-1994). Proposta d'un marc teòric interpretatiu", *Acàcia*, n.º 4 (1995): pp. 123-143.

indirecta o la concesión administrativa de instalaciones deportivas[57]. Es también durante este periodo cuando el deporte para todos, concepción muy presente durante la década de 1980, evolucionó hacia la del *fitness*, haciendo aún más necesaria esta colaboración de las administraciones públicas con un tejido empresarial capaz de atender a una oferta deportiva cada vez más diversa y especializada.

Por lo tanto, durante la década de 1990 se inicia un nuevo periodo en el cual el deporte se incorpora progresivamente como un hábito de consumo[58], a partir de sensibilidades e intereses muy diversos –salud, diversión, relación social, contacto con la naturaleza…–. Valores como la diferenciación, la globalización o la corporalidad pasan a ocupar un lugar preeminente como reflejo de las sociedades contemporáneas[59]. Consecuentemente, los clubes deportivos fueron perdiendo centralidad como espacio de socialización en la medida que la práctica deportiva pasó a realizarse en otros entornos como los centros deportivos privados, escuelas deportivas, o a través de las propuestas de los Servicios Deportivos Municipales[60], bajo una lógica comercial de prestación de un servicio deportivo.

Ya a partir del cambio de siglo, cabe resaltar la hegemonía de la concepción del deporte como actividad favorecedora de bienestar y de salud, a partir de propuestas implementadas por las Administraciones Públicas, a menudo de manera interdepartamental y en colaboración con el resto de los agentes del sector. Buena muestra de ello los hallamos en el Plan de Promoción de la Actividad Física y la Alimentación Equilibrada (2004-2008) y el Plan Integral para la Promoción de la Salud mediante la Actividad Física y la Alimentación Saludable (2005-actualidad), promovidos por los departamentos de salud de la Junta de Andalucía y de la Generalitat de Cataluña, respectivamente.

---

[57] E. Blanco-Pereira, "Reflexiones sobre el marco legal…".

[58] Klaus Heinemann, "El deporte como consumo", *Apunts. Educación Física y Deportes*, n.º 37 (1994): pp. 49-56.

[59] Ricardo Sánchez, *Antropología del deporte: lineamientos teóricos*, Madrid, Consejo Superior de Investigaciones Científicas, 2017.

[60] Núria Puig, Carlos Moreno, y C. López, "Propuesta de marco teórico interpretativo…".

En cuanto a los hábitos de práctica, en estas dos décadas del siglo veintiuno se observa una evolución hacia prácticas deportivas cada vez más desinstitucionalizadas, ligadas especialmente a la recreación, la salud y a la adquisición de una buena forma física, en paralelo a una pérdida de protagonismo de aquellas prácticas realizadas en un marco asociativo y reglado. El aumento de la práctica deportiva en lugares públicos –parque, campo…–, simultáneamente a la multiplicación de los espacios públicos de carácter deportivo[61] es un buen ejemplo de ello. En este contexto, actividades con mayor carácter recreativo como la gimnasia, el *running*, el ciclismo, la musculación, el pádel o el senderismo son las más practicadas frente a otras modalidades de carácter federativo y competitivo como el fútbol, el baloncesto o el tenis.

A nivel organizativo, un aspecto característico de este inicio de siglo ha sido la creación de nuevas estructuras que han favorecido la colaboración y coordinación en el sector asociativo y en el privado comercial. En el ámbito federativo, emulando a la Unión de Federaciones Deportivas de Cataluña (1985), han proliferado otras asociaciones de federaciones territoriales agrupadas desde 2015 en la Confederación de Uniones de Federaciones Autonómicas Deportivas Españolas, organización centrada en defender los intereses y derechos del deporte federado. Igualmente, desde el ámbito empresarial también ha proliferado la creación de asociaciones de gestores y de empresas, tanto a nivel estatal como autonómico, como consecuencia del crecimiento de este sector, que ha pasado de las 22.912 en 2008 a las 43.549 empresas cuya actividad principal es deportiva, en 2022[62]. Algunos ejemplos son Federación Nacional de Instalaciones Deportivas (1997), Asociación Española de Empresarios de Servicios Deportivos a las Administraciones Públicas (2019), o la Asociación de Empresarios del Deporte de Andalucía (2012). Buena muestra de ello es la acción de estas organizaciones de segundo nivel defendiendo los intereses de sus respectivos sectores, durante la tramitación

[61] García Ferrando y Llopis Goig, *La popularización del deporte en España.*

[62] Ministerio de Educación, Formación Profesional y Deportes, "Empresas vinculadas al deporte", DEPORTEData, 2024, https://www.educacionfpydeportes.gob.es/mc/deportedata/empresas/resultados.html

parlamentaria de la Ley 39/2022, de 30 de diciembre, del Deporte, que sustituyó el texto aprobado en 1990.

Por lo tanto, en el inicio del siglo XXI, a diferencia de las décadas anteriores caracterizadas por la "dominancia de la intervención pública en el proceso de construcción del modelo deportivo"[63], se ha pivotado hacia un predominio del ámbito privado, de la ciudadanía y del deporte como objeto de consumo. Ello ha contribuido a la consolidación del término "industria deportiva" para referirse al tejido empresarial y a los centros de innovación e investigación vinculados con el deporte.

A modo de reflexión final. Los límites del exitoso modelo deportivo español

En paralelo al transcurrir de estas casi cinco décadas de democracia, España ha experimentado un proceso de democratización deportiva que lo ha situado a niveles similares al de otros territorios europeos. Los datos en cuanto a participación deportiva, asociacionismo deportivo, peso económico del deporte o tejido empresarial son una buena muestra de ello.

El modelo deportivo desarrollado durante este largo periodo, caracterizado por una estrecha colaboración entre las administraciones públicas –con sus políticas descentralizadas– y los agentes privados, ha resultado muy efectivo para este proceso de deportivización, situando al deporte como una de las actividades de ocio hegemónicas y más características de la sociedad española.

Ahora bien, en los últimos años han surgido posturas discrepantes hacia los logros del modelo deportivo español, que han aportado su punto de vista sobre sus límites e ineficiencias. Desde esta perspectiva, una primera aproximación es acerca del propio proceso de democratización deportiva, a menudo situado en los primeros años de democracia en España cuando se estableció el marco organizativo del deporte en España. Aun considerando la idoneidad de este

[63] F. París-Roche, "Visión histórica de la construcción…", p. 40.

enfoque, cabe también contemplar una concepción más amplia de este fenómeno considerando que la democratización no debe limitarse a la participación sino más bien tender a la implicación de los diferentes agentes implicados[64]. Bajo este enfoque, más de proceso y que incluye diversos niveles de actuación, podemos considerar que el proceso de democratización se siguió completando durante el inicio del siglo veinte.

Desde esta perspectiva crítica, más allá de valorar los logros conseguidos en lo referente a la extensión de la práctica deportiva entre la ciudadanía y como un sector reconocido socialmente –la ley del deporte aprobada en 2022 consideraba el deporte como una actividad esencial que precisa de una especial atención y protección de los poderes públicos[65]–, es necesario centrar la atención en las barreras aún existentes de acceso a la práctica deportiva. Concretamente, un 47% de las personas entre 15 y 64 años siguió sin practicar actividad física o deportiva de manera regular en 2015, algo que manifiesta que la popularidad del deporte no es equilibrada en algunos grupos sociales[66]. En esta dirección, algunos autores consideran que existe una persistencia de desigualdades sociales crónicas o brecha deportiva en relación con el género y a la edad[67]. En cuanto al género persisten las diferencias entre hombres y mujeres, pese a que en los últimos años la práctica deportiva de las mujeres se ha incrementado del 31% en 2010 al 42% en 2015[68]. En cuanto a la edad, se observan unas preocupantes pautas de uso del tiempo libre entre la población más joven orientadas hacia un mayor sedentarismo como consecuencia

[64] Peter Donnelly, “Democratization Revisited: Seven Theses on the Democratization of Sport and Active Leisure”, *Loisir et Société / Society and Leisure* 16, n.º 2 (1993): pp. 413-434, https://doi.org/10.1080/07053436.1993.10715460.

[65] Cortes Generales, “Ley 39/2022, de 30 de diciembre, del Deporte”.

[66] Manuel García-Ferrando y Ramon Llopis-Goig, “La participación deportiva en España: pautas de estratificación y principales características”, en N. Puig-Barata y A. Camps-Povill (eds.), *Diálogos sobre el deporte, 1975-2020*, Barcelona: Editorial INDE, 2020, pp. 173-188.

[67] David Moscoso-Sánchez y Álvaro Rodríguez-Díaz, “El sesgo de la participación deportiva en España: argumentos y análisis alternativos”, en N. Puig-Barata y A. Camps-Povill (eds.), *Diálogos sobre el deporte, 1975-2020*, Barcelona, Editorial INDE, 2020, pp. 189-200.

[68] Manuel García-Ferrando y Ramon Llopis-Goig, “La participación deportiva en España: pautas de…”.

de la consolidación del ocio digital y nocturno, y de la disminución de la actividad física desarrollada en la vida cotidiana[69]. Asimismo, la población extranjera mayor de 15 años presenta niveles de práctica deportiva inferiores a los registrados por la población española, especialmente entre los grupos con edades entre los 25 y 54 años[70]. Por lo tanto, los logros conseguidos en la consolidación del deporte como hábito ciudadano no deben contribuir a la creación de una ficción de la igualdad[71], sino que deberían ser un estímulo para disminuir los condicionantes sociodemográficos que han limitado el acceso al deporte por parte de determinados estratos de la sociedad española.

En cuanto al propio modelo de gobernanza del deporte español, comentado ampliamente en este capítulo, cabe considerar que su despliegue se ha visto notablemente condicionado por los diferentes ciclos económicos de estas décadas, dos de ellos de recesión (1973-1985 y 2007-2013) y dos de crecimiento económico (1985-2007 y 2014-2020). De este modo, estos dos periodos de profunda crisis económica y la corta regresión del periodo postolímpico han cuestionado la eficacia del sistema deportivo español, evidenciando la fragilidad de parte del asociacionismo deportivo al depender excesivamente de unas Administraciones Públicas que aplicaron importantes recortes en las partidas destinadas al deporte. En esta misma dirección, puede considerarse también que el crecimiento de los niveles de práctica deportiva en este país se ha visto condicionado por el cambio en la orientación de políticas deportivas públicas desarrolladas desde 1990 que pasaron a priorizar el deporte de alto rendimiento frente al deporte para todos[72].

Esta situación permite plantear si el modelo deportivo español, con un papel preeminente del sector público, es el más idóneo teniendo en cuenta la porosidad y el crecimiento alcanzado por el

---

[69] David Moscoso-Sánchez y Álvaro Rodríguez-Díaz, "El sesgo de la participación deportiva en España: argumentos…".

[70] M. García-Ferrando y R. Llopis-Goig, "La participación deportiva en España: pautas de…".

[71] Begoña Marugán, "El deporte como creador de la ficción de igualdad", *Revista la U. Cultura y Pensamiento*, 31 de enero de 2019. https://la-u.org/el-deporte-como-creador-de-la-ficcion-de-igualdad/.

[72] David Moscoso-Sánchez y Á. Rodríguez-Díaz, "El sesgo de la participación deportiva en España: argumentos…".

deporte en estas últimas décadas, o bien debe ir orientándose hacia un papel subsidiario de los poderes públicos, como sucede en otros países de Europa. De hecho, la Carta Europea del Deporte de 1992, hace referencia a este rol por parte de las Administraciones, es decir, "fundamentalmente complementario de la actuación de los movimientos deportivos" (Art 3.1)[73], algo reafirmado en la actualización de este texto, llevada a cabo en 2021.

[73] Consejo de Europa, Carta Europea del Deporte.

EL "TRÍO DE HIERRO" CONTRA EL NEOFASCISMO: HINCHAS DE FÚTBOL Y POLÍTICA EN LA CIUDAD DE SAO PAULO DURANTE EL GOBIERNO DE JAIR BOLSONARO (2019-2022)[1]

Felipe Tavares Paes Lopes
Universidad Estadual de Campinas

No es exagerado afirmar que la década de 2010 comenzó con el protagonismo de los(as)[2] hinchas de fútbol en algunos de sus episodios políticos más relevantes. Por ejemplo, los ultras tuvieron un papel destacado en la llamada Revolución de los Jazmines, en Túnez, en 2010 y 2011, enfrentándose a las fuerzas policiales del régimen dictatorial de Zine El Abidine Ben Ali. Estos grupos también desempeñaron un papel central en la llamada Revolución del Loto, en Egipto, en 2011, que derrocó al régimen militar de Hosni Mubarak tras la llamada batalla del Camello, en la plaza Tahrir de El Cairo. También participaron en primera línea en las protestas de 2013 en Turquía. Motivadas inicialmente por la tala de unos 600 árboles en el parque Taksim Gezi de Estambul, estas protestas acabaron convirtiéndose en manifestaciones a escala nacional contra el gobierno conservador del entonces primer ministro Recep Tayyip Erdogan. En todos estos episodios, grupos de hinchas rivales, con una larga historia de violencia entre sí, establecieron alianzas hasta entonces inéditas para enfrentarse a un enemigo mayor[3].

En Brasil, fútbol y política también caminaron juntos en las principales movilizaciones que marcaron el inicio de los años 2010,

---

[1] Agradezco al *Espaço da Escrita –Pró-Reitoria de Pesquisa, UNICAMP–* por los servicios lingüísticos prestados y a la *Fundação de Amparo à Pesquisa do Estado de São Paulo* (FAPESP) por la financiación de la investigación en la que se basa este capítulo.

[2] En adelante, para volver más ágil la lectura del texto, dejaré de utilizar la fórmula "el(la)" y adoptaré el masculino genérico.

[3] M. Correia. *Una historia popular del fútbol*, trad. I. Aragón, 1 ed., Asturies, Hoja de la Lata Editorial, 2019.

como las Jornadas de Junio de 2013. Aunque estas manifestaciones no contaron con el protagonismo ni siquiera con una participación significativa de grupos de hinchas organizados, estas pusieron el fútbol en la agenda. Inicialmente, los manifestantes pedían la derogación del aumento de las tarifas de autobús en la ciudad de Sao Paulo. Luego, las protestas se extendieron por todo Brasil, celebrándose en al menos 350 municipios de todas las regiones del país. Las agendas también se multiplicaron y llegaron a otras esferas de los servicios públicos, como la educación y la salud. Además, ante la proximidad del inicio de la Copa Confederaciones 2013 –que serviría de prueba para el Mundial del año siguiente–, los manifestantes pasaron a mostrar su descontento hacia los grandes gastos del Gobierno brasileño para hacer posibles los eventos. Al mismo tiempo que se disputaban los partidos de la Copa Confederaciones, se produjeron fuertes protestas contra los juegos que ganaron protagonismo en los medios de comunicación en todo el mundo[4].

Sin embargo, la participación de grupos de hinchas de fútbol organizados en manifestaciones callejeras fue más intensa en los años siguientes, durante el proceso de destitución de la entonces presidenta de Brasil, Dilma Rousseff, del *Partido dos Trabalhadores* (PT), que comenzó en 2015 y terminó en 2016. En ese momento, Brasil vivía intensas manifestaciones a favor y en contra de la destitución de Dilma que llevaron a una multitud de personas a las calles. Las movilizaciones favorables fueron apoyadas por diversos movimientos conservadores y liberales, y la mayor de ellas tuvo lugar en al menos 337 municipios y reunió a 3,6 millones de personas, lo que puede haber sido el mayor acto político de la historia del país[5]. Por otra parte, las manifestaciones contrarias contaron con el apoyo de movimientos como el *Frente Brasil Popular* y *Brasil Sem Medo*, que reunieron a diversos movimientos sociales y sindicatos. La mayor de ellas tuvo

---

[4] Maria Alice de Faria Nogueira & Bernardo Borges Buarque de Hollanda. "Os anúncios publicitários na Copa das Confederações de 2013 e na Copa do Mundo de 2014: uma leitura das representações midiáticas do Brasil contemporâneo", *Tríade: comunicação, cultura e mídia*, 7 (2016), pp. 150-171.

[5] Portal G1. "Mapa das manifestações contra a Dilma, 13/03". *Portal G1*. (2016a). Disponible en: http://especiais.g1.globo.com/politica/mapa-manifestacoes-no-brasil/13-03-2016/contra/. Consultado en: 23/01/2023.

lugar dos semanas después del gran acto de la derecha y se celebró en al menos 75 municipios, reuniendo a 159.000 manifestantes[6].

En esta época de gran agitación política, los hinchas progresistas de diversos clubes comenzaron a salir a las calles de Brasil y a vincular sus símbolos a causas políticas de izquierda. De este esfuerzo colectivo más amplio nacieron importantes colectivos en la ciudad de Sao Paulo, como el *Coletivo Democracia Corinthiana* (CDC), que estaba formado por hinchas del Corinthians, y el Porcomunas (PC), formado por hinchas del Palmeiras. Ambos estuvieron presentes en las manifestaciones contra la destitución de Dilma y portaban pancartas como "*Palmeirenses* contra el golpe" y "*Palmeirenses* por la democracia", en el caso del PC, y "*Democracia Corinthiana* contra el golpe", en el caso del CDC. Desde estas primeras apariciones públicas, estos colectivos comenzaron a participar sistemáticamente en las manifestaciones callejeras, como en las protestas "Fuera Temer[7]", el Día Internacional de la Mujer, el Día de los Trabajadores, el Día de la Conciencia Negra, etc.[8]

Sin embargo, durante el gobierno de Jair Bolsonaro (2019-2022), el CDC, el PC y otros colectivos activistas de hinchas[9] (CAH) ganaron más notoriedad pública. En 2020, en plena pandemia de la COVID-19, Brasil fue escenario de manifestaciones callejeras semanales de los partidarios más radicales del gobierno a favor de agendas antidemocráticas, como el retorno del régimen militar (1964-1985), que, entre otras cosas, canceló el mandato de parlamentarios opuestos a sus posiciones y suspendió las garantías constitucionales, lo que resultó en la institucionalización de la tortura y el asesinato como práctica estatal. En este contexto, varios CAH y sectores

---

[6] Ídem. "Mapa das manifestações pró-Dilma, 31/03". *Portal G1*. (2016b). Disponible en: http://especiais.g1.globo.com/politica/mapa-manifestacoes-no-brasil/31-03-2016/pro/. Consultado en: 23/01/2023.

[7] A Michel Temer lo nombraron presidente de Brasil tras la destitución de Dilma Rousseff, y la izquierda lo considera como uno de los principales organizadores del "golpe".

[8] Micael Zaramella. *No gramado em que a luta o aguarda: antifascismo e a disputa pela democracia no Palmeiras*, São Paulo, Autonomia Literária, 2022.

[9] Esta no es una categoría nativa, sino una creación mía, que analizaré más a fondo sus características en el siguiente apartado.

progresistas de las *torcidas organizadas*[10] (TO) rompieron el silencio en la izquierda y salieron a las calles para defender la democracia y manifestarse contra la (desastrosa) gestión de Bolsonaro en la epidemia de la COVID-19. Estas manifestaciones tuvieron lugar en ciudades como Río de Janeiro, Belo Horizonte, Brasília y, principalmente, Sao Paulo, en los meses de marzo y junio de 2020, y se conocieron como la Primavera de las Hinchadas Antifascistas[11].

La Primavera de las Hinchadas Antifascistas no sólo unió a hinchas rivales en torno a una causa común, sino que también sirvió de base para nuevos CAH. Por ejemplo, desempeñó un papel decisivo en el desarrollo del *Bloco Tricolor Antifa* (BTA), formado por hinchas del São Paulo. Este colectivo debutó oficialmente en las calles en la protesta "Fuera, Bolsonaro" el 3 de julio de 2021 y organizó su primera reunión presencial aproximadamente un mes después. Aunque su debut se dio en 2021, este colectivo es el producto de conversaciones que se venían llevando a cabo en grupo desde mediados de 2018 por *WhatsApp*. En la Primavera de las Hinchadas Antifascistas, algunos de sus miembros se conocieron en persona después de haber acordado encontrarse frente al Parque Trianon, en la Avenida Paulista[12]. Fue también allí donde una persona del grupo fue insultada y amenazada por extremistas de derecha, y esto casi derivó en agresión física si no fuera por la protección que le dio uno de los miembros del futuro colectivo. Este episodio probablemente aceleró la creación del BTA, ya que señaló la urgencia de enfrentarse a la extrema derecha.

En vista de la relevancia de los CAH para la confrontación del neofascismo durante el gobierno de Bolsonaro, en este capítulo, sistematizo y presento los resultados de una investigación –que contó con el apoyo financiero de FAPESP– sobre colectivos formados por hinchas del llamado "Trío de Hierro" de la ciudad de Sao Paulo, es decir, de sus tres clubes más populares: Corinthians, São Paulo y

---

[10] Las *torcidas organizadas* son grupos de hinchas organizados en Brasil, que actúan más o menos como los grupos ultras de Europa, realizando espectáculos audiovisuales en el estadio. Analizaré más a fondo sus características en el siguiente apartado.

[11] Felipe Tavares Paes Lopes & Murilo Aranha Guimarães Marcello. "Comunicação, futebol e antifascismo: a cobertura jornalística das manifestações políticas de rua de torcedores organizados em 2020", *Logos: Comunicação e Universidade*, 1(2021), pp. 60-74.

[12] La vía más simbólica de San Pablo.

Palmeiras, respectivamente. Más concretamente, analizo las características, el perfil, el imaginario, las acciones y las implicaciones teóricas y políticas de las luchas de tres de estos colectivos: el CDC, el BTA y el PC. Este análisis se basa en entrevistas individuales y grupales, cuestionarios, observaciones en protestas, marchas y otras manifestaciones callejeras en las que participaron estos miembros, además de material extraído de sus redes sociales digitales.

Antes del análisis, es importante destacar que utilizo el término "neofascista" tal como lo concibe Michael Löwy[13], quien lo utiliza para caracterizar a una serie de líderes, movimientos, partidos y gobiernos de extrema derecha (como el propio gobierno de Bolsonaro) que tiene "[...] similitudes significativas con el fascismo –clásico de la década de 1930– y a menudo raíces históricas en este pasado, pero también algunas diferencias sustanciales". Según el autor, el neofascismo no tiene las mismas características en todas partes. Así que el fenómeno Bolsonaro presenta algunas diferencias importantes con la extrema derecha europea, tales como: 1) No tiene una relación umbilical con los movimientos fascistas de los años 1930 (en el caso brasileño, el *Integralismo*), sino con iglesias neopentecostales, que, con su discurso homófobo y antifeminista ultrarreaccionario, fueron claves en su ascenso al poder; 2) A pesar de varias declaraciones claramente racistas de su principal líder, no hizo del racismo su principal bandera, sino más bien el tema de la lucha contra la corrupción y el odio contra la izquierda y la centro-izquierda; y 3) Adoptó un plan económico ultraliberal en lugar de denunciar la globalización neoliberal en nombre del proteccionismo. Los principales puntos en común con la extrema derecha europea serían el culto a la violencia policial y la intolerancia hacia las minorías sexuales, en particular los homosexuales.

Este capítulo está organizado en cuatro apartados. En el primer, presento los diferentes modelos de los CAH que actuaron contra el neofascismo durante el gobierno de Bolsonaro en la ciudad de Sao Paulo y delineo el perfil de los miembros del CDC, BTA y PC. En el

[13] M. Löwy, "Extrema direita e neofascismo: um fenômeno planetário: o caso Bolsonaro", en F. Godinho Faria & M. Luiz Barbosa Marques (dirs.) *Giros à direita: análises e perspectivas sobre o campo libelo-conservador*, Sobral, Sertão Cult, 2020, p. 14.

segundo, analizo el imaginario de estos miembros sobre el fascismo. En el tercero, examino sus principales estrategias y acciones contra la extrema derecha, como las manifestaciones celebradas durante la Primavera de las Hinchadas Antifascistas. Y en el cuarto, discuto hasta qué punto y cómo estas acciones tensionan algunas lecturas teóricas y políticas de la relación entre fútbol y poder.

LOS COLECTIVOS ACTIVISTAS DE HINCHAS

El mundo del fútbol brasileño es heterogéneo y polifacético, y alberga varios tipos de grupos de hinchas organizados. Los más conocidos son las TO, que a menudo adquieren visibilidad pública por las fiestas que promueven en las gradas, por su lealtad al club y su participación en peleas y actos vandálicos. Sin embargo, estas asociaciones difieren en aspectos importantes. Varían en tamaño (de cientos a decenas de miles de miembros), siguen distintas tradiciones de hinchar (algunas reproducen el estilo de los hinchas argentinos, por ejemplo[14]) y tienen distintas relaciones con la violencia física (algunas buscan, de manera deliberada y sistemática, participar en enfrentamientos corporales e incluso armados contra grupos rivales). No obstante, todas pretenden seguir y alentar a su club favorito donde juegue, promoviendo un estimulante espectáculo audiovisual en las gradas, con instrumentos musicales, coreografías, cantos, banderas, pancartas, mosaicos, humo, papel picado y/o elementos pirotécnicos[15].

Los CAH, por su parte, no tienen como objetivo principal seguir a un club de fútbol a todas partes o alentarlo desde las gradas, sino luchar por transformaciones en el universo del fútbol, en particular, y en la sociedad, en general. Por un lado, los colectivos están formados por hinchas del fútbol –cuyos vínculos con el club son incluso fundamentales para la formación y la identidad de sus agrupaciones–, por

[14] Es importante señalar que los grupos que siguen esta tradición, que difiere de la brasileña, a menudo no son considerados por la literatura o por los propios hinchas como *torcidas organizadas*, sino barras (categoría utilizada para designar a los grupos de hinchas organizados en Argentina y otros países hispanoamericanos).

[15] Felipe Tavares Paes Lopes. *Violência no futebol: ideologia na construção de um problema social*. Curitiba, CRV, 2019.

otro, sus miembros, cuando actúan para el colectivo, desempeñan el papel de activistas. Como la mayoría de los colectivos que forman parte de los "novísimos movimientos sociales[16]", no tienen un alto grado de formalización, su estructura es poco jerarquizada –basada en la horizontalidad y el trabajo colaborativo– y apenas superan el centenar de miembros activos. La mayoría, me atrevería a decir, no supera las pocas decenas.

Fundamentalmente, los CAH pueden agruparse en tres dimensiones distintas: política, territorial y organizativa. En cuanto a la dimensión política, aunque pueden considerarse de izquierdas, no tienen los mismos programas y participan en tácticas, estrategias, agendas y debates diferentes. Aquí tenemos cuatro grupos: Primero, los colectivos que limitan su ámbito de actuación a cuestiones directamente vinculadas a su club. Segundo, los que se centran en causas asociadas a la lucha por el reconocimiento de las identidades étnico-raciales, sexuales y de género. Centrarse en estas causas no significa que pierdan de vista otras cuestiones, como la de clase social. Tercero, los que participan en la subcultura y plataforma militante antifascista, que buscan hacer una oposición directa a las organizaciones nazifascistas y optan por el anonimato de sus miembros para evitar posibles represalias de estas organizaciones y de las autoridades. Y cuarto, los que orientan y luchan por cuestiones importantes para el campo progresista en general y tienen una actividad "[...] más centrada en los ambientes de la izquierda institucionalizada, como manifestaciones callejeras, movimientos sociales e incluso interacción con miembros de diferentes partidos políticos"[17]. El CDC y el PC forman parte de este último grupo. Por su parte, el BTA, aunque tiene varias características propias de dicho grupo (no actúa de forma anónima ni participa en confrontaciones directas, por ejemplo), lleva en su nombre la sigla "antifa" y, al igual que las organizaciones

[16] Maria da Glória "Gohn. Jovens na política na atualidade – uma nova cultura de participação", *Caderno CRH*. 2(2018), pp. 117-133.

[17] Micael Zaramella. *No gramado em que a luta o aguarda: antifascismo e a disputa pela democracia no Palmeiras*, São Paulo, Autonomia Literária, 2022, pp. 158.

militantes antifascistas, asume algunas luchas políticas transnacionales. En este sentido, podemos decir que adopta un modelo híbrido.

En cuanto a la dimensión territorial, hay CAH que, por razones logísticas y de seguridad (especialmente aquellos con agenda centrada en la causa LGBTQIA+), circunscriben sus actividades básicamente al entorno virtual y aquellos que operan en diferentes espacios de la ciudad, organizando y participando, de forma permanente, en actividades presenciales, como protestas y manifestaciones callejeras. El CDC, el BTA y el PC forman parte de este último grupo.

Respecto a la dimensión organizativa, hay CAH vinculados a TO –que reúnen a miembros de una misma asociación o a miembros de varias asociaciones de un mesmo club– y hay los independientes. Los primeros siguen las reglas de las TO (no se hacen fotos con hinchas rivales, por ejemplo) y, por eso, suelen caminar en bloques separados en las protestas para evitar conflictos. Además, en las manifestaciones callejeras, no suelen utilizar los símbolos de sus TO para que ellas no sufran posibles castigos y persecuciones por parte de las autoridades públicas. A su vez, los colectivos independientes, gracias a esta característica, tienen mayor libertad para tratar temas sensibles para el universo de las TO, como los relacionados con la causa LGBTQIA+, y pueden articular acciones con colectivos de hinchas rivales. El CDC, el BTA y el PC forman parte de este último grupo.

En cuanto al perfil de los miembros de los CAH, faltan investigaciones que traten de delimitarlo. En este sentido, me limitaré a presentar algunos datos sobre los tres colectivos que examiné (CDC, BTA y PC), que no pueden generalizarse al conjunto más amplio de los CAH. El primer aspecto que llama la atención sobre los miembros de estos colectivos es que su edad suele ser significativamente superior a la de los activistas que protagonizaron las Jornadas de Junio de 2013. Mientras que estos últimos en su mayoría eran (53%) menores de 25 años[18], la mayoría (84%) de tales miembros tiene más de 30 años, y el 36% más de 50. Estos datos ayudan a desmitificar la idea de que

[18] Maria da Glória "Gohn. Jovens na política na atualidade-uma nova cultura de participação", *Caderno CRH*. 2(2018), pp. 117-133.

los quehaceres de la vida adulta alejan a las personas de actividades que requieren organización colectiva e inversión de tiempo.

También llamo atención para una sobrerrepresentación de blancos (56%) y de hombres (76%), si lo comparamos con la población brasileña en general (43% y 51%, respectivamente). Es interesante señalar que, aunque el número de mujeres es pequeño, varias de ellas ocupan puestos de liderazgo en los colectivos analizados. Además, destaco que la mayoría de sus miembros se declaran marxistas (52%) y están afiliados a un partido político (56%), lo que indica que no rechazan la mediación política y las organizaciones políticas "tradicionales". También señalo que muchos de ellos (60%) militan en otros movimientos sociales y que sólo unos pocos son miembros de TO (12%) y de sus clubes de fútbol (16%), lo que sugiere, entre otras cosas, que su experiencia en el colectivo se basó principalmente en su trayectoria y circulación en organizaciones políticas "tradicionales".

Finalmente, cabe observar que, prescindiendo de los fundadores, casi la mitad de los miembros de los colectivos analizados (48%) conocieron el agrupamiento en manifestaciones callejeras, lo que indica la importancia de estos eventos como espacio de socialización y reclutamiento. Como reflejo de esto, el 96% de ellos informan acudir a este tipo de manifestaciones al menos una vez al mes, y el 24% todas las semanas. No obstante, esto no significa que las redes sociales digitales no sean un espacio importante para tales colectivos. Aunque no sean los principales espacios de reclutamiento, ejercen un papel clave para consolidar sus identidades y difundir y organizar sus acciones. Todos los participantes en la encuesta informaron interactuar con al menos una de las redes sociales de su colectivo. Esto todavía no significa que los estadios de fútbol no sean un importante espacio de socialización. El 68% de los participantes afirma ir al estadio una vez al mes, y el 24% relataron asistir a los partidos todas las semanas. De hecho, algunos de los fundadores del CDC eran hinchas del Corinthians que llevaban muchos años acudiendo al estadio *Pacaembu*[19] y se reunían en la plaza Charles Miller antes de los partidos.

[19] Estadio donde jugaba el Corinthians antes de la inauguración de su propio estadio en 2014.

Sin embargo, hay una diferencia relevante: mientras que, en las manifestaciones callejeras, los miembros de los colectivos analizados forman un bloque compactado, estandarizado y homogéneo, caminando juntos y demarcando el territorio con pancartas y banderas; en los estadios, tienden a actuar como hinchas "sueltos", mezclándose con la masa. Es interesante observar que, en los partidos de fútbol femenino, se puede ver pancartas, banderas y otros materiales de los CAH que no están institucionalmente presentes en los partidos de fútbol masculino, especialmente aquellos más vinculados a las luchas por el reconocimiento de identidades LGBTQIA+. Al fin y al cabo, el entorno del fútbol femenino les resulta menos hostil. Además, el apoyo a este fútbol no deja de ser una manifestación política contra el sexismo.

IMAGINARIO DE LOS COLECTIVOS ACTIVISTAS DE HINCHAS

Una vez presentadas las características de los CAH y el perfil de los miembros de CDC, BTA y PC, paso a analizar su imaginario del fascismo. Cabe señalar que el imaginario siempre está compuesto por elementos heterogéneos, como creencias colectivas, representaciones, relatos, símbolos e imágenes. Estos elementos conforman un campo semántico impreciso, refractario a cualquier tipo de formalización estricta[20]. Por esta razón, el imaginario examinado sólo puede esbozarse con trazos gruesos e imprecisos. En cualquier caso, es posible indicar algunas estrategias de construcción simbólica relevantes para su constitución.

En primer lugar, la estrategia de deslegitimación. Tal como se ha esperado, existe un consenso entre los miembros de los colectivos analizados en que el fascismo es un fenómeno negativo y, por tanto, indigno de apoyo. De esta manera, en ningún momento, percibí elogios hacia él, como si pudiera tener algún aspecto positivo. Al contrario, a menudo, se le atribuye irracionalidad, que suele ser considerada

[20] Tomás Ibáñez. *Agitando los anarquismos: de mayo de 68 a las revueltas del siglo XXI*, Buenos Aires, Libros de Anarres, 2018.

por tales miembros como lo que embrutece, como lo que está en la raíz de la barbarie. Utilizando la metáfora platónica, el fascista sería una especie de "prisionero" que toma las sombras por la realidad. Por tanto, sería necesario sacarle de la "caverna" para que pudiera ver con claridad el fascismo y sus consecuencias. No es sorprendente que algunos de estos miembros sostengan que es necesario dialogar con los partidarios del fascismo para demostrarles que están equivocados. Este tipo de pensamiento asume que los seres humanos comparten una racionalidad, es decir, que la razón es intrínseca a todos nosotros. Así, bastaría con garantizar su uso correcto para llegar a acuerdos éticos de alcance universal.

Es interesante observar, por lo tanto, que la creencia de la Ilustración en el valor de la razón como fuente de sabiduría y medio para el progreso de la humanidad está, en el contexto analizado, en la base de una parte (significativa) de las expectativas de transformación o eliminación del fenómeno del fascismo. También cabe señalar que, desde *Auschwitz*, los militantes antifascistas han llegado, por otra parte, a mirar con fuerte recelo la posibilidad de un debate racional de ideas para hacer frente a la violencia y a las ideas fascistas, luchando con todas sus fuerzas contra la capacidad de las organizaciones nazistas y fascistas para decir cualquier cosa, empleando las más diversas estrategias para silenciarlas, como, por ejemplo, infiltrarse en estos grupos para sembrar la discordia, impedir físicamente sus manifestaciones, sofocar los discursos de sus dirigentes y destruir sus pretensiones de anonimato. De hecho, en la actualidad, la creencia en el poder de la razón como munición antifascista forma parte del imaginario liberal[21]. El hecho de que esta creencia sea compartida en un entorno que, como vimos en el apartado anterior, está influenciado por el marxismo es indicativo de que no existe un imaginario "puro" del fascismo/antifascismo. A veces, las voces del liberalismo filosófico resuenan dentro del campo de la izquierda. Más exactamente, a veces se mezclan y se hibridan.

[21] M. Bray. Antifa: el manual antifascista, trad. M. A. Pérez, 1 ed., Madrid, Capitán Swing, 2017.

En segundo lugar, la estrategia de exclusión. Los miembros de los colectivos analizados también tienden a percibir el fascismo como un agente externo, que llegaría al mundo para desarmonizar las relaciones sociales, lo que presupone una perspectiva funcionalista de la sociedad, centrada en el orden y el equilibrio. Un agente que es representado por estos miembros mediante algunas categorías metafóricas. Cabe destacar que el análisis de este tipo de categorías es de suma relevancia, ya que delimitan las formas en que percibimos y organizamos el mundo social. Al fin y al cabo, cualquier persona o fenómeno social puede ser clasificado según una u otra categoría, pero los significados producidos por estas categorías no son los mismos, teniendo efectos potenciales diferentes[22].

Entre las categorías empleadas para describir el fascismo, destaco la categoría "enfermedad", que identifica el fascismo en términos de acciones patológicas. Aquí, el mundo social se presenta implícitamente desde un punto de vista biológico, como si padeciera una patología, en este caso el fascismo. El fascismo se construye, por tanto, como un cuerpo extraño que debe ser extraído del "cuerpo social". Pero el fascismo no es sólo una "enfermedad", sino una enfermedad "incontrolable", según un entrevistado. El uso de tal adjetivo contribuye a llamar la atención de las personas sobre la inminencia de sus riesgos y peligros, señalando así la necesidad de que se indignen y movilicen (urgentemente) contra las organizaciones y personas que lo apoyan. También destaco el uso de la categoría "monstruo", que saca al fascismo del campo de lo humano y contribuye a revestirlo de la imagen de lo grotesco, del horror, ya que, en el imaginario social, un monstruo es una criatura deforme y aterradora que representa una amenaza para las personas.

En tercer lugar, la estrategia de fusión. Varios de los miembros de los colectivos analizados se dan cuenta de que el fascismo y el capitalismo (especialmente el neoliberalismo) están estrechamente relacionados, como si fueran prácticamente la misma cosa. Esta relación rompe con el discurso habitual de los medios de comunicación

[22] L. M. Rojo. "A frontera interior – análise crítica do discurso: um exemplo sobre "racismo"", en L. Iñiguez-Rueda (dir.), *Manual de Análise do Discurso em Ciências Sociais*, trad. Vera Lúcia Joscelyne, 2 ed. Petrópolis, Vozes, 2005, pp. 50-104.

brasileños, que tienden a disociar neoliberalismo y fascismo, como si fueran fenómenos distintos, es decir, como si no existiera un compromiso (visceral) del gran capital y del capital monopolista con el fascismo. Sin embargo, la idea de que capitalismo y fascismo son fenómenos vinculados no es nueva; ha poblado el imaginario de la izquierda –especialmente de la izquierda marxista– desde la aparición del fenómeno. Recordemos aquí la posición de la Comintern[23], que veía la aparición del fascismo como parte de la escalada de las fuerzas reaccionarias e imperialistas, motivada por la crisis económica capitalista.

Esta interpretación (marxista) del fascismo fue elaborada por varios pensadores, como Georgi Dimitrov, quien, en 1934, en el séptimo congreso de la Comintern, sancionó la famosa definición: "El fascismo es la dictadura terrorista abierta de los elementos más reaccionarios, más chovinistas y más imperialistas del capital financiero"[24]. En otras palabras, el estadista búlgaro entendía el fascismo sobre la base del ultranacionalismo xenófobo y el conflicto de clases. El énfasis en esta última cuestión es lo que diferencia principalmente la interpretación marxista del fascismo de la interpretación liberal, que tiende a negarla, ocultarla o, al menos, oscurecerla. Por ejemplo, el filósofo napolitano Benedetto Croce –que se convirtió en un símbolo de la resistencia liberal a Benito Mussolini– caracterizó el fascismo como una "enfermedad inesperada" que atacó repentinamente el "cuerpo sano" de Italia[25]. Cabe señalar que, en esta caracterización, no sólo no aparecen los conflictos de clase, sino que se les ocultan mediante la metáfora de la patología, empleada como recurso explicativo. Una metáfora que, como hemos visto, es utilizada del mismo modo por algunos miembros de los colectivos analizados.

En el contexto estudiado, es interesante observar que se combinan y se articulan diferentes explicaciones teóricas del fascismo, conformando un imaginario polifacético y plural, es decir, ecléctico. Este eclecticismo, sin embargo, tiene ciertos límites. Por ejemplo, en ningún momento observé discursos que equiparasen el fascismo

---

[23] Nombre dado a la Tercera Internacional Comunista (1919-1943).
[24] Leandro Konder. *Introdução ao fascismo*, São Paulo, Expressão Popular, 2009, p. 91.
[25] Ibídem.

y el comunismo. Cabe recordar que este tipo de equiparación es realizada por algunos de los grandes (y muy influyentes) teóricos liberales del fascismo, como Hannah Arendt, que llega "[...] a ver ciertos aspectos más humanos en el nazismo, ya que el terror en la Unión Soviética era un fenómeno que podía alcanzar a cualquiera y ni siquiera estaba limitado por la discriminación racial, como en la Alemania de Hitler[26]".

PRÁCTICAS Y ESTRATEGIAS DE LOS COLECTIVOS DE ACTIVISTAS DE HINCHAS

Ciertamente, el imaginario analizado en el apartado anterior contribuyó a alimentar y dar forma a las prácticas y estrategias de los colectivos investigados contra el neofascismo durante el gobierno de Bolsonaro. Durante este periodo, el entonces presidente de Brasil personificó la extrema derecha y fue considerado por la izquierda como el gran villano de los problemas del país. No es de extrañar que aparezca como tema principal en varias publicaciones en las redes sociales de dichos colectivos, casi siempre tratado como una grave amenaza, ya sea para la democracia, el medio ambiente, la salud pública, los derechos de los ciudadanos, las "minorías", la civilización o todo lo anterior. Por esta razón, se le caracteriza como un "genocida" a menudo en estas publicaciones y en otros lugares, es decir, como alguien que busca deliberadamente exterminar a una población o grupo específico. Esta caracterización presupone la idea de que sus acciones implican un cálculo consciente, es decir, que "sabe lo que hace". Esta idea es fundamental para revestirlo con la imagen del mal, porque de lo contrario es difícil culparlo por sus elecciones (i)morales.

Percibiendo a Bolsonaro como un "genocida", los colectivos investigados y otros CAH realizaron varias protestas contra él. Vale la pena recordar aquí que algunas de ellas ocurrieron durante el periodo de la pandemia de la COVID-19, cuando las aglomeraciones

[26] Ibídem, p. 117.

podían traer un alto riesgo de contaminación. Así, en momentos como la Primavera de las Hinchadas Antifascistas, hubo un intenso debate entre los CAH sobre la pertinencia (o no) de realizar manifestaciones públicas –sobre todo teniendo en cuenta que estos colectivos criticaban fuertemente la gestión de Bolsonaro en la pandemia, que, entre otras cosas, promovió tratamientos ineficaces, desalentó el uso de mascarillas y retrasó la compra de vacunas. ¿No sería, por tanto, una contradicción realizar estas críticas y, al mismo tiempo, promover aglomeraciones? Al final, el entendimiento de los colectivos fue que, aunque las aglomeraciones trajeran riesgos para la salud de las personas, la amenaza que Bolsonaro y sus seguidores representaba para la democracia era aún más grande, además, habría mucha distribución de mascarillas y alcohol en gel en las protestas.

Es importante recordar que, además de que el entonces presidente de Brasil promovía discursos de odio, que podían potenciar la violencia contra las "minorías" y la oposición de la época, sus seguidores, como ya he anticipado, realizaban manifestaciones callejeras semanales a favor de agendas antidemocráticas, como el retorno del régimen militar. Así, en mayo y junio de 2020, miembros de TO de diversos clubes y diversos CAH tomaron las calles de Sao Paulo y otras capitales de Brasil para defender la democracia. Para muchos, no estuvo exento de sorpresas que fueran personas habitualmente etiquetadas como "delincuentes", "vagabundos" y/o "alienados" quienes asumieran el papel de protagonistas de las luchas democráticas, rompiendo el silencio de la izquierda, incluyendo los partidos de oposición, sindicatos y movimientos sociales. Este protagonismo llevó incluso a las alas más progresistas del periodismo deportivo a reformular sus discursos sobre los miembros de las TO, llamándolos "hinchas ciudadanos", que estarían a favor de los valores de la Ilustración y de la democracia brasileña[27].

Debido a la presencia de miembros de TO rivales, la Primavera de las Hinchadas Antifascistas estuvo marcada por un ambiente

---

27 Felipe Tavares Paes Lopes & Murilo Aranha Guimarães Marcello. "Comunicação, futebol e antifascismo: a cobertura jornalística das manifestações políticas de rua de torcedores organizados em 2020", *Logos: Comunicação e Universidade*, 1(2021), pp. 60-74.

tenso. En un reportaje de prensa, un miembro del colectivo *Palmeiras Antifascista* afirmó que el ambiente en la primera manifestación no era amistoso para los *palmeirenses*, ya que había un gran número de *corintianos* (sus archienemigos) –principalmente vinculados a los *Gaviões da Fiel* [28], algunos de los cuales eran notorios luchadores. Por parte de los *palmeirenses*, también había algunos hinchas conocidos por sus "hazañas" en enfrentamientos contra agrupamientos contrarios. Y para tensar aún más el ambiente, en un dado momento, llegaron varios miembros de la *Torcida Jovem do Santos*[29] (rivales de Corinthians y Palmeiras). A pesar de las provocaciones, no hubo peleas. Sin embargo, según el entrevistado, el clima sólo cambió cuando comenzó un enfrentamiento con la Policía Militar. En ese momento, los hinchas se unieron para hacer frente al enemigo común. Pero, a la salida de la manifestación, hubo nuevas provocaciones[30]. No es de extrañar que los *palmeirenses*, muchos de ellos vinculados a los CAH y miembros de TO del club, decidieran crear el *Movimento Palestra Sinistro* para poder ir con seguridad a las manifestaciones posteriores y marcar su presencia en la línea del frente *antibolsonarista*[31]. En estas manifestaciones, otros grupos –como los movimientos negros y el *Frente Povo Sem Medo*– decidieron unir sus fuerzas a las de los hinchas. Las manifestaciones han sido marcadas por una serie de controversias en cuanto a su ubicación, ya que los manifestantes a favor y en contra del Gobierno tenían previsto manifestarse el mismo día en la Avenida Paulista y las autoridades públicas temían nuevos enfrentamientos, como había ocurrido en la primera.

Es importante señalar que la Primavera de las Hinchadas Antifascistas, a pesar de que fue protagonizada por los miembros de TO, no contó con la presencia oficial de ninguna de estas asociaciones, sino sólo de los CAH que se componían de sus miembros más progresistas (como el movimiento *Somos Democracia*, formado, básicamente,

---

[28] La más grande TO del Corinthians que cuenta con más de 100.000 miembros.

[29] La más grande TO del Santos, con decenas de miles de miembros.

[30] Rodrigo Grilo & Roberta Nina & Leandro Iamin. "A primavera das torcidas antifascistas", *Elástica*, (2020). Disponible en: https://elastica.abril.com.br/especiais/antifascista-protestos-torcidas-futebol/. Consultado en: 23/06/2023.

[31] Micael Zaramella. *No gramado em que a luta o aguarda: antifascismo e a disputa pela democracia no Palmeiras*, São Paulo, Autonomia Literária, 2022.

por miembros de los *Gaviões da Fiel*), así como de los CAH independientes (como el CDC, el BTA y el PC). Al fin y al cabo, los dirigentes de las TO temían a que se produjeran enfrentamientos con las fuerzas policiales, lo que, de hecho, acabó ocurriendo, y que se tradujeran en sanciones para sus asociaciones. También existía el temor a agravar sus divisiones internas, ya que las TO no son agrupaciones ideológicamente cohesionadas. Al contrario, albergan en sus filas tanto sectores progresistas como reaccionarios.

A finales de 2022, después de que el entonces candidato Luís Inácio Lula da Silva (PT) derrotó a Bolsonaro en las elecciones presidenciales, los partidarios de Bolsonaro, descontentos con la derrota electoral, decidieron cerrar varias carreteras en todo Brasil. Una vez más, los miembros de las TO ocuparon los titulares de los principales periódicos de Brasil, protagonizando una escena inverosímil. Ante la inercia de las autoridades policiales para despejar las carreteras, algunos de ellos decidieron desbloquearlas con sus "propias manos" para poder seguir a sus clubes en otras ciudades, en la trigésimo quinta ronda del Campeonato Brasileño de aquel año. En esa ronda, el Corinthians, por ejemplo, se enfrentaría al Flamengo en Río de Janeiro. Entonces, miembros de las TO del club –principalmente vinculados a los *Gaviões da Fiel*– se echaron a la carretera y desmantelaron los bloqueos, llegando a tiempo para ver al club en el Maracaná. En parte, la participación en estos desbloqueos puede atribuirse al principio moral que guía a las TO, según el cual sus miembros deben acompañar al club a todas partes, superando las adversidades. Pero también se debe, en parte, a la conciencia política de sus alas más progresistas. Así que, durante los desbloqueos de *Gaviões da Fiel*, se desplegaron pancartas antifascistas y del movimiento *Somos Democracia*.

Los colectivos investigados realizaron, además de participar junto a miembros de las TOs en la Primavera de las Hinchadas Antifascistas, varias acciones contra Bolsonaro durante los cuatro años de su Gobierno. Entre las más emblemáticas, destaco varias protestas realizadas a última hora de la tarde en una pasarela del centro de Sao Paulo, que fueron organizadas por el BTA, pero a las que también estuvieron presentes miembros del CDC y del PC. En estas protestas, los manifestantes encendieron bengalas y desplegaron pancartas con mensajes como: Bloco Tricolor Antifa. Por el fin del genocidio. Fuera Bolsonaro" y "Si es fuera Bolsonaro, toca la bocina". Y así transformaron creativamente un espacio de circulación de automóviles en un espacio de resistencia política, haciendo que los conductores opuestos al Gobierno crearan una especie de coro de bocinas insurgentes.

Es importante señalar que, además de organizar manifestaciones contra el neofascismo, los colectivos analizados participaron en varias manifestaciones callejeras organizadas por otras instituciones de izquierda durante el gobierno de Bolsonaro. De hecho, estos colectivos han participado en prácticamente todas las grandes manifestaciones callejeras (marchas, desfiles, protestas, etc.) del campo progresista desde su surgimiento. En estas ocasiones, sus miembros suelen extender pancartas, ondear banderas, enunciar gritos de guerra y realizar otras actividades típicas de la militancia política. Además, cuentan chistes, hablan de diversos temas y a menudo posan para fotografías. No pocas veces, otros manifestantes –incluso los que se declaran simpatizantes de equipos contrarios– les felicitan por la iniciativa de crear un CAH y les piden hacerse fotos con ellos. Por todo ello, podemos afirmar que las manifestaciones callejeras son tanto un importante espacio de socialización para los colectivos investigados como un momento relevante para la (re)afirmación de su identidad político-futbolística.

Evidentemente, las manifestaciones callejeras son también una oportunidad para que los colectivos analizados se enfrenten simbólicamente al neofascismo. La opción por esta forma de confrontación se debe a que estos colectivos apuestan por la difusión del pensamiento político de izquierda y la construcción del poder popular en las comunidades como estrategia privilegiada para "vacunar" a la población contra la extrema derecha. Por un lado, esta apuesta sugiere que no comparten (al menos no completamente) la creencia (liberal) de que las instituciones gubernamentales y el debate público de ideas establecido en los medios de comunicación y otros espacios hegemónicos son suficientes para neutralizar la violencia y las ideas fascistas. Por otro lado, indica, como ya he anticipado, una importante diferencia táctica con los movimientos antifascistas militantes –que históricamente han promovido acciones de confrontación "directa" con las organizaciones de extrema derecha, que eventualmente pueden implicar el uso de la violencia física[32].

Además de participar en manifestaciones callejeras contra el neofascismo, los colectivos analizados suelen organizar acciones dirigidas a personas en situación de vulnerabilidad social, como reparto de alimentos, donación de sangre, etc.[33]. Estos colectivos también organizan una serie de proyectos de concienciación política, como talleres, debates y proyecciones de películas. El hecho de que se centren en actividades culturales y educativas para "despertar" la conciencia de las personas refuerza la idea de que la lucha política debe tener lugar principalmente en el campo simbólico, lo que, en este caso, significa construir una hegemonía socialista o progresista desde la base. En este sentido, podemos afirmar que los colectivos analizados apuestan por lo que el filósofo italiano Antonio Gramsci denominó la "guerra de posición", es decir, por la transformación (lenta) de las instituciones de la sociedad civil como estrategia privilegiada para lograr amplios cambios sociales[34], con la diferencia de que esta "guerra", en este caso, no está planificada ni organizada por el Partido Comunista.

Durante el gobierno de Bolsonaro, a causa de la pandemia de la COVID-19, algunas de esas actividades tuvieron que ser interrumpidas. Sin embargo, ya en vísperas de la segunda vuelta de las elecciones presidenciales de 2022, una acción de "concienciación política" promovida por el PC ganó amplio protagonismo en los medios de comunicación. Durante la ceremonia que se ofreció al entonces entrenador del Palmeiras, el portugués Abel Ferreira, para concederle el título de ciudadano de Sao Paulo, un miembro del colectivo se levantó entre el público, se dirigió al entrenador y le regaló una camiseta del club con el mensaje "¡Dictadura nunca más!", en

---

[32] M. Bray. Antifa: el manual antifascista, trad. M. A. Pérez, 1 ed., Madrid, Capitán Swing, 2017.

[33] Cabe destacar aquí que las TO también suelen organizar este tipo de acciones.

[34] M. Burawoy. O marxismo encontra Bourdieu, trad. F. Rogério Jardim, 1ed., Campinas, Editora Unicamp, 2010.

clara oposición a los seguidores de Bolsonaro, que abogaban por el regreso del régimen militar.

Aquí merece la pena señalar que el PC apoyó públicamente a Lula en la segunda vuelta de las presidenciales. En la primera, sin embargo, este apoyo no fue consensuado dentro del colectivo, ya que parte de sus miembros (los más jóvenes principalmente) rechazaban la figura de su vicepresidente, el ex gobernador de Sao Paulo Geraldo Alckmin, visto como un representante de la derecha reaccionaria. El CDC y el BTA, por su parte, ya mostraron su apoyo en la primera vuelta. De hecho, en la investigación que realicé en sus redes sociales digitales, el *post* con más interacciones fue un homenaje del CDC a Lula. El apoyo de los colectivos analizados a Lula no fue en absoluto una sorpresa, ya que, además de no rechazaren a los partidos políticos tradicionales, como ya hemos visto, Lula representaba, en aquel momento, el principal opositor al neofascismo. Además, en las elecciones presidenciales anteriores, los CAH en general ya se habían mostrado feroces críticos del entonces candidato Bolsonaro, comprometiéndose fuertemente en la campaña *#EleNão* y declarando su apoyo al entonces candidato Fernando Haddad (PT) en la segunda vuelta[35].

ALGUNAS IMPLICACIONES TEÓRICAS Y POLÍTICAS DE LAS LUCHAS DE LOS COLECTIVOS ACTIVISTAS DE HINCHAS

Las luchas de los colectivos investigados y de los CAH en general contra el neofascismo durante el gobierno Bolsonaro desafían un discurso, recurrente en los medios de comunicación brasileños, de que el fútbol y la política no deben mezclarse, como si fueran aspectos separados e irreconciliables de la vida social. En primer lugar, este discurso está históricamente equivocado, ya que el fútbol nació precisamente como un instrumento de control social: era una forma, al menor coste, de que los profesores de las *public schools* inglesas

[35] Nathalia Ronchete. "Ciberativismo das torcidas antifascistas nas eleições de 2018: uma análise quantitativa". *FuLiA-UFMG*. (01), 2021, pp. 6-27.

dejaran ocupados a los adolescentes de los que eran responsables a tiempo completo[36]. Además, es políticamente interesado, ya que sirve para naturalizar los imperativos de los actores del mercado y, al mismo tiempo, para ocultar sus intereses y ganancias políticas y económicas de este espectáculo. Esta naturalización, a su vez, sirve para deslegitimar cualquier reivindicación de los hinchas que no se ajuste a la "racionalidad" del mercado, contribuyendo así a la reducción del espacio de sus derechos y a la ampliación del espacio privado de los intereses del mercado deportivo. Así, es posible afirmar que reivindicar la politización del fútbol –como hacen los CAH– significa, en primer lugar, refutar que la "lógica del mercado" sea la única realidad posible del deporte. Significa, por tanto, poner en el horizonte un amplio campo de posibilidades.

Las luchas de los colectivos investigados y de los CAH en general cuestionan también la tesis de que el fútbol es una variante del "opio del pueblo", defendida aún hoy por algunas corrientes teóricas llamadas críticas. Esta tesis tiene tres supuestos interdependientes: Primero, el fútbol desvía la atención de los dominados de los procesos y relaciones que los subyugan al dirigir su mirada y canalizar su energía hacia una actividad de gratificación inmediata, convirtiéndolos en personas conformes y obedientes, hasta el punto de que, según el ensayista argentino José Juan Sebreli[37], obstaculiza el desarrollo democrático de las sociedades y prepara el terreno para un posible régimen totalitario. Segundo, el fútbol construye, en los planos simbólico y afectivo, una forma de unidad que interconectaría a dominantes y dominados en una identidad colectiva (del club o de la selección nacional), al margen de las diferencias y divisiones que los separan. Y tercero, el fútbol segmenta a los dominados convirtiéndolos en hinchas rivales, debilitando su lucha política.

En el contexto de los CAH, sin embargo, podemos afirmar que el fútbol no puede considerarse como una actividad capaz de ocultar, negar u oscurecer las relaciones de dominación, porque si lo fuera, ni siquiera sería posible explicar el surgimiento de estos colectivos.

---

[36] P. Bourdieu. Questões de sociologia, trad. F. Creder, 1 ed., Petrópolis, Vozes, 2019.
[37] Juan José Sebreli. *La era del fútbol*, Buenos Aires, Editorial Sudamericana, 1998.

Después de todo, ¿cómo podrían las personas profundamente inmersas (social, cultural y afectivamente) en una actividad (supuestamente) alienante crear grupos tan críticos con la violencia y las ideas neofascistas? Tampoco puede considerarse una actividad capaz de interconectar a dominantes y dominados, ya que, como hemos visto, estos colectivos son muy críticos con la estructura de poder de la sociedad, implicándose en la lucha contra diferentes formas de dominación. Además, no se puede decir que sea una actividad capaz de segmentar a los grupos disidentes, puesto que, en el contexto en cuestión (especialmente en lo que refiere a los CAH independientes, como los analizados), el clubismo no es un elemento desestabilizador que produzca obstáculos insuperables para la articulación de acciones conjuntas entre hinchas de clubes rivales y la constitución de redes de apoyo mutuo.

Ante lo anterior, me parece más fructífero interpretar el fútbol como una actividad cuyos significados están en disputa y que puede servir tanto a las estructuras de dominación de las sociedades y regímenes autoritarios y sanguinarios como a la lucha por su transformación y eliminación, dependiendo del contexto en el que se apropie. En el contexto específico de los colectivos investigados, el fútbol opera, como he tratado de mostrar, como una poderosa fuerza integradora, que contribuye a romper el aislamiento de los hinchas-activistas, fortaleciendo su lucha política. En otras palabras, el fútbol, en este contexto, es una actividad que, al crear una identidad y una identificación colectivas (del club, para ser preciso), permite unificar a personas que, aisladas, serían menos capaces de convertirse en un verdadero desafío para los grupos dominantes. Es, por tanto, munición para los disidentes, como diría el psicólogo y filósofo español Tomás Ibáñez[38].

---

[38] Tomás Ibáñez. *Municiones para disidentes: realidad-verdad-política*, Barcelona, Gedisa, 2001.

ANIMANDO EN LOS ESTADIOS. LA DISENSIÓN NACIONALISTA A TRAVÉS DE LA EVOLUCIÓN DE LAS HINCHADAS RADICALES EN ESPAÑA

Carles Viñas
Universitat de Barcelona

A lo largo de la historia, diferentes gobiernos, regímenes dictatoriales o movimientos políticos han usado el deporte con intencionalidades dispares. Así, las competiciones deportivas internacionales y nacionales han sido explotadas con propósitos propagandísticos o reivindicativos. El fútbol, dada su popularidad, ha servido para vehicular identidades, cohesionar la población e, incluso, reconducir tensiones y conflictos. Fútbol y política conforman, por tanto, un binomio indisociable. El mismo se ha usado para reforzar o azuzar nacionalismos diversos, como instrumento o ariete diplomático, para vehicular protestas, resistencias y reivindicaciones de índole dispar, pero también como distracción para desviar la atención de las dificultades económicas o los problemas internos de gobiernos corruptos o dictaduras de todo tipo. El caso que nos ocupa no es una excepción, puesto que en la España contemporánea el fútbol como mecanismo informal de nacionalización ha contribuido a la construcción de identidades nacionales distintas o compartidas (española o subestatales), a proyectar una imagen de éxito y a fomentar el patriotismo. Por un lado, refleja las dinámicas políticas existentes y, por otro, desempeña un rol importante en estos procesos de nacionalización.

El presente capítulo describe como los grupos de hinchas radicales organizados, desde su implantación en España en el último tercio del siglo xx, reflejaron dichas identidades. Sus integrantes, a través de sus dinámicas, cánticos, símbolos y coreografías, se erigen en una metáfora de la realidad plurinacional de la España democrática en la que el fútbol se utiliza como vehículo de nacionalización y uniformización.

LA ECLOSIÓN DE LAS HINCHADAS ORGANIZADAS EN EL FÚTBOL ESPAÑOL

Antes de adentrarnos en la génesis de los denominados 'grupos ultras' entendemos necesario subrayar unas precisiones terminológicas dado el empleo desacertado para referirse al conjunto de hinchadas radicales existentes en el fútbol español. Pese a ser reproducido por instituciones, medios de comunicación, fuerzas de seguridad e, incluso, algunos grupos de seguidores que se autodefinen como tales, nos parece más adecuado utilizar la expresión 'grupos radicales'. Los motivos son diversos. Por un lado, algunos rehúsan verse ligados a la acepción ultra, dada su frecuente asociación con la ultraderecha. Una vinculación más que evidente en algunos colectivos pioneros que incluyeron dicho vocablo en su denominación (Ultras Sur, Ultra Boys, Ultras Levante o Ultras Violetas). Este hecho provocó que otros grupos desestimaran ser caracterizados como 'ultras' e, incluso, se definieran como 'anti ultras'.[1] Por tanto, nos parece desacertado emplear el término para referirnos al conjunto de hinchadas radicales, puesto que algunas de ellas no se identifican con el mismo y además lo rehúyen.[2]

Tras este matiz nominal, a continuación, presentamos el contexto en el que surgieron los primeros grupos. Para ello debemos remitirnos a la década de los ochenta, cuando España acogió en 1982 la celebración del Mundial de fútbol. Sin lugar a duda, su disputa favoreció la concreción de los colectivos pioneros. La presencia de hinchas ingleses, italianos, argentinos, brasileños, irlandeses o escoceses en los estadios que albergaron la competición permitió a los jóvenes autóctonos conocer formas de animación inéditas. Términos como

---

[1] Este es el caso, por ejemplo, del grupo de seguidores radicales del Athletic Club de Bilbao, Herri Norte Taldea, que incluso publicó un fanzine titulado *Antiultra*, cuyo primer número apareció en 1993. Tras un periodo en el que dejó de publicarse, el grupo lanzó en 2016 una nueva publicación denominada *Anti-ultra berria* que recogía el testigo de la anterior.

[2] Ciertamente, dicho posicionamiento fue diluyéndose con el paso del tiempo, hecho que se evidenció cuando algunos grupos antifascistas o de extrema izquierda acabaron asumiendo sin problemas la denominación ultra. Sobre dicho debate nominal véase Carles Viñas. *El mundo ultra. Los radicales del fútbol español*, Madrid, 2005, pp. 13- 18.

supporters, ultras, *torcidas*, fans o *hooligans* empezaron a proliferar entre la juventud de las ciudades sede del campeonato (Sevilla, Bilbao, Barcelona, Madrid, Gijón, Valladolid, La Coruña, Vigo, Alicante, Valencia, Zaragoza, Málaga, Oviedo y Elche), las mismas donde se crearían las hinchadas radicales precursoras. Sus integrantes fueron adolescentes que hasta entonces acudían a los estadios junto a sus progenitores u otros adultos.

En su eclosión convergieron tres factores, por un lado, el deseo de emular a aquellos fans extranjeros que daban color a los estadios mundialistas, por otro, la intención de emanciparse del control parental y, en último lugar, una inherente vocación transgresora juvenil en un contexto sociopolítico -los primeros años de democracia- en el que primaba el ocio y la diversión en contraste con la militancia y la agitación política previas.

Por tanto, pese a precedentes como la Peña Rubén Cano del Atlético de Madrid, no fue hasta inicios de los años ochenta cuando se concretaron los primeros grupos en localidades como Madrid (Ultras Sur/ Frente Atlético), Barcelona (Boixos Nois), Bilbao (Herri Norte), Gijón (Ultra Boys), Cádiz (Brigadas Amarillas) y Sevilla (Biris).[3] En aquellos años, el colectivo era una excusa para generar alboroto o recrear situaciones excitantes.[4] Esta etapa inicial se caracterizó por el seguimiento masivo de un modelo de animación colorista, inspirado sobre todo en los ultras italianos, con predominio del uso de banderas de grandes dimensiones, pancartas, botes de humo, nitrato y petardos.

---

3 La mayoría de los grupos radicales pioneros se escindieron de peñas oficiales, como fue el caso de Ultras Sur y la Peña las Banderas, Ultra Naciente y la Peña Naciente, Supporters Gol Sur y la Peña el Chupe o la Peña Fondo Sur y el Frente Atlético.

4 Un ejemplo de estas fueron las avalanchas humanas que se empezaron a popularizar en los fondos españoles durante la década de los noventa, consistentes en recrear un alud bajando rápidamente en dirección a la portería para celebrar la consecución de un gol. Uno de sus máximos impulsores fue el Frente Atlético, aunque las primeras avalanchas humanas del fútbol español datan de la temporada 1983/84, cuando en el estadio Lluís Sitjar de Palma de Mallorca, el club local marcó un gol al Real Valladolid y se produjo un alud que provocó el derrumbamiento de uno de los muros de contención y que una veintena de seguidores cayeran al foso, resultando uno de ellos herido de gravedad. Otro episodio similar acabó en tragedia cuando un miembro de la Peña Mujika (hinchas radicales de la Real Sociedad) quedó parapléjico tras ser aplastado contra una valla en el estadio de Atocha en la temporada 1988/89.

La temporada 1986/1987 supuso su consolidación y la creación de nuevos núcleos, como Supporters Gol Sur (SGS) del Real Betis[5] o Ultras Levante del Levante UD, extendiendo de esta manera el fenómeno por mimetismo al resto de ciudades y categorías. También fue a finales de los años ochenta cuando aumentaron la organización de *tifos* (coreografías) y desplazamientos. Un hecho que tuvo como consecuencia la agudización de las rivalidades, un incremento de los encontronazos, y una creciente radicalización de las hinchadas.

Sin embargo, la etapa más prolífica, tanto a nivel cuantitativo (incremento de jóvenes adscritos) como cualitativo (*tifos* más complejos y desplazamientos más masivos), y que supuso el auge de los grupos radicales en España aconteció en los años noventa. Prueba de ello es la aparición en 1993 de la revista *Super Hincha*, publicación que pretendía emular a la italiana *Super Tifo*, en la que el lector podía conocer la trayectoria de los grupos con la ayuda de artículos y entrevistas o apreciar sus coreografías a través de las fotografías que enviaban los propios seguidores.

Inicialmente, la aparición de los grupos radicales tuvo una buena acogida, tanto entre las directivas, como por parte del resto de aficionados, puesto que percibieron la creación de focos de animación como algo beneficioso para el equipo y el ambiente de los estadios. Una impresión positiva que explica la contribución decisiva de los clubes en la potenciación del fenómeno en aquellos años a través de diversas prebendas: facilitando sus actividades, otorgando descuentos en entradas y desplazamientos o cediendo espacios para almacenar su material de animación. Como explicita el sociólogo Javier Durán: "la consolidación de estos colectivos hubiera sido imposible sin la colaboración de clubes y directivas. Estas tomaron pronto conciencia de la utilidad que estos jóvenes podían tener: apoyo incondicional al equipo; presión sobre el contrario; ambiente en las gradas; ayuda en procesos electorales o ante asambleas comprometidas".[6]

---

5 Rufino Acosta y Felipe Rodríguez, *Los jóvenes ultras en el fútbol sevillano. Una aproximación al fenómeno de la violencia en los estadios*, Sevilla, 1989.

6 Javier Durán González, "Hinchadas radicales en el fútbol", en VVAA, "Violencia y sociedad", *Temas para el debate*, 14 (1996), pp. 37-40.

En aquel periodo, de pleno desconocimiento por parte de clubes y fuerzas del orden dado que se trataba de un fenómeno coetáneo en transformación, las hinchadas radicales gozaron de un trato de favor por parte de los dirigentes. Sin embargo, la concreción de una espiral de violencia que acarreó víctimas mortales[7] modificó la percepción inicial y lastró las expectativas de crecimiento de los grupos, comportando así el inicio de su declive debido a la presión social, institucional y policial suscitada. A partir de entonces, los contactos pasaron a ser esporádicos o, incluso, inexistentes.

A nivel organizativo, los grupos radicales contaban con una estructura vertical gestionada por una dirección colegiada o unipersonal (líder o *capo*), integrada por los hinchas más veteranos o por aquellos con mayores aptitudes en los enfrentamientos. Más allá de los puestos de liderazgo, los grupos funcionan a través de comisiones que se responsabilizan de las coreografías, los desplazamientos, las relaciones públicas o el material que producen, cuyas ventas representan en algunos casos codiciadas fuentes de ingresos.

IDENTIDADES, RIVALIDAD Y GÉNERO EN LAS GRADAS

Como apuntábamos anteriormente, el contexto social, político e histórico ha determinado las diferentes concreciones identitarias

[7] Nos referimos a los asesinatos acontecidos a inicios de los años noventa, como los del joven seguidor españolista Frederic Rouquier a manos de radicales azulgranas el 13 de enero de 1991 o el del hincha donostiarra Aitor Zabaleta, apuñalado mortalmente por cabezas rapadas neonazis del Atlético de Madrid el 8 de diciembre de 1998. No obstante, otro incidente trágico desvinculado de la actuación de los grupos radicales tuvo una relevancia notoria en su evolución, como fue el fallecimiento del niño de 13 años Guillermo Alfonso Lázaro el 15 de marzo de 1992 en el antiguo estadio de Sarrià del RCD Espanyol tras recibir en su pecho el impacto de una bengala marítima lanzada por dos adultos sin vínculo con las hinchadas radicales. El principal culpable Francisco Vila, de 39 años de edad, no era miembro de ningún grupo radical sino un simple aficionado blanquiazul que fue condenado a seis meses de cárcel y a pagar una indemnización de 42 millones de pesetas a la familia del fallecido. El club españolista fue condenado como responsable civil subsidiario, en Daniel Gil, "Vandalismo impune", *El País* (1/IV/2002), p. 43. El episodio comportó la pronta desaparición de la pirotecnia en los estadios de la liga española. Anteriormente, el 21 de abril de 1985, un aficionado de 56 años, Luis Montero Domínguez, ya había muerto por el impacto de una bengala durante el encuentro Cádiz-Castellón.

en el fútbol español. El matiz no es menor, puesto que se trata de un aspecto prácticamente inexistente en los países de su entorno –a excepción de Italia– donde los grupos radicales no ostentan filiación política alguna y, además, rechazan cualquier influencia o ascendente de la misma en las gradas.[8] En Europa, como también ocurre en otras latitudes, el fenómeno de las hinchadas radicales ha tratado de desmarcarse de la política al percibirla como dañina. Así, en los últimos años ha arraigado en los grupos una retórica del apoliticismo. Si bien es cierto que muchas de las hinchadas que se reclaman apolíticas, en realidad, se alinean con planteamientos de extrema derecha o derecha radical populista.

Sin embargo, en el caso de España, los conflictos políticos y las reivindicaciones nacionales han impedido su homologación con la realidad europea. La persistente pugna nacionalista presente en la política española, entre un nacionalismo español y los nacionalismos subestatales (catalán, vasco y gallego), también denominados históricos o periféricos, determina las identidades de las hinchadas radicales del fútbol español, hecho que evidencia su incapacidad para sustraerse del entorno sociopolítico existente. Además, su concreción temporal, a finales de la Transición, coincidió con una época de redefinición de las identidades nacionales y regionales.[9]

Las diversas plasmaciones en clave nacionalista contribuyen a configurar una geografía de identidades y rivalidades que ha condicionado la evolución de los grupos radicales y explica sus múltiples adscripciones: independentismo, extrema izquierda, antifascismo, extrema derecha, ultranacionalismo, etc. Por tanto, sus identidades se definen a través del contexto sociopolítico y su concreción geográfica, como evidencia la correspondencia entre la distribución territorial de los grupos y las zonas de mayor arraigo de movimientos nacionalistas subestatales. Es decir, no podemos analizar las rivalidades entre hinchadas obviando el componente identitario,

[8] Sin embargo, cabe matizar como en los últimos años, a raíz de un cierto auge de la extrema derecha en las gradas europeas, en Alemania, por ejemplo, diversas hinchadas radicales se han posicionado contra las actitudes racistas y la presencia de neonazis en las gradas, asumiendo por tanto postulados antifascistas y antirracistas.

[9] Alejandro Quiroga, *Goles y banderas. Fútbol e identidades nacionales en España*, Madrid, 2014, p. 99.

que se añadió a los elementos que habitualmente definen las rivalidades futbolísticas (territorialidad, agravios históricos, localismos, dualidad centro-periferia...) En este sentido, cabe destacar como el caso español difiere de otros, como puede ser el portugués, donde la principal rivalidad viene marcada por la competencia que sostienen la capital política y el centro industrial, es decir el poder político (Lisboa) y la periferia norte (Oporto). En España la competencia Madrid-Barcelona seria únicamente un elemento más, pero no el único, que explica la animadversión que se profesan los radicales del Real Madrid y el FC Barcelona.

Dichas rivalidades se asociaban tanto a las vindicaciones históricas de los nacionalismos gallego, vasco y catalán, como a la idea de la indivisibilidad territorial del Estado esgrimida por la ultraderecha española. Su evolución en clave pseudo ideológica, como bien definió el historiador Xavier Casals,[10] conllevó una satelización política. En realidad, no existían vínculos acentuados entre los grupos de aficionados radicales y determinadas formaciones políticas, sino simples dinámicas de empatía entre aquellos sectores más proclives a la extrema derecha –indisciplinados y poco predispuestos a una militancia activa– y el conjunto de formaciones de dicho ámbito.

Otro aspecto que creemos ineludible abordar es la presencia de mujeres en los grupos radicales. Si bien es cierto que en los mismos predominan los hombres, se constata una incorporación progresiva de más chicas en las hinchadas.[11] Pese a continuar siendo escasa, el recambio generacional y la reemergencia del feminismo han facilitado el aumento de la presencia de mujeres, sobre todo en los grupos autodenominados antifascistas o de izquierdas, mucho más proclives

[10] A propósito de su análisis sobre los cabezas rapadas neonazis españoles, Casals sitúa a los jóvenes integrantes de los grupos radicales en un espacio que denomina periferia de la política, donde "convergen lo que podríamos designar como lumpen política –la actuación de grupúsculos y siglas de entidad minúscula- la marginalidad juvenil (el mundo de enfrentamientos y rivalidades entre hinchas rivales y bandas juveniles) y la violencia gratuita", en Xavier Casals, *Neonazis en España. De las audiciones wagnerianas a los skinheads (1966-1995)*, Barcelona, 1995, p. 269.

[11] Esta ha pasado del 7% en la década de los noventa a cerca de un 20% en 2016. Véase Christian Bromberger, "Cultures and identities in Europe through the looking glass of football" en Marion Demossier (ed.), *The European puzzle. The Political Structuring of CulturalIdentities at a Time of Transition*, Oxford, 2007, p. 15.

integrar jóvenes en su seno. No obstante, su aún limitada presencia se explica por dos factores: el componente de masculinidad (el *stilo maschio violento* definido por el sociólogo Valerio Marchi)[12] inherente a la tradición de clase obrera británica y la conversión de las hinchadas radicales en último reducto de masculinidad en un periodo en el que esta ve discutida su hegemonía.[13] Esta escasa presencia se evidencia también en la inexistencia de mujeres ocupando puestos de liderazgo en la mayoría de grupos. A menudo su rol se ve limitado a la creación de núcleos o secciones propias (Chicas Biris, Neska Gorriak, Secció Noies, Amazones FCB, Xixigans ...) Y es que mayoritariamente las chicas acostumbran a mantener su condición de género en el anonimato sin crear estructuras exclusivas. Aunque en los últimos años han aparecido grupos de hinchas no mixtos de mujeres, como Sisterhools (CAP Ciudad de Murcia) o Leonas de Castilla (Burgos CF).[14] De hecho, la presencia femenina todavía genera actitudes de repudio dado el imperante machismo que impregna la identidad de los integrantes de dichos colectivos.[15] Pese a los avances en materia de igualdad y políticas de género a nivel social e institucional, los grupos radicales y sus fondos continúan siendo espacios de agregación, sociabilidad e identidad eminentemente masculinizados.

Según diversos expertos, la inclusión de mujeres en los colectivos ha contribuido a suavizar los comportamientos agresivos.[16] Se ha

---

[12] Valerio Marchi, *SMV Stile Maschio Violento. I demoni di fine millenio*, Génova, 1994.

[13] Esto explica también la frecuente existencia de cánticos de contenido homófobo, las descalificaciones sexuales de los adversarios (proceso de desmasculinación simbólica) y la violencia verbal con la que se expresan a menudo sus integrantes.

[14] Véase Alba García, *Una di noi: las mujeres en los grupos hinchas antifascistas*, manuscrito inédito, Antropología Social y Cultural, Universidad Autónoma de Barcelona (UAB), curso 2020-2021, p. 18.

[15] La opinión de los miembros masculinos sobre la presencia de mujeres en los grupos es fluctuante, pasando del desprecio absoluto, explicitado en sentencias como "al fútbol se viene con las navajas y no con las mujeres", al reconocimiento como un integrante más del grupo sin distinción, como expone el *fanzine* oficial de los Boixos Nois: "¿quién había dicho que las mujeres no pintan nada en nuestras gradas? De acuerdo que hay algunas que solo vienen buscando pollas y algunas vienen rebotadas de Sarriá, pero por suerte no todo son pendones", en "Breus", *Bulldog*, 33 (1995), p. 19.

[16] John Williams y Adrian Goldberg; *Spectator Behaviour. Media Coverage and Crowd Control at the 1988 European Championships: A Review of Data from Belgium, Denmark, The Federal Republic of Germany, the Netherlands, and the United Kingdom*, Estrasburgo, 1990.

constatado como su presencia produce un efecto altamente positivo en las hinchadas ayudando a mitigar la violencia que puedan generar los hombres.[17] Según un estudio realizado por el Instituto de Estudios Políticos, Económicos y Sociales (EURISPES)[18] el extremismo de los seguidores más agresivos decrece cuando se establecen vínculos con la mujer, quien contribuye a diluir la beligerancia de los radicales. Además, organismos públicos y cuerpos policiales, como Scotland Yard, han constatado como la inserción de agentes femeninas en las unidades presentes en los estadios ayuda a apaciguar los ánimos de los aficionados más exaltados.

VIOLENCIA, POLÍTICA Y ESTIGMATIZACIÓN. LA IRRUPCIÓN DE LOS CABEZAS RAPADAS EN LOS ESTADIOS

En España los incidentes violentos comenzaron a ser frecuentes a inicios de los años ochenta, como los graves enfrentamientos acontecidos durante la final de la Copa del Rey en 1983 protagonizados por los Ultras Sur y jóvenes radicales barcelonistas.[19] Dos años más tarde, las agresiones fueron agravándose con una celeridad que sorprendió a las fuerzas de seguridad, que hasta entonces no percibían la violencia en los estadios como un problema sustancial.

La alarma social generada provocó que las autoridades implementaran estrategias para erradicar el vandalismo en los estadios. Pronto la presión ejercida generó síntomas de agotamiento en los colectivos. Los dirigentes de los clubes también se vieron obligados a emprender medidas, como la contratación de empresas de seguridad privada en sus instalaciones y la adecuación de los recintos (vallas, cámaras, localidades de asiento...).

[17] Una encuesta realizada por Teresa Adán a varios miembros del Frente Atlético muestra como más de un 50% de las chicas inquiridas excluiría la violencia del colectivo, mientras que paralelamente un 19% de los radicales masculinos pedía una mayor contundencia en sus acciones, Teresa Adán; "Ultras. Culturas del fútbol", *Revista de estudios de juventud*, 64 (2004), p. 94.

[18] EURISPES, *Ultrà: Le sottoculture giovanili negli stadi d'Europa*, Roma, 1994.

[19] Juan José Paradinas, "Los fanáticos de la grada", *El País* (9/VI/1985), p. 68.

Sin embargo, la situación se agravó en los años noventa tras la irrupción del estilo *skinhead* en los estadios.[20] Surgidos en España durante la década anterior, desligados de cualquier pósito ideológico, pronto un sector se vinculó a la extrema derecha. La emergencia de los *skins* en los estadios y su extensión como moda en las gradas, agravó la espiral de violencia precedente. La presencia de cabezas rapadas en los fondos ayudó a consolidar un trasfondo pseudo político y favoreció la radicalización de los grupos. Boixos Nois, Brigadas Blanquiazules o Ultras Sur fueron los primeros en aglutinar jóvenes rapados en sus filas. Algunos de ellos, años más tarde, incluso llegaron a asumir el liderazgo de los mismos.[21]

Generalmente, los jóvenes que adoptaron la estética *skin* tenían una escasa formación ideológica, pero si un afán transgresor. Como apunta la investigadora Teresa Adán "en el caso de los *skinheads* en los grupos ultras, es característica su inconsistencia ideológica (...) la militancia política, en la mayoría de casos, no es más que un signo de inconformismo y deseo de extremar su postura para así destacar más del resto de la sociedad".[22] Así, el uniforme *skin* se utilizó en las gradas para proyectar una identidad visual agresiva que infundiera respeto y temor a los rivales.

En paralelo a este proceso de pseudo politización azuzado por la irrupción de los cabezas rapadas, los actos vandálicos se sucedían. La espiral se agravó en enero de 1991 cuando se produjo el mencionado asesinato de un seguidor del RCD Espanyol a manos de cinco radicales barcelonistas, que fueron detenidos y encarcelados. Este homicidio provocó un estado de alarma social generado, en parte, por la desmedida proyección otorgada por determinados medios

---

20 Más allá de politizar y polarizar el fenómeno de las hinchadas radicales, los cabezas rapadas aportaron una inédita estética transgresora que fue muy atractiva para los seguidores. Ello comportó que el *look skin* se convirtiera en la moda de referencia de las gradas españolas durante los años noventa. Algo evidente si constatamos la proliferación de chaquetas *bomber* y botas militares que poblaron los estadios en aquellos años.

21 Para profundizar en la irrupción y la presencia de grupos *skinheads* en los grupos radicales del FC Barcelona y el RCD Espanyol véase Carles Viñas, *Tolerància zero. La violència en el futbol,* Barcelona, 2006, pp. 106-185 y Carles Viñas, *Skinheads a Catalunya*, Barcelona, 2004, pp. 226-252.

22 Teresa Adán, *Ultras y skinheads. La juventud visible. Imágenes, estilos y conflictos de las subculturas juveniles en España*, Oviedo, 1996, p. 61.

de comunicación.[23] Una atención exagerada que, además, acabó retroalimentando el fenómeno

La consecuente presión policial comportó un decrecimiento de la violencia, que se transformó en más ritual, verbal e intimidatoria.[24] Pese a este mayor control, el 15 de marzo de 1992 el fútbol español vivió un nuevo punto de inflexión tras la muerte de Guillermo Alfonso Lázaro, un niño de 13 años, que perdió la vida en el estadio de Sarriá tras recibir el impacto en su pecho de una bengala náutica. Aunque los grupos radicales no tuvieron nada que ver con el suceso sí que sufrieron las consecuencias. Las bengalas fueron prohibidas,[25] aunque pronto serian substituidas por otros elementos, como las tiras de plástico o los rollos de papel higiénico.

La emergencia de los cabezas rapadas en las gradas españolas supuso además la radicalización ideológica de las hinchadas, puesto que fue a partir de su aparición cuando diversos grupos asumieron o definieron un posicionamiento político más explícito vinculado a la extrema derecha. Así, la exhibición de símbolos neonazis (esvásticas, emblemas de las SS, gritos de *sieg heil*) y neofascistas (cruces célticas, águilas bicéfalas, saludos a la romana) fue una práctica común desde los años noventa en determinados grupos. En la mayoría de las ocasiones no respondía a una profunda ideologización sino a una vocación transgresora para lograr visibilidad o a la simple voluntad de replicar comportamientos renuentes. No obstante, fue en dicho periodo cuando esta asunción de postulados extremistas acabó con el

[23] Su magnificación aumentaba el afán exhibicionista de los seguidores radicales, otorgándoles un rol protagonista en una sociedad en la que se sienten marginados. Su deseo por obtener un reconocimiento social, que muchos de ellos intentan conseguir mostrando actitudes agresivas, se evidencia al constatar como muchos de los protagonistas de estas acciones suelen guardar su particular colección de recortes de prensa de los actos que genera tanto su grupo como sus rivales a modo de preciado fetiche.

[24] Teresa Adán, "Rituales de agresión en subculturas juveniles urbanas: Hooligans, Hinchas y Ultras", en José María Vázquez (dir.), "Tribus urbanas", *Cuadernos de Realidades Sociales*, 45-46 (1995), pp. 51-73.

[25] La iniciativa contó con la inicial colaboración de los propios seguidores radicales que, casi de forma unánime y sin demasiadas objeciones, dejaron de emplear bengalas en sus coreografías. Sin su colaboración hubiera sido imposible erradicar en aquel momento el uso de pirotecnia en los estadios. Dos años más tarde, durante el derbi madrileño, los fans del Atlético de Madrid reintrodujeron el uso de nitrato potásico. Poco tiempo después, pese a la prohibición existente, las bengalas reaparecieron en los estadios españoles.

confusionismo precedente, cuando en los fondos coexistían símbolos y estéticas antagónicas. Por tanto, fue a partir de finales de los años ochenta e inicios de los noventa cuando la hegemonía de los cabezas rapadas en las gradas ayudó a proyectar un estereotipo erróneo que relacionaba a los mal llamados ultras con la extrema derecha. Sin embargo, las hinchadas radicales reflejaban un contexto sociopolítico más diverso, con grupos que se significaban de extrema izquierda, antifascistas, independentistas o nacionalistas junto a otros de extrema derecha. Ello obedecía a la pugna existente entre nacionalismos diversos (español vs subestatales/centralista-periféricos).

MEDIDAS Y ESTRATEGIAS DE INTERVENCIÓN ANTE EL VANDALISMO ASOCIADO AL FÚTBOL

En España, lejos de las secuelas que comportó en 1985 la tragedia de Heysel, los puntos de inflexión en materia de seguridad deportiva fueron las citadas muertes de Fréderic Rouquier (1991) y Guillermo Alfonso Lázaro (1992). Unos hechos que conmocionaron de tal manera a la sociedad que forzaron a las instituciones a actuar con mayor determinación tras constatar como las medidas implementadas no habían obtenido los resultados esperados.

En el ámbito legislativo, la entrada en vigor de la Ley del Deporte 10/1990,[26] lejos de lograr sus objetivos, acabó cohesionando a la mayoría de grupos radicales puesto que la consideraron una amenaza (controles, identificaciones, registros), según Adán, "tomaron conciencia de que era necesaria su renovación si querían sobrevivir a esta ola de prohibicionismo y pánico moral que invadía el fútbol

[26] La ley se ajustó a la legislatura europea vigente, concretada en el Convenio Europeo sobre la Violencia, dictado el 19 de agosto de 1985, y ratificado por España dos años más tarde. El artículo 60 de la misma asentó las bases para la creación de la llamada Comisión Nacional Contra la Violencia en los Espectáculos Deportivos, mediante el Real Decreto 75/1992, datado el 31 de enero, que regula su actividad, funciones y objetivos. Las sanciones que impuso generaron rechazo entre los grupos radicales, que no comprendían los motivos que provocaban los expedientes sancionadores abiertos contra jóvenes aficionados por parte de unos dirigentes que, según ellos, desconocían la realidad de las gradas.

español [...] este despliegue jurídico-policial obligó a los grupos a transformarse (y legalizarse) o desaparecer".[27]

En paralelo a estas iniciativas gubernamentales e institucionales, emergieron los denominados grupos de animación que optaron por apoyar incondicionalmente a sus respectivos equipos sin recurrir a la violencia. Dichos colectivos basaron su actividad en la vertiente más lúdica y creativa, como los *tifos*, más propios del modelo ultra italiano y, por tanto, alejados del *hooliganismo* británico que se había enquistado en algunos grupos radicales.[28] Estas nuevas agrupaciones ejercieron de contrapeso en un fenómeno hasta entonces prácticamente monopolizado por las hinchadas más extremistas y beligerantes.

Pese al cúmulo de incidentes generado desde la década de los noventa, la actuación policial e institucional se basó únicamente en estrategias represivas y las sanciones económicas impuestas por la Comisión Antiviolencia. No obstante, la llegada a la presidencia de la Liga de Fútbol Profesional (LFP) en 2013 de Javier Tebas implicó el inicio de una nueva etapa de mayor beligerancia que se acrecentó tras el asesinato de un seguidor del Deportivo de la Coruña el 30 de noviembre de 2014 cometido por radicales del Atlético de Madrid. Con los grupos radicales y los colectivos de animación enfrentados a los dirigentes del fútbol español por su hostilidad manifiesta, los horarios intempestivos de los partidos y el encarecimiento del precio de las entradas (ejes de las críticas al modelo de gestión que realizaron bajo el lema "odio eterno al fútbol moderno"), la LFP, junto al Consejo Superior de Deportes (CSD), decidió endurecer las medidas represivas basadas en imponer multas, dificultar el acceso a los estadios, prohibir la exhibición de pancartas u obligar a los clubes a elaborar un registro de los aficionados que ocupaban los

[27] Teresa Adán, "Ultras. Culturas de fútbol", *Revista de estudios de juventud*, 64 (2004), p. 91.

[28] Como ejemplos de esta nueva generación podemos citar en el Fútbol Club Barcelona a la Penya Almogàvers, fundada el 1 de noviembre de 1989, Unibarçataris o Sang Culé Cor Català, formada el 6 de enero de 1990 bajo los principios de tolerancia, educación, rechazo a la violencia y animación. En el RCD Espanyol encontramos a la Peña Universitaria Blanquiazul, Sarrià Nord o la Peña Juvenil, refundada en 1991, u Orgullo Vikingo en el Real Madrid.

fondos.[29] Por tanto, las autoridades optaron por una intervención coercitiva[30] basada en operativos policiales punitivos que consiguió desplazar la violencia, pero, a su vez, reforzó internamente a los grupos más agresivos.[31] La consecuente espiral acción-reacción evidenció la incapacidad de la administración para atajar los cíclicos episodios de violencia. Por el contrario, la estrategia criminalizadora, lejos de lograr decrecer el fenómeno, provocó una mayor cohesión de las hinchadas como respuesta a las prácticas abusivas cometidas por las fuerzas del orden y las arbitrarias sanciones económicas impuestas por la Comisión Antiviolencia.

FÚTBOL E IDENTIDADES NACIONALES. LA CONSTATACIÓN DE UNA RETÓRICA FICTICIA ALREDEDOR DE UNA IDEA PLURINACIONAL DE ESPAÑA

Otro aspecto que nos parece relevante destacar es como la diversidad de identidades que reflejan las gradas de los estadios de la liga española plasma la evolución del contexto sociopolítico estatal. En las últimas décadas tomaron fuerza las reivindicaciones de los nacionalismos periféricos que demandaban mayores cotas de soberanía. Un ejemplo de ello lo encontramos en las demandas en favor de la oficialidad de las selecciones catalana, vasca y gallega.

El reavivamiento de los nacionalismos subestatales en España tuvo su origen en la recomposición del mapa europeo tras la desmembración de la URSS a inicios de los años noventa y los efectos de las Guerras yugoeslavas. Dicho contexto favoreció el progresivo viraje

[29] Desde 2007 la Ley contra la Violencia y la Xenofobia en el Deporte exigía la inscripción en un registro y la legalización de todas las peñas de los clubes, pero hasta el 2014, tras el asesinato de un hincha deportivista, no se implementó. A partir de entonces algunos grupos fueron declarados oficialmente "violentos" y se les impidió el acceso a los estadios. Marco Ruiz, "Tebas: A lo mejor hay que variar la estrategia con los ultras", *As* (13/II/2017) y EFE, "Tebas: Vamos a por los ultras", *ABC* (11/XII/2014).

[30] Para conocer las medidas y las políticas de intervención instauradas por parte de las autoridades en el fútbol español véase Carles Viñas, *Tolerància zero. La violència en el futbol*, Barcelona, 2006, pp. 257-311.

[31] Sobre la evolución del vandalismo en el fútbol español véase Carles Viñas, *El mundo ultra. Los radicales del fútbol español*, Madrid, 2005, pp. 101-111.

discursivo de las formaciones nacionalistas tradicionales (CIU en Cataluña y el PNV en el País Vasco) hacia reclamaciones soberanistas, en parte también por la presión ejercida tras la emergencia electoral e institucional de actores políticos como Esquerra Republicana de Catalunya y el Bloque Nacionalista Galego o antaño, de Herri Batasuna, que cuestionaban la nación española y explicitaban un mensaje nítidamente independentista. Entre sus reclamaciones se hallaba la oficialidad de sus respectivas selecciones deportivas nacionales. El objetivo era, por un lado, emular el modelo británico (cuyo gobierno permite competir oficialmente a Escocia, Gales e Irlanda del Norte) y, por otro, desbordar el marco autonómico con el propósito de ver reconocida una singularidad que la asimetría del modelo territorial de comunidades autónomas, a su entender, diluía.

Desde mediados de los años noventa, contando con el apoyo de los gobiernos vasco y catalán (no así de la Xunta gallega en manos del PP hasta 2005), diversas plataformas cívicas trataron de movilizar a la población para presionar a las instituciones con el fin de obtener el reconocimiento oficial para las selecciones vasca y catalana. Este fue el caso de Euskal Selekzionaren Aldeko Iritzi Taldea (ESAIT), creada en 1995 y disuelta en el 2015,[32] y de la Plataforma Pro Seleccions Esportives Catalanes, fundada en 1998 y promotora de la campaña *Una nació, una selecció*. En dicho periodo se ensayaron vías para visibilizar estas demandas, como la recogida de firmas para presentar en el Parlamento catalán una Iniciativa Legislativa Popular (ILP) para cambiar la Ley del Deporte o la organización de partidos con combinados FIFA que proyectaran sus demandas a nivel internacional coincidiendo con el parón invernal de las competiciones.[33] Más allá de estas iniciativas, diversos grupos

[32] Véase Alejandro Quiroga, *Goles y banderas. Fútbol e identidades nacionales en España*, Madrid, 2014, pp. 230-232.

[33] La selección catalana relanzó su actividad en 1997 jugando contra Bulgaria en el estadio de Montjuïc de Barcelona. Se trató del cuarto encuentro del combinado catalán en aquella década. A partir de ese momento los partidos de la *selecció* se disputaron anualmente con un notable éxito de público. No obstante, desde el año 2009 la asistencia empezó a menguar dada la frustración generada por no conseguir avances en relación con la oficialidad, al agotamiento que produjo la celebración de partidos amistosos y a que las reivindicaciones nacionalistas se canalizaron a través de movilizaciones y contiendas electorales y ya no mediante espectáculos deportivos.

radicales catalanes, vascos y gallegos también se involucraron en dichas peticiones. En paralelo a las plataformas citadas, los hinchas crearon sus propias organizaciones para reclamar la oficialidad de sus respectivas selecciones. Así, en Cataluña se fundaron grupos como Escamots Catalans en 1996[34] y Segadors,[35] que aglutinaron a distintas hinchadas con el objetivo de animar a las selecciones deportivas catalanas. En sus publicaciones se declararon "mayoritariamente independentistas de izquierdas, y rechazamos las actitudes racistas, fascistas, sexistas y xenófobas".[36]

En el País Vasco se creó en 1993 Euskal Hintxak, un colectivo próximo a los postulados de la izquierda abertzale que congregó, inicialmente, a grupos radicales como HNT y Abertzale Sur (Athletic Club) Peña Mujika (Real Sociedad), Indar Gorri (Osasuna) y Eztanda Sur (Deportivo Alavés).[37] De su declaración de principios destacamos 4 puntos: "1) impulsar las selecciones y equipos nacionales de Euskalherria en todos los deportes, y exigir el derecho a participar en todas las competiciones oficiales, 2) apoyar la cantera o deporte base, 3) recuperar y crear ambiente de camaradería, que no niega la rivalidad, en los derbys entre equipos vascos, y 4) denunciar los ataques e insultos que sufrimos los hinchas vascos por parte de la policía española".[38]

---

[34] La presentación pública de Escamots Catalans se produjo el 3 de mayo de 1997 con motivo del encuentro de rugby que Cataluña jugó contra la selección española en Sant Boi de Llobregat en el maco de los actos del 75 aniversario de la Federación Catalana de Rugby. El grupo aglutinó a colectivos de aficionados de diversos deportes (fútbol, baloncesto, hockey patines) y tanto de Cataluña, como del País Valenciano o Baleares, puesto que defendía que su marco de actuación era los denominados *Països catalans*. Por ello en su seno se hallaban desde grupos barcelonistas, como Almogàvers, Sang Culé Cor Català o la sección País Valencià de los Boixos Nois, hasta otros como Elx Supòrter, Trojan Nàstic, Penya La Grenya, la sección País Valencià de HNT, la sección Ciutat de la Peña Mujika, Cèl·lules Ilergetes, Skamot Roig, Kabres Boges, la Penya Equip i Força, l'Escamot Català Autònom, la Penya Fora Dubtes, Kornelluts o Dimonis Lleida.

[35] A diferencia de Escamots Catalans, Segadors centró su actividad únicamente en el apoyo a la selección catalana de fútbol. El grupo editó un boletín informativo llamado *Som i serem* y no rehusó el uso de la violencia que entendían "necesaria y obligada hasta el día en que no quede ningún nazi en ningún campo de fútbol", en Carles Viñas. *Tolerància zero. La violencia en el futbol.* Barcelona, 2006, p. 105.

[36] Véase Carles Viñas. *Tolerància zero. La violencia en el futbol.* Barcelona, 2006, p. 104.

[37] El colectivo se dio a conocer con motivo del partido que disputaron las selecciones de Euskadi y Bolivia en el Estadio de San Mamés de Bilbao el 22 de diciembre de 1993.

[38] "Euskal Hitnxak", *Antiultra*, 1993, pp. 25-26.

Mientras que en Galicia a finales de 2005 surgieron los Siareiros Galegos, el grupo radical de apoyo a la selección gallega gestado inicialmente por miembros de Celtarras (Celta), Compostolos y Fende Testas (Compostela), Radikais Vermelhos (Ourense), Muralla Norte (Lugo) y Grei Xentalla (grupo nacido de la antigua sección Irmandinhos de Riazor Blues del Deportivo). Ellos mismos se definían como "un colectivo abierto y plural. Situado ideológicamente en la izquierda independentista".[39] Aunque sus comienzos no fueron fáciles "dado que sobre todo dentro de los dos principales grupos (Celtarras y RB) hay muchas desconfianzas y odios que van más allá de lo deportivo".[40] El grupo colaboró en la organización de partidos de la selección gallega de fútbol y convocó manifestaciones en favor de su oficialidad. No obstante, la extrema rivalidad que mantenían celtistas y deportivistas complicó su actividad, como ejemplificaron los enfrentamientos entre ambos grupos durante la fiesta-concierto de presentación de Siareiros Galegos celebrada en la localidad de Carral. En 2005, tras superar la frustración generada por la trifulca y coincidiendo con la derrota electoral del Partido Popular, el grupo se reorganizó tras una asamblea celebrada en Compostela a la que asistieron integrantes de organizaciones políticas juveniles, miembros de centros sociales y componentes de hinchadas radicales, como Celtarras, Riazor Blues, Furya Granate (Pontevedra), CHANGOS (Compostela), Fende Testas y seguidores del Racing de Ferrol.

El protagonismo de los grupos radicales en el movimiento que reclamaba la oficialidad de las selecciones deportivas catalanas, gallegas y vascas fue más allá de su propia coordinación y la exhibición de pancartas. Los diversos colectivos aportaron radicalidad a las demandas de las plataformas cívicas, como evidenciaron los enfrentamientos con la policía (Siareiros Galegos en la previa del Galiza-Ecuador jugado en 2006), la quema de banderas españolas, las invasiones de campo y los actos de vandalismo (hinchas radicales

[39] "Siareiros Galeg@s", *Selecçom Galega- Historia dumha reivindicaçom*, Terraces Photobooks, 2022, p. 107.
[40] "Siareiros Galeg@s", *Selecçom Galega- Historia dumha reivindicaçom*, Terraces Photobooks, 2022, p. 28.

independentistas catalanes en 1999 en el estadio de Montjuïc)[41] o incluso las peleas entre sus integrantes, como la que protagonizaron radicales de HNT e Indar Gorri.

La actividad de estos colectivos organizados para apoyar a las citadas selecciones inspiró a otros seguidores radicales antifascistas y de extrema izquierda, así como a hinchas nacionalistas de otras comunidades que trataron de emularles. Tomándolos como referente, se gestaron núcleos de animación vinculados a otros movimientos nacionalistas, como fue el caso de Alzadas Canarias, creadas en 1998 con motivo del partido Canarias-Letonia,[42] o Hinchas Castilla, el colectivo de animación de la selección castellana surgido en 2013 que aglutinó a grupos como Bukaneros (Rayo Vallecano), Segovirras (Gimnástica Segoviana), Resaca Castellana (Burgos), Fossa Garrafoni (Real Valladolid), Komando Norte (Alcobendas), Impresentables (CB Estudiantes), Peña El Grano Valladolid (St. Pauli) o Komando Rojinegro (CD Azuqueca).

Por su parte, los grupos radicales vinculados mayoritariamente a la extrema derecha españolista también se organizaron para apoyar a la selección española de fútbol bajo el nombre Orgullo Nacional (ON). Creado en junio de 1999, el grupo aglutinó a una amplia amalgama de colectivos radicales, como las Brigadas Blanquiazules (RCD Espanyol) o los Ultras Sur (Real Madrid). ON trató de coordinar los desplazamientos de dichos radicales a los encuentros de la selección española, en los que manifestaban su ultranacionalismo exhibiendo símbolos neofascistas y neonazis (cruces célticas, enseñas nacionales con el águila bicéfala) y banderas preconstitucionales. Pese a estas innegables connotaciones ultraderechistas, públicamente el grupo trató de relegar dicha tendencia asumiendo un apoliticismo de tintes patrióticos. El primer partido al que asistieron de forma organizada fue el 8 de septiembre de 1999 en Badajoz con motivo de un España-Chipre. Entre las hinchadas radicales que integraron ON se encontraban las Brigadas Blancas (Albacete), Komando Bulldog (Elche), Supporters Gol Sur (Betis),

---

41 Manel Serras, "Incidentes y quema de banderas en Montjuïc", *El País* (24/XII/1999).

42 Carles Viñas, *Ultras. Los radicales del fútbol español*, Manresa, Bellaterra, 2023, pp. 177-178.

Ultras Córdoba (Córdoba CF), Ultras Levante (Levante UD), Frente Atlético (Atlético de Madrid), Ultras Violetas (Valladolid), Ultras Tala (CF Talavera), Infierno Pacense (Badajoz), Escuadrón Verdiblanco (Cacereño), Yomus (Valencia) y los citados Ultras Sur y Brigadas Blanquiazules.

Pese al empeño de sus promotores, finalmente las rencillas personales, la animadversión entre grupos ideológicamente afines, las rivalidades deportivas existentes, así como la presencia de opciones políticas divergentes en su seno impidieron la consolidación del proyecto.

CONSIDERACIONES FINALES

En síntesis, desde su origen los grupos radicales han evolucionado de forma divergente. Su extensión inicial fue dispar, puesto que se implantó en aquellas ciudades-sede del Mundial celebrado en 1982. Una distribución territorial que facilitaría, posteriormente, la rápida expansión del fenómeno. Sobre su cronología evolutiva podemos establecer una periodización que se iniciaría con una fase de latencia (1975-1982) cuando se produce el tránsito de la peña tradicional al grupo radical, una segunda etapa de emergencia (1982-1989) en la que se desarrolla y propaga el fenómeno y que finalizaría con la instauración de la Comisión Antiviolencia, una tercera fase de apogeo (1990-1999) cuando alcanza su cenit coincidiendo con la radicalización que conllevó la irrupción de la moda *skin*, una cuarta fase de crisis (2000-2004) en la que se manifiesta el declive del fenómeno producto de la presión policial e institucional y la falta de relevo generacional, una quinta etapa de decadencia (2005-2014) caracterizada por su ocaso numérico y el alejamiento de la violencia (aledaños de los estadios, peleas pactadas), y una última fase de subsistencia (2015-2023) marcada por la consolidación de los espacios de animación tutelados por los clubes, la voluntad de la LFP de erradicar los grupos beligerantes, los repuntes de vandalismo originados para tratar de recuperar visibilidad y su expansión a clubes de categorías inferiores cuyos aficionados tratan de revivir la esencia de un fútbol que entienden pervertido por el afán de lucro.

En cuanto a las principales influencias y referentes del fenómeno, inicialmente encontramos a los seguidores foráneos que asistieron en 1982 a la citada Copa del Mundo, quienes dieron a conocer formas distintas de apoyar y vivir los partidos. Más allá de la asunción del modelo italiano (ultra) o británico (*supporter/hooligan*), el elemento que caracterizó a los grupos radicales en España fue su pósito político, erigido en factor diferencial respecto a sus homólogos europeos. Por tanto, la politización de las gradas ha sido un aspecto significativo en el caso español, dado que explica, en parte, las rivalidades imperantes. Estas trascienden las habituales causas deportivas o geográficas y manifiestan, incluso, las alianzas o hermanamientos existentes entre hinchadas. Por ello, el caso español es singular puesto que a los motivos comunes que definen las enemistades se añade un componente pseudo ideológico.

En este ámbito, la construcción de identidades y rivalidades deportivas viene determinada también por la polarización suscitada por los distintos nacionalismos e ideologías existentes (centro *vs* periferia, españolismo Vs independentismo, extrema derecha *vs* antifascismo) con los grupos radicales como reflejo del contexto político del país. Así, en aquellos territorios con mayor ascendente de las fuerzas nacionalistas subestatales (como el País Vasco, Cataluña o Galicia), la presencia de iconografía o mensajes independentistas, antifascistas o de extrema izquierda en las gradas será mayor (como ejemplifican los grupos radicales de clubes como el FC Barcelona, el Athletic Club de Bilbao o el Celta de Vigo), mientras que en el resto de la Península su incidencia será menor o inexistente. Este trasfondo ideológico llegó a su punto culminante en la década de los noventa, coincidiendo con la emergencia de los *skinheads* en los estadios. Como hemos comprobado, su irrupción supuso un punto de inflexión al favorecer la radicalización de los grupos. Un proceso que se constató a través de una mayor proliferación de parafernalia política en las gradas y un incremento notorio de la agresividad y gravedad de los enfrentamientos, que en muchas ocasiones desbordaron el ámbito habitual, los estadios, para desarrollarse en sus inmediaciones.

Dicha vorágine, que en España se inició en los años noventa coincidiendo con un cúmulo de las acciones vandálicas, permitió apreciar cómo los índices de violencia pasaron de ser intrascendentes a preocupantes, dado el incremento de miembros de los grupos, la radicalización de estos y el aumento del número de desplazamientos. La aparición de víctimas mortales suscitó, además, la criminalización de los hinchas y la intervención de las autoridades, que mediante el establecimiento de legislaciones especificas trataron de afrontar el problema. La creciente presión policial e institucional, el distanciamiento de los dirigentes de los clubes, la implantación de multas, la acumulación de antecedentes penales por delitos relacionados con el vandalismo, la falta de recambio generacional y de liderazgo en los grupos, el agotamiento de la 'moda ultra', el hastío provocado por la implantación del fútbol-negocio, así como la multiplicidad de opciones de ocio de los jóvenes en plena era digital son algunos de los factores que explican el gradual e indiscutible declive del fenómeno de las hinchadas radicales en España. Pese a ello, estas han logrado subsistir sujetas a un control cada vez más férreo que mitiga el protagonismo que ostentaron en años precedentes.

Un último aspecto que destacar con relación a la politización de las gradas en el caso español es cómo esta ejerce de medidor de la pulsión política del país. Así, las manifestaciones más vehementes y constantes en las gradas de los estadios se correspondían con periodos donde las reivindicaciones nacionalistas no ocupaban la centralidad de la agenda política estatal. En cambio, cuando el debate identitario o sobre el modelo territorial centraba la actividad política y copaba la atención de los medios de comunicación, en las gradas la exhibición de parafernalia política decrecía. Ello se explica porque los estadios ejercieron de escenario sustitutorio de proyección identitaria cuando los nacionalismos subestatales carecían de apoyo electoral relevante, este fue el caso por ejemplo del independentismo catalán y los radicales del FC Barcelona en la década de los ochenta, cuando el fondo sur que ocupaban era uno de los pocos espacios donde se distinguían banderas independentistas catalanas (*estelades*), cuya presencia en aquellos años era inusual en el espacio público y se reducía a manifestaciones poco concurridas organizadas por el movimiento independentista catalán extraparlamentario, la exhibición de pancartas reclamando la liberación de presos independentistas encarcelados o los gritos insultantes proferidos desde su grada ("*Puta Madrid i puta Espanya*"). Algo similar sucedió en Galicia, cuando las aficiones radicales del Celta o el Deportivo exhibieron con profusión banderas gallegas independentistas (*estreleiras*), entonaron cánticos de connotaciones nacionalistas, mostraron pancartas reclamando la oficialidad de la selección gallega o con lemas como "Galiza is not Spain" o quemaron banderas españolas. En referencia al País Vasco, los principales grupos radicales (Herri Norte Taldea, Peña Mujika e Indar Gorri) mostraron también su apoyo a la *euskal selekzioa*, profirieron cánticos anti-españoles y canciones independentistas (como "Lepoan Hartu ta Segi Aurrera"), expusieron pancartas reclamando el retorno de los presos político vascos a las cárceles del País Vasco (*Euskal Presoak, Euskal Herrira*) o de apoyo a la organización armada ETA, elaboraron material propio como bufandas con consignas como "Puta España" o adhesivos con lemas como "Independentzia eta sozialismoa" (Independencia y socialismo), a la vez que se autodenominaban "hintxa abertzaleak" (hinchas patriotas), o participaban, junto a hinchas barcelonistas, en las sonoras pitadas al himno español y al rey en diversas finales coperas.

En resumen, como acabamos de constatar, en España los fondos de los estadios poblados por los seguidores radicales ejercieron de contrapeso, tanto del nacionalismo español hegemónico, como de los nacionalismos subestatales. En este último caso, cuando sus demandas de reconocimiento del derecho de autodeterminación obtenían un eco social y político exiguo lograron cierta visibilidad a través de la exposición de proclamas e iconografía en los estadios. Así lograron perdurar a través de la exhibición de su imaginario simbólico. En cambio, la proyección de un nacionalismo español ultrapatriótico por parte de los grupos radicales de extrema derecha debe analizarse como una reafirmación reactiva de este en un contexto en el que la soberanía territorial española se percibe en riesgo ante las demandas de secesión de los nacionalismos periféricos. En suma, los estadios de la liga española se han erigido en una extensión del debate identitario existente en el seno de la sociedad. Sus fondos son un reflejo de la evolución del mismo, con los grupos radicales como metáfora exacerbada de un contexto político tensionado por la pugna entre nacionalismos confrontados que responde a modelos y concepciones territoriales divergentes.

TERCERA PARTE

LA MUJER DEPORTISTA

DEPORTE Y MUJER EN BRASIL: LOS INICIOS Y DESAFÍOS DEL FÚTBOL FEMENINO (1915-1941)

Aira Fernandes Bonfim
Investigadora independiente

La comprensión histórica que considera las desigualdades de género contribuye al descubrimiento de un proceso múltiple y al mismo tiempo contradictorio que marcó la formación deportiva en Brasil, nación mundialmente reconocida como el "país del fútbol". El lugar social de la mujer en las primeras décadas del siglo xx está ligado a una compleja red de relaciones de poder.[1] Estas relaciones deportivas a partir de la experiencia de las mujeres, ponen en tensión una heterogeneidad de representaciones femeninas que nos lleva a contar una historia que opera gramáticas no normativas, de otros cuerpos presentes, sin embargo, en el mismo "país del fútbol".[2]

La asimilación de las prácticas deportivas importadas de Europa fomentó, poco a poco, una nueva actitud corporal en Brasil. Había un público que, diariamente, se alineaba con el proyecto de la modernidad inicialmente promovido por una élite burguesa.[3] De acuerdo con los profesionales e intelectuales brasileños de la época, modernizarse significaba no solamente el progreso de la ciudad, sino también la promoción de la familia como institución social primordial. Institución que defendería con entusiasmo el orden, la racionalidad y la "evolución" de una nación como Brasil. Bajo

---

[1] Aira Fernandes Bonfim, Football Feminino entre festas esportivas, circos e campos suburbanos: uma história social do futebol praticado por mulheres da introdução à proibição (1915-1941), Tesis (Master en Historia, Política e Biens Culturales), Fundação Getúlio Vargas, 2019.

[2] Brenda Elsey e Joshua Nadel, *Futbolera: a history of women and sports in Latin America*, University of Texas Press, Austin, 2019.

[3] Leonardo Affonso de Miranda Pereira, *Footballmania: uma história social do futebol no Rio de Janeiro 1902-1938*, Nova Fronteira, Rio de Janeiro, 2000.

la perspectiva del rescate de los valores clásicos y del desarrollo del espíritu de colectividad, la élite, todavía de manera lenta, inició su adhesión pública a las diferentes prácticas deportivas de la época bajo el signo de la distinción.[4]

Más avanzado el siglo XX, el Estado Brasileño desempeñó un papel cada vez más activo en el intento de definir lo que era adecuado para hombres y para mujeres, niños y niñas. Currículos educativos, oportunidades de empleo, responsabilidades familiares, comportamiento sexual y rasgos de carácter no pasaron incólumes del marco o la regulación estatal.[5] La década de 1930 marcó la ejecución de un proyecto ideológico alineado con un marco político que tuvo como objetivo tanto el desarrollo económico del país como el mantenimiento de la estabilidad social de sus ciudadanos. En otras palabras, ser moderno, civilizado e higiénico, era la conquista de cierto "orden" anhelado.

El *football* practicado por los hombres se forjó como un importante fenómeno de encuentro social y de actividades deportivas, ampliando, inclusive, la presencia y la participación femenina en algunas de sus actividades lúdicas.[6] Era una escena aristocrática que posteriormente se trasladó a los barrios populares y suburbanos, con presencia de fútbol en el que participaban chicas. Había *teams* de chicas en las programaciones de los domingos en la década de 1920 en Río de Janeiro, por ejemplo.

Sin embargo, cabe destacar que la presencia de mujeres jóvenes en ese momento era más una excepción que la regla. Más que ofrecer nuevos marcos introductorios sobre el fútbol femenino en Brasil (un deporte que no puede desarrollarse como modalidad oficial), observamos, en esta investigación, la iniciación atlética femenina en actividades de juego al aire libre. El juego del fútbol se encontraba entre las diferentes experiencias lúdicas como correr o saltar.

---

4 Fabio Franzini, *As raízes do país do futebol: estudo sobre a relação entre o futebol e a nacionalidade brasileira (1919-1950)*, Tesis (Master en História Social), Universidade de São Paulo, São Paulo, 2000.

5 Giovana Capucim e Silva. *Mulheres impedidas: a proibição do futebol feminino na imprensa de São Paulo*, Drible de Letra, Rio de Janeiro, 2017.

6 Silvana V Goellner, Mulheres e Futebol no Brasil: Descontinuidades, Resistências e Resiliências, *Movimento*, (27), (2021).

Todas esas chicas operaban diferentes formas de libertad en el contexto de la vida pública brasileña de la época. Dirigido inicialmente y oficialmente a los hombres –y no a cualquiera de ellos–, el fútbol brasileño retratado en el paso del siglo XIX al XX ofreció inicialmente resistencia a las clases populares, con una presencia limitada y negociada de trabajadores manuales, mestizos y negros en los clubes deportivos.[7] ¿Pero y ellas? ¿Dónde estaban las mujeres igualmente entusiasmadas por el juego? Ellas estaban igualmente negociando espacio, oportunidades y coyunturas que les permitiera experimentar uno de los deportes que más se popularizaba a inicios de la década de 1900.

En ocasiones, la historia oficial e institucional del fútbol excluyó las narrativas y registros sobre la presencia y participación de las mujeres en la historia[8], y por esa razón, este texto se esfuerza en desvelar dos experiencias femeninas diferentes que se convirtieron en episodios deportivos igualmente relevantes para la historia del fútbol en Brasil. En el contexto de la formación de las grandes ciudades, se observa el protagonismo de las jugadoras de fútbol en la construcción de espacios de sociabilidad, ocio y deportivización de las brasileñas.

El periodo entre 1941 y 1983 estuvo marcado por los efectos del decreto ley dictado por el Consejo Nacional de Deportes del gobierno brasileño, que impidió la práctica de fútbol en las mujeres de todo el territorio nacional[9]. Sin embargo, lo que se observa son cuatro décadas de actos de insubordinación; o sea, aunque estuvieron prohibidas, las brasileñas dejaron vestigios históricos que confirman la práctica de fútbol en esa época, así como evidencias sobre el desarrollo de la

---

[7] , João Manuel Malaia Casquinha Santos, *Revolução vascaína: a profissionalização do futebol e inserção sócio-econômica de negros e portugueses na cidade do Rio de Janeiro (1915-1934)*, Tesis (Doctorado en História Econômica), Universidade de São Paulo, 2010.

[8] Michelle Perrot, *Minha História das Mulheres*, Contexto, São Paulo, 2007.

[9] Se trata del decreto ley 3.199 de 1941, la primera legislación deportiva del país que prohibía a las mujeres la práctica de actividades consideradas incompatibles con su naturaleza, de acuerdo con la ciencia de la época. El decreto también creaba el Consejo de Deportes, que sería el responsable de definir una lista de estas modalidades. Tal medida fue publicada en la Deliberación N° 7 de 1965 y revocada para las modalidades reguladas por entidad internacional en 1979. No obstante, el fútbol femenino no era reconocido por la FIFA y continuó siendo prohibido en Brasil hasta que la CBD lo reglamentó en 1983.

iniciación en este deporte en los años que antecede el año de 1941, fecha de la prohibición.[10]

Durante algún tiempo, un episodio aislado de 1921 entre jugadoras de dos barrios de São Paulo (Tremembé' y Cantareira), fueron considerados como el primer encuentro entre chicas jugando al fútbol en Brasil. Sin embargo, a pesar de que existen nuevas confirmaciones de episodios de la misma naturaleza antes y después de 1921, el fútbol femenino, como modalidad deportiva institucionalizada y competitiva, no se desarrolló oficialmente en aquella época.[11] La organización deportiva de ese deporte era transmitida por una élite masculina brasileña para otros miembros de ese mismo grupo social.

Con más frecuencia de casos en la ciudad de Río de Janeiro, se identificó un mayor número de actuaciones públicas de mujeres jugando al fútbol en clubes deportivos que surgieron en las diferentes divisiones jerárquicas organizadas por las Ligas de Fútbol de la época, como el Villa Isabel F.C.(1915), El Progreso F.C.(1919), o C.R. Flamengo (1919) y el River S.C. (1919), que ya indicaba la exhibición de equipos mixtos o de chicas contra chicos en sus festividades deportivas los domingos, o de encuentros solo entre mujeres jugando al fútbol, como en el Helios (1920), C.R. Vasco da Gama (1923), S.C. Celeste (1923) y São Cristóvão A.C. (1929)[12].

El conjunto de eventos deportivos con participación femenina evidencia la centralidad de los festivales deportivos en la iniciación y desarrollo de esa práctica ya a principios del siglo XX. Esas fiestas deportivas ofrecían, además de fútbol, un repertorio amplio de actividades atléticas, artísticas y de diversión. Con el pasar de los años, con el interés de la prensa deportiva en informar sobre los acontecimientos relacionados con la presencia de jugadoras en los campos deportivos, termina por desplazarse hacia regiones más

---

[10] Giovana Capucim e Silva. Mulheres impedidas: a proibição do futebol feminino na imprensa de São Paulo, Drible de Letra, Rio de Janeiro, 2017.

[11] Aira Fernandes Bonfim, *Football Feminino entre festas esportivas, circos e campos suburbanos: uma história social do futebol praticado por mulheres da introdução à proibição (1915-1941)*, Tesis (Master en História, Política e Bens Culturais), Fundação Getúlio Vargas, Rio de Janeiro, 2019.

[12] Ídem.

alejadas del centro de Río de Janeiro y oportunamente denominadas como suburbios.

El fútbol suburbano, o "fútbol menor" como era llamado por los cronistas y dirigentes de la élite deportiva, estaba en plena adherencia popular de sus practicantes y organizadores, así como de sus fanáticos y fanáticas, quienes frecuentaban los certámenes localizados en regiones igualmente populares de Río de Janeiro.[13]

La presencia todavía rara, pero reveladora de jugadoras en Río de Janeiro entre las décadas de 1930 y 1940 se presenta como un breve intento de organizar un campo deportivo femenino en Brasil. Y en ese sentido, fueron barrios cada vez más alejados del centro como São Cristóvão, Caju, Engenho de Dentro, Piedade, Benfica, Cascadura, Realengo y Anchieta, donde se produjo la organización y exposición de equipos femeninos en la década de 1930. Al principio, una presencia ya identificada en 1929[14] y que se enfrió poco después de 1932, pero que regresaría con nueva fuerza en 1939, siendo 1940 el año de mayor expansión de la práctica del fútbol femenino en el país.[15]

Es importante destacar que la experiencia del fútbol femenino en ese periodo no fue una extensión equitativa con el escenario expansivo del fútbol amateur y popular masculino. Los registros sobre la actuación en los campos deportivos de las mujeres de los suburbios revelan una presencia muy dispersa y que dejó escasos rastros documentales, revelando una disparidad de género en la reconstrucción de evidencias históricas en comparación con el volumen historiográfico que se conoce sobre el fútbol masculino.

El conjunto de programaciones deportivas en los barrios de la época evidencia un esfuerzo por ampliar las posibilidades de participación de los residentes, hombres y mujeres, de las zonas más alejadas del centro de Río de Janeiro, en la vida social de la ciudad. Ese detalle

---

13 Nei Jorge Santos Junior e Victor Andrade de Melo, "Recrear, instruir e advogar os interesses suburbanos": posicionamentos sobre o futebol na Gazeta Suburbana e no Bangú-Jornal (1918-1920), *Movimento*, 20(1), (2014), pp. 191-211.

14 O Foot-ball de Moças está dando o que falar, *Crítica*, Rio de Janeiro, p. 4, 17 mai. 1929.

15 Aira Fernandes Bonfim, "O Foot-ball de Moças está dando o que falar": Festivais esportivos e o futebol das mulheres suburbanas do Rio de Janeiro (1929 a 1932), *Revista Arquivo Geral da Cidade do Rio de Janeiro*, 18, (2020), pp. 25-49.

resalta la inclusión de las jugadoras de esos barrios como sujetos que se divierten, practican algunos deportes y ocupan diferentes lugares sociales de una ciudad en crecimiento. Esos festivales deportivos, repletos de partidos de fútbol (pero no solamente), documentaron características propias de sus productores, a tal punto de considerar a tales autores –los hombres y mujeres de los barrios– como sujetos activos, protagonistas y organizadores de sus propias experiencias de ocio, deporte y diversión.

Una particularidad identificada en el movimiento de mujeres del suburbio fueron las colaboraciones estratégicas presentes en cada festival deportivo, que presentaba en su amplia programación aspectos destacados para el partido del fútbol femenino. Primero fueron los propios periódicos, que incontables veces dieron nombre a los trofeos disputados o tenían alguno de sus cronistas homenajeados en cada partido, inclusive los femeninos. Fue el caso del *Mundo Sportivo, Jornal dos Sports, Diário da Noite* y *O Globo* en el festival deportivo benéfico promovido por el Sport Club Verdun, otro pequeño club del barrio Andarai[16], y la *Taça Mário Rodrigues Filho,* premio dedicado al equipo vencedor del partido femenino entre S.C. Brasileiro e o Eva F.C., de Santo Cristo[17]. La prensa deportiva transformaba esos eventos femeninos poco conocidos por el gran público en noticias y se beneficiaba de esa novedad deportiva.

Fue gracias a la prensa que patrocinó y cubrió el fútbol popular de los suburbios que recientemente la investigación histórica ha recurrido a esas fuentes impresas para mostrar documentalmente que el fútbol femenino existió en aquellos años, a pesar de ser tan poco conocido y mencionado en las publicaciones de las últimas décadas. Esa oportunidad de conocer y explicar un pasado deportivo más amplio y complejo, con aproximadamente cien años de antiguedad, ha permitido evaluar de forma distinta la historia del fútbol femenino, así como romper paradigmas y prejuicios sobre esa modalidad.

El año de 1940, por ejemplo, nos ofrece más de 150 noticias sobre el fútbol femenino de la época. La popularidad del fútbol entre

[16] *Jornal do Brasil,* Rio de Janeiro, p. 18, 29 jan. 1932.
[17] *Jornal dos Sports,* Rio de Janeiro, p. 4, 13 mar. 1940.

las chicas se traducía en una variedad de coberturas informativas que incluían entrevistas (como la de la jugadora Adiragram Pereira, presidenta del equipo S.C. Brasileiro[18]), descripción de las programaciones de los festivales deportivos, direcciones de campos y sedes, resultados de los partidos, alineaciones y fotografías de las jugadoras. Gracias a la iconografía encontrada de los equipos en esas fuentes no utilizadas hasta ahora es posible afirmar, por ejemplo, detalles sobre sus uniformes, así como afirmar la presencia de mujeres negras[19] y adolescentes que formaron parte de esos equipos.

Las fuentes también revelan el interés de diversas empresas en financiar festivales deportivos femeninos y vincular sus marcas al fútbol de las mujeres en la década de 1930. La casa comercial de artículos deportivos, Casa Santa Cruz, financió la expedición de equipos de chicas hasta la ciudad de Juiz de Fora, en Minas Gerais[20]. La Casa Superball y la firma Moreira Leite & Santos patrocinaron el *Match* de las suburbanas en pleno estadio de las Laranjeiras[21]. Ya la conocida marca de cigarrillos Sudan, por ejemplo, promovió un festival en el barrio de Engenho de Dentro en asociación con el *Jornal dos Sports*, y ofreció bebidas finas y dulces a las jugadoras, así como juegos de camisetas y banderas como premios a los equipos masculinos ganadores[22]. El partido tenía la 'Taça Anitta D'Angelo', nombre en homenaje a la esposa del propietario de la fábrica de cigarrillos.

Las expediciones, dentro o fuera de Río de Janeiro, así como hacia los estados vecinos como São Paulo y Minas Gerais, involucraron el patrocinio de la prensa, empresarios y dirigentes deportivos. Obviamente, los partidos preliminares femeninos no eran exhibidos gratuitamente, y con esa fórmula se financiaban los desplazamientos y en algunos casos, incluso generaba un "bicho", como se llamaba el pago en efectivo a las jugadoras y sus inversionistas. De acuerdo

[18] *Jornal dos Sports*, Rio de Janeiro, p. 6, 10 maio 1940.

[19] *A Gazeta*, São Paulo, p. 5, 16 jan. 1941; *A Noite*, Rio de Janeiro, p. 7, 15 ago. 1940; *A Noite*, Rio de Janeiro, p. 30, 08 abr. 1940; *Diário da Noite*, Rio de Janeiro, p. 7; 02 maio 1940; *Jornal dos Sports*, Rio de Janeiro, 09 abr. 1940; *Diário da Noite*, Rio de Janeiro, p. 15, 25 jan. 1932; *A Noite Ilustrada*, Rio de Janeiro, p. 2; 02 set.1931.

[20] *O Radical*, Rio de Janeiro, p. 7, 27 set. 1940 e *Jornal dos Sports*, Rio de Janeiro, p. 5; 27 set. 1940.

[21] *O Radical*, Rio de Janeiro, p. 6, 14 dez. 1940.

[22] *Jornal dos Sports*, Rio de Janeiro, p. 4, 13 mar. 1940.

con las cifras de los periodistas de *A Noite*[23], las jugadoras de A.C. Primavera ganaban alrededor de 10$000 a 15$000 por partido.

Los mismos textos, como los publicados por el periódico O Radical[24], muestran la presencia de niñas menores de edad entre el conjunto de jugadoras de los más de 15 equipos que surgieron en la época, y resalta que algunas de ellas estudiaban y otras trabajaban. El propio dirigente del conocido equipo masculino del Mavillis, Antunes, describía en la misma fuente que sus jugadoras "eran correctas, de conducta ejemplar y condición humilde". Las jugadoras Sally, y la hermana Nice Alves de Souza, formaban parte del grupo de actrices de la Compañía Typica Brasileira.

CONCLUSIÓN

El reconocimiento de las desigualdades de género en el tratamiento histórico, social y espacial del fútbol femenino en Brasil revela no sólo la privación en cuanto al acceso y la práctica de este juego, sino que también explica la propia ausencia de identificación simbólica entre las mujeres y el fútbol en las últimas décadas. Lamentablemente todavía conocemos muy poco sobre la participación femenina en la historia del fútbol, y casi nada sobre la iniciación de las brasileñas en este deporte.

La ocultación y el silencio sectarios reflejaron durante años la perturbadora naturalización de los propios historiadores del fútbol inglés, que consideraba a las mujeres de inicios del siglo XX sujetos menos conscientes e interesados o interesantes. Dado que la ocultación histórica es resultado de una acción humana deliberada, esta investigación se propone explicar y documentar, de una vez por todas, que mujeres y fútbol cohabitan este mundo desde hace mucho tiempo, inclusive en Brasil.

La historia del fútbol de mujeres no es una "historia menor", como algunos historiadores deportivos creían, es decir, una historia

[23] *A Noite*, Rio de Janeiro, p. 3, 11 jan. 1941.
[24] *O Radical*, Rio de Janeiro, p. 7, 06 jun. 1940.

subalterna a la otra, y en este caso, a la del fútbol masculino. La insistente práctica de este deporte por las mujeres a inicios del siglo xx pone al descubierto el machismo que acompaña la palabra "fútbol", en singular, ya que a partir de ella nos reportamos automáticamente a historias solamente protagonizadas por jugadores y personajes masculinos.

Buscamos, así, introducir a los lectores a un universo de investigación sobre muchos otros fútboles.[25] Un fútbol que, en plural, ha sido tomado menos en serio que el fútbol masculino debido, principalmente, a las desigualdades de género. No obstante, no podemos olvidar que, queramos o no, la actuación de las primeras jugadoras de fútbol femenino forma parte de un único y mismo fenómeno: ¡el fútbol!

Esas jugadoras viajaron, compitieron, tuvieron sus nombres y rostros en los periódicos deportivos y hasta ganaron dinero con el fútbol. Esas brasileñas, representantes de las clases populares y barrios suburbanos, soñaron el fútbol hasta que este mismo, pocos meses después, fuera interrumpido y prohibido por el Estado brasileño mediante el Decreto Ley n.º 3.199, del 14 de abril de 1941.

---

[25] Raphael Rajão Ribeiro, *Futebol amador: História, memória e patrimonialização*, Simpósio Nacional de História, xxIX, pp. 1-17, 2017.

LAS MUJERES Y EL DEPORTE EN ESPAÑA

Xavier Pujadas Martí
Universitat Ramon Llull

LA COMPLEJA IRRUPCIÓN DE LAS MUJERES DEPORTISTAS EN ESPAÑA (1870-1920)

LOS ARGUMENTOS DE LA MASCULINIDAD DEPORTIVA: BIOLOGÍA, MATERNIDAD Y HEGEMONÍA SOCIAL

Basado en el papel social, moral y nacional de la masculinidad, la construcción y difusión de un discurso favorable a la práctica deportiva durante el siglo XIX en Europa, es una realidad que no debe menospreciarse al analizar de la irrupción de las mujeres en el deporte organizado. Tanto en el continente europeo como en el americano, las actividades deportivas modernas, reglamentadas e institucionalizadas, fueron vistas por las respectivas burguesías autóctonas como una oportunidad a través de la cual diseminar los valores de la disciplina física y moral, así como de la regeneración de la raza. Sin embargo, estos valores se asociaron a una masculinidad que debía ser "leal, valiente y activa, en contraposición natural a la mujer, que era espiritual, sensible y vulnerable"[1]. Por supuesto, a mediados del siglo XIX ello no conllevaba la imposibilidad de que las mujeres desarrollasen actividades físicas de carácter moderado, sino que tales ejercicios deberían promover su "feminidad, belleza y gracia"[2]. En consecuencia, el desarrollo de las prácticas deportivas en las principales ciudades de España durante el último tercio del siglo, también trajo consigo la aparición de argumentarios públicos sobre la incorporación de las mujeres, las características de los ejercicios

---

[1] Richard Holt, *Sport and the British. A modern History.* Oxford, 1992, p. 90.
[2] Steven Riess, *Sport in industrial America (1850-1920).* Wheeling, 1995, p. 16.

aconsejados y sus efectos biológicos, sociales y morales. En un sistema deportivo que fue "organizado por hombres y para hombres" y en el cual "las mujeres quedaron al margen"[3], los razonamientos esgrimidos eran mayormente de carácter social, moral y estético, vinculados a una visión diferenciadora y biologista. Las actividades físicas de las mujeres serían vistas generalmente desde un punto de vista instrumental, dado que deberían prepararla para "los altos y nobles fines a que ha sido destinada"[4], es decir para la maternidad. En los albores del siglo XX, el temor a la androginia femenina era extenso en la sociedad española y largamente utilizado como testimonio de los perversos efectos que el deporte de competición podía conllevar para las mujeres, que podían tornarse en "mujeres colosos, y musculosas como atletas". De nuevo, el ejercicio físico era visto como un instrumento, en este caso para la construcción de la belleza femenina. El cuerpo femenino en tanto que objeto estético, más allá de sus funciones reproductoras y garantes de la continuidad de la especie, fue también el centro de las reflexiones sobre el deporte para las mujeres durante la primera década del siglo XX, un deporte que debía ser útil "para adquirir i conservar largo tiempo esta preciosa belleza física, que es sin duda la más hermosa de sus bellezas"[5] y para alejarlas del "denigrante espectáculo de contemplar a esta pléyade de mujeres histéricas, deformes, anémicas de cuerpo tan delgado que casi parecen diáfanas hadas"[6]. Se trataba, en realidad, de un discurso que limitaba extraordinariamente las prácticas físicas femeninas, que debían alejarse del contacto corporal y del esfuerzo físico propio del deporte de competición. La natación, el tenis, el baile y la gimnasia sueca y respiratoria eran las prácticas más aconsejables[7].

---

[3] Ángel Bahamonde, "La escalada del deporte en España en los orígenes de la sociedad de masas, 1900-1936", en Xavier Pujadas Martí, *Atletas y ciudadanos. Historia Social del deporte en España 1870-2010*, Madrid, 2011, p. 117.

[4] Josep Bertran i Vivó, "La mujer y su cultura física", *Atlética*, 15 de agosto de 1917, p. 19.

[5] "Los sports atléticos y la mujer", Atlética, 30 de julio de 1917, p. 1.

[6] Josep Bertrán i Vivó, "La mujer y su cultura física...", p. 19.

[7] Xavier Pujadas, "Trencant el silenci. Les dones barcelonines en els inicis de la pràctica esportiva, 1890-1920", en *Quadern Dones i Esport*, 3 (2009), p. 8.

LAS PRIMERAS DEPORTISTAS Y SU IMPACTO PÚBLICO

En este contexto, la irrupción de prácticas físicas y deportivas protagonizadas por mujeres en España fue determinada desde finales del siglo XIX por dos vectores fundamentales: el tipo de actividad, que como hemos visto presentaba importantes limitaciones, y el ámbito socioeconómico de las practicantes, vinculado a círculos eminentemente restringidos. A pesar de la existencia de algunos casos aislados en la década de 1850, como la incorporación por primera vez de la Gimnasia para mujeres en el Colegio Nuestra Señora de Loreto de Madrid, o la aparición de figuras como la de la profesora de esgrima Teresa Castellanos de Mesa[8], un inicio tímido de las actividades gimnásticas femeninas y de la apertura de centros de gimnasia higiénica con mujeres en España, debe circunscribirse a partir de la década de 1860 en ciudades como Barcelona y Madrid, en buena medida gracias a la gran difusión del *Manual popular de gimnasia de sala médica e higiénica* (1861) del dr. Schreber[9]. Sin embargo, no existió una propuesta sincera y real para el desarrollo de la educación física femenina durante todo el siglo XIX[10]. Debe tenerse en cuenta que, además, a finales de este siglo, la prescripción del ejercicio corporal solamente se vinculaba a las jóvenes de la burguesía y la aristocracia y "se limitaba al consejo de la práctica, sin más indicaciones: paseos, gimnasia, juegos de pelota, aro, patín, tenis, equitación o natación"[11]. Más allá de la gimnasia y la educación física escolar, a principios del siglo XX, el deporte femenino se limitó a reducidos círculos de las clases acomodadas que podían acceder al tiempo libre, lo cual otorgaba al deporte un carácter de diferenciación social. Si bien es cierto que estas prácticas minoritarias reflejaban una cierta voluntad transgresora, entre algunas mujeres de la burguesía española, en relación a los roles de género, lo cierto es que entre 1900 y 1920 esta

[8] Xavier Torrebadella, "La Educación Física femenina en el período isabelino (1833-1868): Teresa Castellanos de Mesa, primera professora española de Gimnasia", en *Ágora para la educación física y el deporte*, 15 (2013), p. 32.

[9] Xavier Torrebadella, "La educación física y la actividad gimnásticodeportiva de las mujeres a partir de la bibliografía especializada del siglo XIX", en *Arenal*, 18:1 (2011), pp. 157-158.

[10] Pilar Ballarín, "La escuela de niñas en el siglo XIX: la legitimación de la sociedad de esferas separadas". *Historia de la educación*, 26 (2007), pp. 143-168.

[11] Xavier Torrebadella, "La educación física y la actividad..., p. 166.

realidad fue anecdótica y no puede vincularse a un inexistente movimiento feminista organizado. En general, las primeras manifestaciones del deporte femenino en España están relacionadas con determinados sectores de colonias extranjeras afincadas en las principales capitales. El activismo deportivo de las mujeres inglesas y alemanas de Barcelona provocó la inclusión de una cuota especial para mujeres en los Estatutos originales del Barcelona Lawn Tennis Club (1899), lo cual facilitó que en 1904 empezasen a disputarse los Campeonatos de Cataluña de tenis femenino con una clara hegemonía de ganadoras extranjeras hasta 1913. En 1902, durante la inauguración de la sección de tenis del Real Club Polo Club de Barcelona, la inglesa Miss Lay hizo una exhibición en el hipódromo, probablemente el primer partido de tenis femenino con público disputado en España. Junto al tenis, la hípica y los deportes de invierno, en tanto que prácticas femeninas socialmente aceptadas, incorporaron desde el primer decenio del siglo XX a mujeres. La proliferación de centros hípicos y escuelas de equitación impulsó la celebración de carreras femeninas y fiestas hípicas en el Club de Polo de Barcelona a partir de 1907, con presencia de numeroso público. La creación en 1911 del Barcelona Jockey Club intensificó esta práctica, ya que la nueva entidad "tuvo el acierto de interesar en sus fines a gran número de amazonas, concediéndolas honoríficamente el título de socios"[12]. En 1912, cuatro mujeres formaron la primera comisión femenina del Real Polo Jockey Club de la capital catalana. En cuanto a los deportes de nieve, la participación de mujeres se hizo visible ya en los campeonatos de *luges* de 1909 y en la semana de deportes de invierno de 1911, ambas competiciones organizadas por el Centre Excursionista de Catalunya.

INICIOS DE LA DIFUSIÓN E INSTITUCIONALIZACIÓN EN LA DÉCADA DE 1910: EL FÉMINA NATACIÓN CLUB DE BARCELONA

A pesar de la escasa incorporación de mujeres españolas en el ámbito del deporte organizado con anterioridad a 1920, la presencia

[12] Emilio Navarro, *Álbum histórico de las sociedades deportivas de Barcelona*. Barcelona, 1916, p. 82.

de crónicas y noticias sobre mujeres deportistas ya irrumpió en la prensa especializada en la década de 1910. Muchas de estas reseñas, a menudo acompañadas de imágenes, reflejaban la proliferación de competiciones femeninas fuera de España y, por su proximidad y protagonismo a partir de 1911 y 1912, en relación al deporte francés[13]. La emergencia de asociaciones deportivas femeninas en París, antes o a inicios de esa década, como el club de natación femenino *Ondine* (1908) y el *Femina-Sport* (1912), no pasó desapercibida en la prensa deportiva española y, por consiguiente, en los reducidos círculos de mujeres practicantes. Fue en ese contexto, precisamente, cuando apareció la primera iniciativa asociativa del deporte femenino, con una clara influencia de mujeres de origen extranjero.

Este es el caso de la constitución del Fémina Natación Club en septiembre de 1912 en Barcelona, dos meses después de la creación del *Femina-Sport* parisino y de cuya entidad se tomó el nombre. Así pues, el impacto del movimiento deportivo femenino francés en el inicio del proceso de institucionalización del deporte femenino en España parece indudable en la década de 1910 y, como veremos más adelante, en el decenio posterior. De hecho, el Fémina Natación Club, nació a partir de la actividad de mujeres francesas, inglesas, alemanas y catalanas que practicaban la natación en los Baños de San Sebastián, establecimiento regentado desde 1889 por la familia Ribalta[14]. Las hermanas Clementina y Mercè Ribalta, hijas del propietario, jugaron un papel destacado en la entidad, ya que fueron la presidenta y una destacada nadadora respectivamente. El Fémina desarrolló actividades competitivas anuales e, incluso, campeonatos internacionales (1913). Mantuvo su actividad regular hasta 1918.

La aparición de esta primera experiencia asociativa, sin embargo, no tuvo continuidad con iniciativas parecidas en Barcelona u otras ciudades, en buena medida, a causa de la escasa penetración de la natación en España en ese momento y del poco desarrollo del deporte femenino, más allá de actividades como la gimnasia,

[13] Pere Fullana, "El feminismo oculto entre el músculo y la vida social: los inicios del deporte femenino en España (1911-1915)", *Journal of Sport and Health Research*, 12 (2020/2), p. 152.
[14] Emilio Navarro, *Álbum histórico de las sociedades…*, p. 82.

la hípica, los deportes de invierno y el tenis en clubes mayoritariamente masculinos. El club, además, se caracterizaba por un marcado elitismo socioeconómico y una escasa permeabilidad social, lo cual limitaba sus posibilidades de expansión entre los sectores populares. Con todo, los cambios sociales y culturales operados en Europa, tras la Gran Guerra, precipitaron el inicio de un cambio de tendencia en relación a la presencia de mujeres en el sistema deportivo español.

DESAFIANDO LA HEGEMONÍA MASCULINA: EXPANSIÓN ASOCIATIVA, CONSCIENCIA DE GÉNERO Y DEBATE PÚBLICO (1920-1939)

EL IMPACTO DEL FEMINISMO DEPORTIVO EUROPEO EN ESPAÑA

Junto al desarrollo de la comercialización del fenómeno deportivo como espectáculo, en la década de 1920 el deporte en España vivió un incipiente proceso de cambio en sus formas de sociabilidad. Este proceso, que se mostraría más intenso durante la década posterior, en el contexto de la Segunda República, se caracterizó por una evidente influencia europea en lo tocante a la popularización deportiva, a la institucionalización del deporte obrero y al protagonismo del feminismo en la extensión del deporte femenino[15]. En lo que se refiere a este último aspecto, deben tenerse en cuenta dos elementos contextuales fundamentales. Por un lado, las consecuencias de la Primera Guerra Mundial en el incremento de la presencia de las mujeres españolas en el mercado de trabajo y, por consiguiente, en el aumento de una conciencia reivindicativa femenina. Si bien, obviamente, la incidencia de la Gran Guerra fue mucho menor que en aquellos países que participaron militarmente en el conflicto y, en todo caso, no propició la creación de un movimiento netamente

[15] Xavier Pujadas Martí, "Del barrio al estadio. Deporte, mujeres y clases populares en la Segunda República 1931-1936", en Xavier Pujadas Martí, *Atletas y ciudadanos. Historia Social del deporte en España 1870-2010*, Madrid, 2011, p. 127.

feminista movilizado[16], se trata de "un momento clave en la historia del feminismo español"[17]. Una mayor participación de las mujeres en el mundo del trabajo, sobre todo de mujeres urbanas, alfabetizadas y de familia burguesa en el sector terciario, daría como resultado una cierta difusión en España de las ideas feministas, la creación de asociaciones femeninas de corte conservador y, en todo caso, la apertura hacia posicionamientos reivindicativos más conscientes. Por otro lado, en el contexto deportivo europeo, debe tenerse en cuenta el alcance internacional de la intensa obra creativa de Alice Milliat, que se materializó en la creación de la Federación de Sociedades Femeninas Deportivas de Francia (1917), a la que seguirían la fundación en octubre de 1921 de la Federación Deportiva Femenina Internacional (FDFI) y la organización de los primeros Juegos Mundiales Femeninos de 1922 en París[18].

Fruto de este contexto cambiante en la década de 1920, se produjeron algunas transformaciones significativas en el escenario deportivo español. En primer lugar, debemos resaltar los contactos directos con el movimiento feminista deportivo francés en el marco de la constitución de la FDFI. Dichos contactos –todavía poco estudiados por la historiografía– dieron lugar a la visita de una delegación francesa de 20 deportistas en Madrid en septiembre de 1921, y a la cesión de poderes a Alice Milliat por parte representantes españoles en el Congreso de París del mes de octubre, para la creación oficial de la citada federación, que contó con la adhesión de delegados americanos, ingleses y checoslovacos, además de los españoles[19]. El vínculo español con el movimiento impulsado por Milliat se materializó a través de la revista *Fomento del Turismo y Deportes*, que era la representante en

[16] Mary Nash, *Defying Male Civilisation: women in the Spanish Civil War*, Denver, 1995, p. 40.

[17] Mª Teresa González Calbet, "El surgimiento del movimiento feminista 1900-1930", en Pilar Folguera (Ed.) *El feminismo en España. Dos siglos de historia*, Madrid, 2007, p. 81.

[18] Florence Carpentier, "Alice Milliat et le premier sport féminin dans l'entre-deux-guerres", *20 & 21. Revue d'Histoire*, 142 (2019/2), pp. 93-107.

[19] Así se explicitó en la prensa francesa: « Comment fut fondée la Fédération internationale féminine », *L'Auto*, 3 novembre 1921. Citado por: Florence Carpentier, "Alice Milliat et le premier sport féminin..., p. 100.

España de la federación francesa[20], y la Real Sociedad de Gimnástica Española, una asociación deportiva eminentemente masculina, lo cual evidenciaba la práctica inexistencia de clubes deportivos femeninos en España a principios de la década. De este contacto, surgió la celebración de dos demostraciones atléticas y deportivas "que dejaron muy buena impresión entre los curiosos"[21], y que debían fomentar "una evolución en las costumbres de las jóvenes, con lo cual irá ganando la familia y la patria", según la crónica periodística[22]. Si bien es cierto que la conexión entre el movimiento deportivo femenino internacional y algunos círculos deportivos españoles se materializó en la citada visita de septiembre de 1921 y en la presencia nominal de la representación española en la asamblea constitutiva de la FDFI, no lo es menos que dichos contactos no fructificaron en la creación de una federación española, en buena medida por la falta de entidades femeninas. Sin embargo, no debe menospreciarse el influjo del impulso feminista deportivo internacional en determinados círculos deportivos autóctonos. En la década de 1920, entre otros aspectos, el escenario deportivo practicado por mujeres vivió un cambio de tendencia relevante con la creación en octubre de 1928 del *Club Femení i d'Esports* de Barcelona, el primer club fundado, gestionado y dirigido por y para mujeres, entidad exclusivamente femenina y muy cercano a la propuesta ideológica de Milliat, ya que se autoproclamaba como "razonablemente feminista"[23] y planteaba difundir entre las mujeres la necesidad de su libertad, formación intelectual y control sobre su cuerpo. Creado por maestras, intelectuales y escritoras con una elevada consciencia cívica y social, se convirtió en una entidad de referencia en el deporte femenino hasta 1936, y en un motor de divulgación y movilización cultural, creó una biblioteca propia y una revista para sus asociadas, impulsó ciclos de conferencias para mujeres y constituyó cursos y secciones de atletismo, natación, baloncesto, gimnasia, esgrima, tenis, patinaje, hockey y excursionismo. Mucho más allá de lo deportivo, el club fue un exponente claro del

---

[20] *La Correspondencia de España*, 12 de septiembre de 1921, p. 6.
[21] *Madrid Sport*, 22 de septiembre de 1921, p. 6.
[22] *El Imparcial*, 11 de septiembre de 1921, p. 2.
[23] *Portanveu del Club Femení i d'Esports de Barcelona*, 1, 1930, p. 4.

modelo de mujer social y políticamente activa, culta, laica, fuerte y republicana, con "sentimiento, inteligencia y músculo"[24].

LA PRESENCIA PÚBLICA DURANTE LA SEGUNDA REPÚBLICA

A pesar de los cambios políticos y jurídicos que implicó, para las mujeres, la proclamación de la Segunda República en 1931, en muchos aspectos se mantuvieron procesos de discriminación, así como la persistencia de una clara mentalidad patriarcal[25]. No obstante, algunos aspectos como el incremento y visibilidad del deporte femenino internacional –divulgado en España por una prensa deportiva y generalista de corte popular y liberal–, el crecimiento asociativo del deporte gracias a la democratización republicana, y una mayor participación de las mujeres españolas en la vida social, cultural y educativa, facilitó que muchas mujeres jóvenes optasen por la práctica del deporte por primera vez en la década de 1930. Este incremento de la práctica femenina, puede verse tanto en la vida asociativa como en el deporte de competición federado. Desde el punto de vista asociativo, es significativo por ejemplo el desarrollo del deporte universitario femenino a partir del curso 1932-1933, reflejo del aumento de mujeres en la educación superior y de su adhesión en el movimiento estudiantil. En 1932, la Unión Federal de Estudiantes Hispanos ya propuso la necesidad de crear secciones deportivas de baloncesto, hockey, tenis, atletismo, natación y gimnasia para mujeres en todas sus federaciones. Por otra parte, debe tenerse en cuenta el crecimiento de entidades como el ya aludido *Club Femení i d'Esports* de Barcelona, que a partir de 1929 superó el millar de socias, y la creación de otras como el Club Femenino de Deportes de Madrid (1935), que inicialmente pretendía reproducirse en cada provincia[26], el *Grup de Cultura i Esport Femení* de Lleida, o incluso la aparición de equipos de fútbol femenino como el Valencia, el Levante o el España, presentados en los medios de comunicación como los primeros equipos

[24] C. Garcia Guardiola, "Pòrtic", *Portanveu del Club Femení i d'Esports de Barcelona*, 23 abril de 1932, p. 1.
[25] Mary Nash, *Rojas. Las mujeres republicanas en la Guerra Civil*. Madrid, 1999, p. 83.
[26] Ángel Bahamonde, "La escalada del deporte en España...., p. 118.

profesionales de fútbol femenino, en 1932[27]. En el ámbito competitivo internacional, destaca la presencia de deportistas como la exitosa y polifacética Lilí Álvarez, escritora, patinadora, esquiadora y tenista olímpica, o la esquiadora Margarita Moles, primera mujer española en unos Juegos de invierno, junto a Ernestina Baenza, en 1936. Sin embargo, en el campo internacional, lo más relevante es la singularidad de casos como los de Álvarez y Moles y, por consiguiente, la falta de figuras con posibilidades de competir en torneos y competiciones estables, fruto de la escasa visibilidad del deporte femenino y de las tradicionales dificultades materiales, sociales e institucionales que padecía. Parte esencial de estas carencias, se reflejaba también en las controversias públicas sobre la oportunidad de que las mujeres practicasen deporte.

VIEJOS VALORES Y NUEVOS DESAFÍOS: EL DEBATE SOBRE MUJER Y DEPORTE EN LA REPÚBLICA

Este aumento de la visibilidad del deporte practicado por las mujeres, así como el incremento del discurso proclive a la igualdad jurídica y social a partir de 1931, propició la emergencia pública del debate sobre la conveniencia y los límites de la práctica deportiva femenina. En realidad, dicho debate se debe entender en el contexto general de la controversia sobre el modelo de mujer a partir de los tradicionales argumentos seudocientíficos diferenciadores basados en la anatomía y la biología y que, en los años treinta, incorporaron aspectos de la psicología y la sociología[28]. La mayoría de estos textos implicaban juicios de valor sobre la inconveniencia de la práctica del deporte en la mujer, dada su misión básica centrada en la maternidad, opuesta a los peligros de la actividad física intensa. Debe destacarse, como paradigmático del impacto que el fenómeno deportivo causó ya en la segunda mitad de la década anterior, el libro del conocido endocrinólogo Gregorio Marañón: *Sexo, trabajo y deporte* (1926),

[27] Xavier Pujadas Martí, "Del barrio al estadio. Deporte, mujeres y clases populares…", p. 152.

[28] Aurora Morcillo, "Feminismo y lucha política durante la II República y la Guerra Civil", en Pilar Folguera (ed.) *El feminismo en España. Dos siglos de historia*, Madrid, 2007, p. 92.

defensor de la diferenciación sexual y del determinismo biológico que dirige la mujer hacia la maternidad y el cuidado familiar, lo cual quedaba demostrado por el hecho de que una vez la mujer ha dado a luz "la feminidad verdadera se impone y la mujer deja sus hábitos deportistas"[29]. Argumentos parecidos, si bien mucho más centrados en el tipo de prácticas específicas, fueron puestos en circulación por Marcelo Sanz Romo en 1932, cuyo razonamiento recuperaba las tradicionales justificaciones médicas sobre la conveniencia de la natación en las futuras madres y los efectos lesivos de los deportes atléticos sobre la naturaleza de las mujeres "ya que el organismo femenino es siempre parecido al del niño por su delicadeza"[30]. Mucho más hostiles a la práctica deportiva femenina fueron los numerosos artículos de prensa publicados entre 1931 y 1936[31], que acudían a argumentos psicológicos y biológicos para oponerse a la "hominización de la mujer" como resultado de hacer deporte.

El estallido de la Guerra Civil Española en 1936 y la consiguiente implantación de la dictadura franquista, significaron un freno para el proceso ascendiente de la incorporación de las mujeres en el deporte que se había iniciado desde 1920 y, sobre todo, la hegemonía de un modelo de mujer sumisa y subsidiaria del hombre. Este nuevo contexto sociopolítico, en consecuencia, tuvo un impacto directo sobre el papel de las mujeres en el sistema deportivo.

SUMISAS, MADRES Y DECENTES: LA CUESTIÓN DEL DEPORTE FEMENINO EN EL FRANQUISMO (1939-1975)

EL MODELO DE MUJER Y EL DEPORTE

Tanto la educación física como el deporte durante el período franquista, como ocurrió en otros ámbitos de la sociedad, sufrieron

[29] Gregorio Marañón, *Tres ensayos sobre la vida sexual: Sexo, trabajo y deporte; maternidad y feminismo; educación sexual y deferenciación sexual*, Madrid, 1926, p.56.

[30] Marcelo Sanz Romo, *Cultura física*, Madrid, 1932, p. 47.

[31] Por ejemplo: C. Juarros, Apostillas comedidas. Concepto de mujer y del ritmo femenino", *Gimnástica*, 4, 1934, p. 1 o bien Vital Aza, "Deporte y obstetrícia", *Gimnástica*, 6, 1934, p. 2.

cambios profundos que se inspiraron en el modelo fascista y que se orientaron con el objetivo de convertirse en un "mecanismo eficaz para la transmisión de su ideología"[32], a través de una rígida disciplina y control por parte de los poderes públicos. En el caso del deporte, estos poderes públicos cristalizaron en la creación en 1941 de la Delegación Nacional de Deportes (DND), dirigida desde Falange Española Tradicionalista y de las JONS, el partido único, que definía al deporte como uno de los "principales instrumentos para la entera educación del hombre español"[33]. Los preceptos del nuevo Estado sobre el rol social de las mujeres se fundamentaban en una visión diferenciadora respecto del hombre, ya que la mujer era vista como sustancialmente diferente por razones de tipo religioso y biológico. Este modelo femenino estaba determinado por ser madre y esposa, al cuidado de los hijos y del marido, sometida al hombre, como cabeza de familia. La educación física y el deporte, por lo tanto, se entendían como una herramienta para este fin. Tal misión se basaba en argumentos de tipo científico-médico, religioso y político, orientando la práctica femenina a la preservación de la salud para garantizar su función procreadora, limitando las actividades a unas severas reglas morales en la manera de vestir y actuar, y desarrollando la función doctrinal del deporte para el servicio a la Nación[34]. En consecuencia, en cuanto al papel social de la mujer, el régimen franquista lo circunscribió a la conocida argumentación nacionalsocialista de "niños, cocina-hogar e iglesia", a la cual el falangismo añadiría la idea fascista de la mujer como "templo de la raza", "encargada de la socialización de los hijos en los valores del régimen"[35].

[32] Xavier Pujadas, Beatriz Garay, Fernando Gimeno, Ramon Llopis, Gonzalo Ramírez y José Manuel Parrilla, "Mujeres y deporte durante el franquismo (1939-1975). Estudio piloto sobre la memòria oral de las deportistas", en *Materiales para la Historia del Deporte*, 10 (2012), p. 39.

[33] *Boletín Oficial del Estado*, 64, 5 de marzo de 1941, p. 1551.

[34] Juan Carlos Manrique y cols., "Factores que determinaron la educación Física y Deportiva de género durante el franquismo", en *Apunts*, 98 (2009), pp. 5-14.

[35] Juan Carlos Manrique, "Juventud, deporte y falangismo. El Frente de Juventudes, la Sección Femenina y los deportes del Movimiento", en Xavier Pujadas Martí, *Atletas y ciudadanos. Historia Social del deporte en España 1870-2010*, Madrid, 2011, p. 261.

EL CONTROL SOCIAL, MORAL Y SEXUAL A TRAVÉS DEL DEPORTE

Con el objetivo de llevar a cabo dicha misión instrumental de las prácticas deportivas y de la educación física femeninas, el Estado franquista estableció diferentes medidas de control y limitaciones estrictas, y encargó a la Sección Femenina de Falange, "la formación política y social de las mujeres españolas"[36], dentro de la cual se incluyó la práctica deportiva entre las jóvenes y la formación de profesoras e instructoras de educación física y deportes. En lo referente a las limitaciones de las prácticas deportivas, se redujeron los deportes que podían ser practicados y se intentó que las mujeres no desarrollasen deportes individuales competitivos porque se entendían como contrarios al modelo de feminidad del régimen. En este sentido, el deporte profesional femenino fue vetado desde el inicio de la década de 1940, dado que su unica misión social era propagandística, se veía como perjudicial y debía combatirse[37]. El ejemplo más palmario del tipo de limitaciones en la práctica deportiva, más allá de la evidente exclusión de las mujeres en relación a los deportes competitivos de contacto, fue la prohibición por parte de Sección Femenina del atletismo femenino hasta 1961. De hecho, la presencia de los deportes en los planes de estudio escolares para las chicas prácticamente fue nula en todos los niveles, si bien Sección Femenina desarrolló sus propias competiciones en las que incluyó de manera preferente natación, esquí, hockey, baloncesto y balonmano y, en 1952, voleibol. Estas prácticas se completaban con "gimnasia educativa y rítmica, cuentos gimnásticos, danza clásica y popular, juegos (dirigidos y libres), paseos y excursiones"[38]. Sin embargo, y a pesar del estricto control por parte de las autoridades en el vestir de las deportistas, lo cual provocó por ejemplo la obligatoriedad de llevar

[36] "Decreto de 28 de diciembre de 1939 sobre funciones de la Sección Femenina de Falange Española Tradicionalista y de las J.O.N.S", en *Boletín Oficial del Estado*, 363, 29 de diciembre de 1939, p. 7347.

[37] Luís Agosti, "Educación Física femenina-papel de la mujer en los deportes", en *Memoria Resumen de las tareas científicas del I Congreso Nacional de Educación Física,* Madrid, 1943, p. 143.

[38] María Luisa Zagalaz, "La educación física femenina durante el franquismo. La sección femenina", en *Apunts*, 65 (2001), p. 16.

falda en los trajes de baño de las nadadoras en las competiciones, en la década de 1940 la iglesia española se oponía a determinadas prácticas entre las mujeres, hecho que requirió de difíciles justificaciones de las responsables falangistas de la educación física ante las autoridades eclesiásticas[39], en un Estado que había asumido como propias las recomendaciones morales de la Iglesia y que se autodefinía como nacionalcatólico. El control moral y sexual de las mujeres jóvenes se extendió, por tanto, a través de la educación física y las escasas competiciones deportivas organizadas desde el régimen o en los clubes privados hasta la década de 1960. La obligatoriedad del uso de bombachos, falda pantalón, faldas largas, o el preceptivo albornoz al salir de las piscinas para ocultar el cuerpo, cumplía una doble misión estricta, como era la de evitar la exposición pública y a la vez inculcar un pudor y un sometimiento en las mujeres, que los hombres no debían seguir. Sin embargo, ello dificultaba la normal práctica del deporte y la eficacia competitiva. Hasta 1960, la desaparición de muchas prácticas deportivas femeninas que antes de 1936 habían sido desarrolladas, la inexistencia de clubes femeninos que habían sido referentes en la década de 1930, y el riguroso control al que eran sometidas las deportistas, trajo consigo la inexistencia de éxitos deportivos individuales y colectivos a escala internacional y la invisibilidad de las mujeres deportistas en la esfera pública. Si bien, en parte, sirvió como herramienta de adoctrinamiento y extensión de un modelo de feminidad acorde con los principios de la dictadura, tal despliegue de control y represión obstaculizó severamente la evolución de la práctica deportiva entre las mujeres y ayudó a perpetuar una cultura deportiva masculina dominante.

LA ETAPA APERTURISTA

Del mismo modo que pasó en las esferas política, económica y social, el ámbito deportivo español reflejó algunos cambios significativos a partir de la década de 1960, en el contexto de la llamada etapa aperturista de la dictadura. Junto a los cambios generacionales al

---

[39] María Luisa Zagalaz, "La educación física femenina...", p. 11.

frente de la DND con la muerte del General José Moscardó, que obligó a su sucesión en la figura de José Antonio Elola Olaso (1956), lo más relevante fue la aprobación de la Ley de Educación Física y Deportes (1961). El nuevo ordenamiento jurídico del deporte, impulsó la creación de infraestructuras para la práctica deportiva gracias a un incremento de los ingresos para este fin, pretendió el acercamiento del deporte a los ciudadanos, y permitió la aparición de los Institutos Nacionales de Educación Física, con el objetivo de formar a profesores y profesoras de Educación Física. El escenario aperturista de los años de 1960 y 1970, además, favoreció que las nuevas generaciones de deportistas de las grandes ciudades, se formasen con nuevos referentes culturales y una mayor influencia internacional, hecho inseparable del contexto de transformaciones del ocio urbano, la llegada del turismo y las novedades en la Ley de prensa (1966), que incrementó la transmisión de los nuevos hábitos y las costumbres[40]. Desde el punto de vista de la incorporación de las mujeres al deporte, esta Ley reconocía la educación física como "una necesidad de carácter público" y acercaba por primera vez el discurso franquista a la idea del deporte como herramienta para la salud, defendida en otros Estados europeos, y que incluía a todos los ciudadanos[41]. En consecuencia, el deporte femenino entró en un proceso de crecimiento y de una cierta normalización competitiva en algunas modalidades defenestradas durante la primera mitad del régimen franquista, como por ejemplo en el caso del atletismo desde 1961. No obstante, esto no significa que las autoridades deportivas realizasen una apuesta decidida por el impulso del deporte femenino o que, ni mucho menos, aportasen un nivel de inversiones públicas a la altura de deporte masculino, que seguía siendo mayoritario. Desde un punto de vista material y de aceptación social, el deporte femenino permaneció en un segundo plano. A pesar de la percepción general sobre el aumento de la permisividad en la

[40] Teresa González Aja, "Contamos contigo. Sociedad, vida cotidiana y deporte en los años del desarrollismo (1961-1975)", en Xavier Pujadas Martí, *Atletas y ciudadanos. Historia Social del deporte en España 1870-2010*, Madrid, 2011, p. 333.

[41] "Ley 77/1961 sobre Educación Física", en *Boletín Oficial del Estado*, 309, de 27 de diciembre de 1961, p. 18126.

indumentaria[42], del incremento de prácticas y de deportistas, lo cierto es que en general el rechazo social hacia el deporte femenino en el espacio público siguió instalado en las mentalidades. Muchos testimonios, como el de la propia atleta olímpica i campeona del mundo de Cross Carmen Valero, han resaltado agresiones verbales, lanzamiento de objetos y menosprecio de deportistas durante entrenamientos y competiciones[43] por el mero hecho de ser mujeres, a finales de los años 60. Cosa parecida, sucedió con la compleja irrupción del fútbol femenino a principios de la década de 1970. A la falta de reconocimiento federativo y de ayuda por parte de las estructuras futbolísticas en general, hay que añadir las parodias públicas, los insultos y el menosprecio que a menudo recibieron las primeras futbolistas, ya que "en general se miraba a las chicas que jugaban al fútbol como marimachos o chaladas que querían llamar la atención"[44]. A pesar de los obstáculos, las futbolistas siguieron jugando y no fue hasta 1980 cuando la Federación reconoció oficialmente al fútbol femenino.

A partir de la segunda mitad de la década de 1960, la proliferación de deportistas femeninas en deportes como natación, tenis, pelota, esquí y atletismo daría como resultado la aparición de los primeros éxitos internacionales. Son destacables los éxitos de algunas mujeres deportistas que empezaron a convertirse en referentes sociales, como Mari Paz Corominas en natación, medallista en los campeonatos europeos júnior de Linkoping (1967) y que se convirtió en la primera mujer española finalista olímpica (México, 1968), la tenista Carmen Hernández Coronado, la esquiadora Conchita Puig o la ya citada atleta Carmen Valero, finalista en los campeonatos europeos júnior de 1973 y medallista en los Juegos Mediterráneos de 1975. Sus éxitos más destacados llegaron a partir de 1976. Sin embargo, la participación de mujeres en los equipos olímpicos fue todavía muy discreta. Si bien hubo presencia femenina desde 1960, tras cinco ediciones en los juegos de verano sin atletas españolas (entre 1928 y 1956),

---

[42] Xavier Pujadas, Beatriz Garay, Fernando Gimeno, Ramon Llopis, Gonzalo Ramírez y José Manuel Parrilla, "Mujeres y deporte durante el franquismo…", p. 53.

[43] Entrevista a Carmen Valero en *Temps de Joc*, 18, novembre/diciembre de 1998, p. 48.

[44] Rafael Muga, *Las estrellas olvidadas*, Madrid, 2015, p. 12.

esta fue muy desigual con 11 mujeres en Roma (1960), 3 en Tokio (1964), 2 en México (1968), 5 en Múnich (1972) y únicamente 1 en los juegos de invierno, en Sapporo (1972)[45]. Es decir, 22 mujeres frente a 453 hombres olímpicos en este período. En resumen, una participación media del 4,6% de mujeres entre 1960 y 1975, espejo de un sistema deportivo dirigido y pensado por y para hombres.

MUJERES, DEPORTE Y DEMOCRATIZACIÓN (1975-2000)

LA TRANSICIÓN DEMOCRÁTICA

La muerte del general Franco y el inicio del proceso de la transición política en España, comportó profundas transformaciones jurídicas e institucionales en el sistema deportivo español, con efectos relevantes en relación a la práctica deportiva de las mujeres. Desde el punto de vista constitucional, la aprobación de la Constitución en 1978 estableció el principio de igualdad entre hombres y mujeres, prohibió la discriminación por motivos de sexo y estableció la igualdad en el matrimonio y en el ámbito laboral. Por otro lado, la Carta Magna reguló sobre el fenómeno deportivo por primera vez, estableciendo en el artículo 43.3 que "los poderes públicos fomentarán la educación sanitaria, la educación física y el deporte"[46] y dando carta de naturaleza a la descentralización de la gestión pública sobre el fomento del deporte, al otorgar a las Comunidades Autónomas la posibilidad de asumir las competencias en deporte y ocio (artículo 148.19). Fruto de este nuevo ordenamiento, las instancias públicas que debían participar en la intervención pública sobre el deporte eran tres: el Estado, las Comunidades Autónomas y la Administración local[47]. Posteriormente, en 1980, se aprobó la Ley General de

---

[45] Los datos sobre participación y resultados en: *Sports Reference*. Olympic sports. Spain. Recuperado en: http://www.sports-reference.com/olympics/countries/ESP/

[46] *Constitución Española*. Boletin Oficial del Estado, 311.1, de 29 de septiembre de 1978.

[47] Dominique Bodin, "Inclusión social y práctica deportiva: el deporte como herramienta de construcción ciutadana en la España democràtica. 1975-2000", en Xavier

Cultura Física y Deporte[48], que sustituyó a la ley de 1961 y puso de relieve la voluntad de extender el deporte y la educación física entre los ciudadanos, en sintonía con las tendencias europeas proclives a una visión del "deporte para todos"[49]. En consecuencia, y sobre todo tras la constitución de los ayuntamientos democráticos en 1979, durante la década de 1980 se crearon y desarrollaron políticas de promoción de la práctica de actividades físicas y deportivas y programas municipales de promoción del deporte. Estas políticas incluían a diferentes grupos sociales, entre los cuales a las mujeres. En 1990, la aprobación de la Ley Orgánica de Ordenación del Sistema Educativo (LOSE), impulsó la coeducación en el currículum de la educación física en las escuelas y propició la realización de un plan de enseñanza coeducativa y de materiales didácticos en este sentido para los docentes, lo cual fue muy relevante para aumentar el interés de las jóvenes en la práctica del deporte. También, el Consejo Superior de Deportes, que en 1977 substituyó a la Delegación Nacional de Deportes franquista, empezó a organizar seminarios sobre la situación de la mujer en el deporte, en colaboración con el Instituto de la Mujer. Estos seminarios fueron los primeros que se llevaron a cabo sobre la temática específica y tuvieron lugar en 1986 y 1990[50]. Estos cambios estructurales, jurídicos y políticos en relación a la incorporación de las mujeres en el deporte se desarrollaron fundamentalmente entre 1975 y 1990. Durante la década posterior, se materializaron importantes avances en la presencia de las mujeres en la práctica deportiva, si bien con resultados asimétricos en función del ámbito deportivo.

Pujadas Martí, *Atletas y ciudadanos. Historia Social del deporte en España 1870-2010*, Madrid, 2011, p. 438.

[48] "Ley 13/1980, de 31 de marzo, General de la Cultura Física y del Deporte", en *Boletín Oficial del Estado*, 89, 1 de abril de 1980.

[49] Sixte Abadia, "Deporte, ciutadania y libertad: la transición en España y el deporte. 1975-1982", en Xavier Pujadas Martí, *Atletas y ciudadanos. Historia Social del deporte en España 1870-2010*, Madrid, 2011, p. 383.

[50] Benilde Vázquez y Élida Alfaro-Gandarillas, "La participación de las mujeres en el último tercio del siglo XX y la ruptura de estereotipos en el deporte", en Núria Puig y Andreu Camps (eds.), Diálogos sobre el deporte 1975-2020, Barcelona, 2020, p. 205.

LA PRÁCTICA DEPORTIVA FEMENINA EN DEMOCRACIA

Desde el punto de vista de la presencia de las mujeres en la práctica deportiva durante la etapa de la transición política y la consolidación democrática en España, uno de los hechos más relevantes fue sin duda el crecimiento de practicantes. En el año 1975, el 12,8% de las mujeres españolas practicaban algún tipo de deporte, mientras que en 1995 este porcentaje ascendió a una media del 30%[51]. Esta cifra aumentaba en las grandes ciudades, caso de Barcelona, donde en 1989 la participación femenina era del 35%, si bien, en 1995 este índice ya había ascendido al 45%, disminuyendo considerablemente la brecha de género[52]. Los cambios legislativos de los primeros años de la transición, la democratización de las instituciones deportivas y, sobre todo, la participación en el impulso del deporte ciudadano de masas por parte de los ayuntamientos a partir de 1979, fueron elementos básicos a tener en cuenta en esta transformación. Sin embargo, los elementos más relevantes que explican este incremento del deporte femenino deben encontrarse en aspectos sociales, económicos y culturales que fundamentalmente se produjeron a partir de 1980. En primer lugar, se debe tener en cuenta el aumento de la consciencia sobre la necesidad de la práctica deportiva por parte de las mujeres, vinculada a una renovada voluntad de participación y presencia en el espacio público, desafiando determinados estereotipos que habían sido hegemónicos en las décadas anteriores y que formaban parte de una cultura eminentemente patriarcal. En segundo lugar, la incidencia de los cambios sociolaborales que dieron como resultado un incremento del acceso de la mujer en el mercado laboral, en la vida pública, la educación secundaria y universitaria. En tercer lugar, las mejoras organizativas de la oferta del deporte escolar y entre las jóvenes. Estos factores facilitaron, en la década de 1980, la visibilidad de las mujeres y ayudaron a transformar los prejuicios sobre su papel

[51] Jesús Martínez del Castillo (dir.), *Sobre la actividad física y deportiva de las mujeres del municipio de Madrid: hábitos, demandas y barreras*, Madrid, p. 15.

[52] A. Cañellas y J. Rovira, "Els hàbits esportius dels barcelonins". en *Temps de joc. Revista de l'espor per a tothom*, 9, p. 25.

en la sociedad y en el deporte[53]. El incremento y diversificación de la oferta de deporte y de actividades físicas acercó el sistema deportivo a las necesidades y gusto de las mujeres, mientras que el aumento de la presencia de mujeres en el deporte internacional y el incremento de los éxitos deportivos antes y después de los Juegos Olímpicos de 1992 en Barcelona, también influyó en la percepción del deporte femenino de competición como una realidad. En cuanto al tipo de prácticas, durante las décadas de 1980 y 1990 se apreció un aumento importante de la demanda de actividades no competitivas o en las que no hay confrontación directa entre las mujeres, como nadar, caminar, realizar ejercicios gimnásticos, lo cual reflejaba la diversificación de edades entre las practicantes y la búsqueda de actividades relacionadas con la salud. Gracias a la primera encuesta de hábitos deportivos realizada sobre las mujeres en 1990[54], se concluyó que el perfil de mujeres que practicaban deporte a principios de aquella década era el de personas jóvenes, de un nivel socioeconómico y educativo elevado o medio alto, y que habitaba las zonas metropolitanas. En los albores del siglo XXI, las mujeres españolas preferían los deportes individuales, tenían poco interés por las actividades competitivas, se resistían a los deportes con estereotipos masculinos, buscaban alguna utilidad en la práctica deportiva y tenían escaso interés por el deporte espectáculo y por el resultado de su participación[55]. En el deporte escolar y universitario, sin embargo, las diferencias entre mujeres y hombres es todavía muy elevada a finales del período estudiado. En 2011, la diferencia entre chicos y chicas escolares que participaban en competiciones era de 20 puntos[56].

En lo referido a los deportes de competición y a la visibilidad social de referentes deportivos femeninos, el período 1975-2000 dio como resultado un cambio sin precedentes gracias a las transformaciones estructurales ya mencionadas, al incremento de la inversión en programas de ayuda a deportistas, formación, instalaciones de

[53] Xavier Pujadas, "La recuperació de la dignitat. Dones, esport i democratització a Barcelona (1975-1992)", en *Quadern Dones i Esport*, 5, Barcelona, 2007, pp. 7-8.

[54] Benilde Vázquez, *Actitudes y prácticas deportivas de las mujeres españolas.* Madrid, 1993.

[55] Benilde Vázquez y Élida Alfaro-Gandarillas, "La participación...", p. 207.

[56] Benilde Vázquez y Élida Alfaro-Gandarillas, "La participación de...", p. 208.

tecnificación y al impulso generado por los Juegos Olímpicos de 1992. Los índices de la presencia de atletas femeninas en las ediciones de los Juegos Olímpicos entre 1976 y 2000 crecieron exponencialmente, ya que la media de participación en las siete ediciones de verano fue del 22,9%. En los Juegos Olímpicos de Barcelona, el equipo español se compuso de 127 mujeres y 301 hombres, es decir una presencia femenina del 29,6%, lo cual no tenía precedentes hasta el momento[57]. Más allá de las cifras de participación olímpica, la aparición de deportistas referentes para muchas otras mujeres fue también inédita. Tanto por la cantidad de éxitos, la calidad de estos y la diversidad de prácticas. Así pues, cabe destacar a mujeres en el terreno del atletismo, como la ya citada Carmen Valero en la década de 1970 y 1980, en natación, como Rosa Estiarte, en tenis, caso de Arantxa Sánchez Vicario y Conchita Martínez, en esquí, a la medallista (1984) Blanca Fernández Ochoa, en gimnasia rítmica, en relación al equipo olímpico que obtuvo el oro en los juegos de Atlanta (1996), y a tantas otras atletas finalistas o medallistas en vela, judo, ciclismo, halterofilia y natación sincronizada, entre otras muchas modalidades. Sin embargo, para algunos autores, el éxito progresivo del deporte femenino de alto nivel, "ha contribuido a enmascarar la situación de desigualdad en el acceso a la práctica deportiva federada de la mujer"[58]. Ciertamente, esta situación no se daba solamente en el ámbito federado. A pesar de los indiscutibles avances durante este período en el incremento de la práctica, la presencia pública, la aceptación social, la inversión pública o en los éxitos internacionales, a principios del siglo XXI todavía permanecían abiertas múltiples cuestiones críticas en lo que se refiere al deporte femenino en España. Entre ellas, las profundas desigualdades en relación a los salarios en el deporte profesional, la exigua presencia de mujeres dirigentes en el sistema deportivo público y privado, la escasa visibilidad y presencia en los grandes medios de comunicación,

---

[57] Sports Reference. Olympic sports. Spain. Recuperado en: http://www.sports-reference.com/olympics/countries/ESP/

[58] Fernando París-Roche, "Visión histórica de la construcción del modelo deportivo español. 1975-2019", en Núria Puig y Andreu Camps (eds.), Diálogos sobre el deporte 1975-2020, Barcelona, 2020, p. 45.

la importante falta de mujeres en las estructuras técnicas de los clubes deportivos y en los colegios arbitrales, la poca presencia en las carreras universitarias y los estudios profesionalizadores vinculados al deporte, el elevado abandono de chicas adolescentes ante una mayor adherencia masculina o el desigual porcentaje del número de licencias.

CUARTA PARTE

DEPORTE, MEDIOS DE COMUNICACIÓN Y NEGOCIO

EL FÚTBOL BRASILEÑO COMO NEGOCIO: ANÁLISIS DE LAS SOCIEDADES ANÔNIMAS DE FUTEBOL (SAF) Y LA CREACIÓN DE UNA LIGA PROFESIONAL

Luís Henrique Rolim
Pontificia Universidad Católica do Rio Grande do Sul

Según la última edición de *la Evaluación Económica de los Clubes Brasileños*, publicada por la agencia *Sports Value*, después de la pandemia, hubo una mejora de los ingresos en los balances de los clubes, con el TOP 30 de Brasil valorando en conjunto 33.200 millones de reales (6.600 millones de dólares), frente a los 25.300 millones de reales de 2021[1]. En este sentido, hay una creciente valorización de los clubes brasileños en el mercado y si se negociaran en su totalidad, este sería el valor por producir. Por otro lado, según el análisis de *Sports Value*, las deudas de todos los clubes brasileños han crecido constantemente en los últimos cinco años y superan los 12.000 millones de reales (2.400 millones de dólares), siendo la gran mayoría de las deudas de naturaleza fiscal (impuestos, etc.), con el Gobierno Federal[2]. Además, el impacto de la pandemia del COVID-19 ha empeorado la situación financiera de los clubes y muchos están abandonando el Programa de Modernización de la Gestión y Responsabilidad Fiscal del Fútbol Brasileño (PROFUT) para adherirse al Programa de Emergencia para la Reanudación del Sector de Eventos (PERSE), creado por el gobierno brasileño en 2021[3].

---

[1] Sports Value. *Avaliaçao econômica dos clubes brasileiros 2022*, Sports Value, 2023.

[2] Ibídem, p. 52; EY. *Levantamento Financiero: Clubes Brasileiros 2022*, EYGM, 2023.

[3] Rodrigo Mattos, "Após 7 anos de Profut, dívidas de clubes caem sño 10% e somam R$ 11,3 bi", UOL, 24 de Mayo de 2023, https://www.uol.com.br/esporte/futebol/colunas/rodrigo-mattos/2023/05/24/apos-7-anos-de-profut-dividas-de-clubes-caem-so-10-e-somam-r-113-bi.htm

En esta ecuación entre deudas e ingresos, los expertos[4] entienden que las marcas de fútbol brasileño aún tienen potencial de crecimiento si, por ejemplo, se creara una liga profesional y los clubes adoptaran modelos sólidos de gestión empresarial. El término "fútbol-negocio" ha llegado a asociarse con el hecho de que ya no hay lugar para el amateurismo en las herramientas que determinan las estrategias futbolísticas. Sin embargo, una de las consecuencias de esta propuesta es que los aficionados son vistos como clientes y los jugadores como productos[5]. En este sentido, la promulgación de la Ley 14.193/2021, estableció un nuevo e importante marco regulatorio para el fútbol brasileño, permitiendo la creación e institución de las llamadas *Sociedades Anônimas do Futebol* (Sociedades Anónimas de Fútbol - SAF). Así, clubes de la Serie A como Botafogo (Río de Janeiro), Cruzeiro (Minas Gerais) y Vasco da Gama (Río de Janeiro) se convirtieron en los primeros casos de alto perfil en Brasil en ser negociados por conocidos Multi-Club Ownership Groups Clubes (MCO), marcando la entrada de Brasil en la geopolítica de la economía del deporte[6]. Además, el debate sobre la profesionalización del fútbol en Brasil se intensificó aún más a medida que se acercaba el final del contrato (2025) para la retransmisión de los partidos del campeonato brasileño (Brasileirão), organizado por la Confederación Brasileña de Fútbol (CBF). Como resultado, las propuestas de crear una liga volvieron a unir y dividir a los clubes en dos bloques para negociar la venta de los derechos de retransmisión: (1) *la Liga do Futebol Brasileiro* (LIBRA), respaldada por inversores de Emiratos Árabes Unidos; y (2) *Liga Forte Futebol* (LFF), que cuenta con fondos de inversión estadounidenses y brasileños. Si a estos nuevos players y regulaciones se añaden los intereses privados y políticos que históricamente han

4 Sports Value. *Avaliação econômica de dos clubes brasileiros 2022*, Sports Value, 2023; André Galdeano Simões e Marcus Henrique Arnizaut Duarte, "A Liga Brasileira de Futebol é o próximo passo em nossa evluçao", *Lei em Campo*, 16 de Junio de 2021, https://leiemcampo.com.br/a-liga-brasileira-de-futebol-e-o-proximo-passo-em-nossa-evolucao/

5 Jonas Abreu, "Do modelo Institucional às Sociedades Anônimas: um Mapa do Futebol-Business", *Ciências Jurídicas* 24(1), (2023), p. 104. https://doi.org/10.17921/2448-2129.2023v24n1p104-114

6 Simon Chadwick, "From utilitarianism and neoclassical sport management to a new geopolitical economy of sport", *European Sport Management Quarterly*, 22(5) (2022). pp. 685-704. https://doi.org/10.1080/16184742.2022.2032251

formado parte del fútbol brasileño, el resultado es un contexto en proceso de cambio y efervescente debate.

En este contexto, el énfasis de los estudios recientes en Brasil sobre el tema de las SAF se ha centrado en aspectos jurídicos y fiscales y poco en las áreas de finanzas y gestión deportiva, así como los impactos sociales y culturales en la relación club-hincha[7]. Además, el debate sobre la creación de una liga profesional independiente de la CBF en Brasil no es nuevo, pero en lo que se refiere al debate reciente, todavía hay pocos resultados y análisis más profundos.

El objetivo de este capítulo es, por tanto, analizar la creación de las *Sociedades Anônimas do Futebol* y el debate sobre la creación de una liga profesional, partiendo de la premisa de que es necesario profesionalizar los clubes con un modelo corporativo para competir a nivel internacional, atraer inversores y asociar el fútbol brasileño al mundo del espectáculo deportivo globalizado[8].

CONSIDERACIONES NORMATIVAS SOBRE LA PROFESIONALIZACIÓN EN EL FÚTBOL BRASILEÑO

La mayoría de las leyes brasileñas relativas al deporte surgieron durante los periodos dictatoriales en Brasil[9], siendo el deporte una herramienta del Estado para mantener el poder. Así, controlado por el Estado y directamente subordinado al Ministerio de Educación, el deporte fue reglamentado en Brasil en 1941 con la publicación de la primera ley del país sobre el tema[10]. Con la promulgación de la Constitución Federal de 1988 (artículo 217), se reconoció la

---

7 Felipe Baptista Zarur, *O Impacto da Paixão dos Torcedores na sua Percepção sobre as Sociedades Anônimas de Futebol*, Trabajo Fin de Grado (Licenciatura en Administración y Dirección de Empresas), Pontíficia Universidade Católica do Rio de Janeiro, 2022.

8 Alan Bairner, *Sport, nationalism, and globalization: European and North American perspectives*, State University of New York, 2001.

9 Se consideran regímenes dictatoriales en Brasil: el Nuevo Estado instituido por Getúlio Vargas (1937-1945) y el período de la dictadura militar (1964-1985).

10 André Galdeano Simões e Marcus Henrique Arnizaut Duarte, "A Liga Brasileira de Futebol é o próximo passo em nossa evolução", *Lei em Compo*, 16 de Junio de 2021, https://leiemcampo.com.br/a-liga-brasileira-de-futebol-e-o-proximo-passo-em-nossa-evolucao/

autonomía de los organismos y asociaciones deportivas en la administración del deporte[11].

Solo en los años 90, con la promulgación de la Ley Zico (Ley 8.672/93) y, posteriormente, de la llamada Ley Pelé (Ley 9.615/98), fue posible la profesionalización del deporte en Brasil. Así, la Ley Zico puede considerarse la primera disposición legal que permitió a las organizaciones deportivas brasileñas crear sociedades mercantiles con ánimo de lucro para gestionar sus actividades, siempre que se mantuvieran sus fines deportivos. La Ley Zico fue posteriormente derogada con la llegada de la Ley Pelé, que pretendía regular el deporte y obligaba a las organizaciones deportivas a convertirse en sociedades comerciales para poder participar en competencias profesionales. Esta obligación se suprimió tras la presión de los clubes y el debate sobre la constitucionalidad del texto legal. Así, tras los cambios introducidos en la Ley Pelé, se estableció que las entidades deportivas son libres de organizar la actividad profesional, cualquiera que sea su modalidad (incluido el modelo club-empresa), bajo cualquier forma jurídica prevista por la ley[12].

Hoy en día, aunque la Ley General del Deporte - LGE (Ley n.º 14.597/2023) sea la pieza más actual y completa de la legislación deportiva brasileña[13] en lo que se refiere a este capítulo, es importante señalar que las dos leyes que tratan específicamente de la gestión responsable del fútbol y de la creación de clubes societarios no han sido modificadas y siguen en vigor: (1) la Ley n.º 14.193 de 6 de agosto de 2021, que creó la *Sociedade Anônima do Futebol* (SAF) a nivel nacional; y (2) el *Programa de Modernização da Gestão e de Responsabilidade Fiscal do Futebol Brasileiro* (PROFUT), creado mediante la Ley 13.155/2015 con el objetivo de mejorar la gestión financiera de los clubes brasileños. Esta última ofrece la posibilidad

---

[11] Brasil, Constituição da República Federativa do Brasil de 1988, Do Desporto (Art. 217). https://www.planalto.gov.br/ccivil_03/constituicao/constituicao.htm [Fecha de consulta: 26 de diciembre de 2023].

[12] Pedro Henrique Adoglio Benradt, *Sociedade Anônima do Futebol (PL N. 5.082/2016): a modernização do futebol brasileiro por meio do direito societário*, Monografía (Postgrado Lato Sensu en Derecho de Sociedades), Insper, 2019.

[13] Joseane Suzart Lopes da Silva, "Estatuto do Torcedor é revogado com prejuízos aos consumidores", *Consultor Jurídico*, 17 de Julio de 2023, https://www.conjur.com.br/2023-jul-17/direito-civil-atual-estatuto-torcedor-revogado-prejuizos-consumidor/

a los clubes que se adhieran al PROFUT de "fraccionar el pago de deudas con organismos públicos, contribuyendo a la organización de los flujos de caja, liberando recursos para inversiones, como forma de conseguir el rendimiento deportivo, ingresos y resultados financieros"[14]. Así pues, la pregunta inicial que se plantea es si en Brasil: ¿la SaF será tratado como una solución más a la deuda por parte de los clubes o como una verdadera oportunidad de cambio estructural destinada a incorporar el fútbol brasileño a la industria global del deporte?

EL PRIMER CASO DE NEGOCIO: LA COPA UNIÃO DE 1987 Y EL CLUBE DOS 13

En 1982, el Consejo Nacional de Deportes (CND) autorizó la publicidad en las camisetas de los equipos de fútbol de Brasil, tras la aprobación de la FIFA en los años ochenta. En este sentido, el cambio de paradigma en el panorama brasileño se produjo cuando el club más popular de Brasil (por número de aficionados), el CR Flamengo, empezó a imprimir la marca LUBRAX (uno de los productos de la petrolera brasileña Petrobras y BR Distribuidora) en su camiseta en 1984[15].

La aparición de la *Copa União* en 1987 representó un hito en la comercialización de los derechos de retransmisión y de la imagen de los jugadores en Brasil. Ese año, los presidentes de trece clubes decidieron exigir más calidad en el campeonato nacional de fútbol a la Confederación Brasileña de Fútbol (CBF), y se creó la Unión de los Grandes Clubes de Fútbol Brasileño, el Clube dos 13. Los clubes, representados por la organización Clube dos 13, propusieron un torneo (*Copa União*) para que fuera el "nuevo" torneo nacional de

[14] Daniela Patrícia Marotz, Luiz Henrique Figueira Marquezan e Carlos Alberto Diehl, "Clubes de futebol: relações entre investimento, desempenho e adesão ao PROFUT", *Revista Contemporânea de Contabilidade*, 17(43), (2020), pp. 3-18, p. 4. https://doi.org/10.5007/2175-8069.2020v17n43p3

[15] Boaz Galo de Souza Sales, *A Mancha no Manto: a mercantilização do futebol por meio do patrocínio na camisa*, Dissertação (Mestrado em Ciências), Universidade de São Paulo, 2017.

fútbol. La *Copa União* sólo tomó forma después que Rede Globo (el canal de televisión más visto del país) firmase un contrato de emisión exclusiva, lo que abrió oportunidades para negociar patrocinadores y socios en función de la visibilidad de los partidos[16]. En 1987, el Clube dos 13 negoció el patrocinio de una marca de refrescos (Coca-Cola) para estampar en las camisetas de los clubes que no tenían patrocinador (las excepciones eran Flamengo/Lubrax y Corinthians/Kalunga) y el derecho a una imagen para la publicación de un álbum de cromos. De este modo, se asociaron tres líneas de ingresos en torno a un mismo acontecimiento deportivo que hasta entonces había sido prácticamente inexplotado por los clubes[17].

La copa União representó un cambio de paradigma en el contexto de la comercialización del fútbol brasileño, principalmente en dos puntos: (1) el intento de hacer frente al monopolio de la CBF en la organización independiente del torneo por el Clube dos 13; y (2) la confrontación con la mentalidad regionalizada y restringida sobre las posibilidades de negocio que hasta entonces había pertenecido a los gestores del fútbol. En los años siguientes no hubo avances en la cuestión del monopolio del campeonato brasileño, ya que volvió a ser organizado exclusivamente por la CBF.

El Clube dos 13, por su parte, era una organización que tenía un gran poder en el mercado, ya que representaba a los principales clubes del país en las negociaciones por los derechos de transmisión de los campeonatos con las empresas de radio y televisión, así como por mejores condiciones laborales con la CBF[18]. Sin embargo, el Clube dos 13 se extinguió en 2011 y puede considerarse el primer intento de crear una "Liga de Clubes de Fútbol" en Brasil, sin un torneo específico. El fin del Clube dos 13 se asoció a la falta de sinergia entre los representantes de los clubes para negociar en bloque, donde estos,

[16] Anderson David Gomes dos Santos, "A Rede Globo e a Transmissão do Campeonato Brasileiro", *Revista Eptic Online*, 15(3), (2013), pp. 205-215. https://seer.ufs.br/index.php/eptic/article/download/1366/1367/0

[17] André Galdeano Simões e Marcus Henrique Arnizaut Duarte, "A Liga Brasileira de Futebol é o próximo passo em nossa evolução", *Lei em Campo*, 16 de Junio de 2021, https://leiemcampo.com.br/a-liga-brasileira-de-futebol-e-o-proximo-passo-em-nossa-evolucao/

[18] Boaz Galo de Souza Sales, *A Mancha no Manto: a mercantilização do futebol por meio do patrocínio na camisa*, Dissertação (Mestrado em Ciências), Universidade de São Paulo, 2017.

arraigados en el modelo asociativo-político de los clubes pretenden defender sus propios intereses y perpetuar grupos de asociados en el poder de los clubes. Esto sigue siendo un reto para la creación de una liga profesional en Brasil.

LAS DISPUTAS DE PODER Y EL MODELO ASOCIATIVO DE LOS CLUBES

Los clubes brasileños nacieron y crecieron con un modelo asociativo, es decir, con sus socios contribuyendo e invirtiendo para que el 'fútbol masculino', como deporte principal del club, pudiera desarrollarse. De esta forma, se convirtieron en organizaciones privadas sin ánimo de lucro[19], en las que la afiliación de los aficionados (identificados por regionalidad o simpatía) se convirtió en la forma más 'noble' de contribuir al crecimiento del club.

Recientemente, con los cambios que rigen el fútbol brasileño, las elecciones de los clubes se han convertido en el escenario de disputas narrativas entre 'feudos familiares' y grupos políticos establecidos entre consejeros y socios. En este sentido, el debate para profesionalizar y modernizar el club pasa efectivamente por cambiar las estructuras de poder establecidas (consejos y socios). Emulando el sistema de partidos políticos brasileños, las presiones políticas y los intereses personales en cada ciclo electoral dificultan los cambios estructurales y los 'gestores elegidos' tienden a no entender el fútbol de forma globalizada y profesional, suprimiendo muchas veces los preceptos de gestión en una lucha por la 'supervivencia' en cada mandato.

Parte de este proceso de 'supervivencia' ha sido la 'empresarización' de los clubes, o sea, la adopción de modelos de gestión en los que empresas, inversores y/o socios brasileños o extranjeros aplican su visión empresarial a través de la asociación con un club de fútbol.

---

[19] El significado de "sin ánimo de lucro" hace referencia a la disposición legal según la cual los "beneficios" (ganancias financieras dentro de la actividad económica del club) no pueden revertir en beneficio privado de sus miembros.

Según el Dr. Marvio Leoncini[20] y el profesor Antônio Aidar[21], al menos cuatro modelos formaban (forman) parte del escenario brasileño antes de la entrada en vigor de las SAF: (1) Cogestión; (2) Licencia de la marca y externalización del departamento de fútbol; (3) Compra del club; y (4) Creación de un equipo. Según un estudio realizado por Ferreira y Motta[22], existen 136 clubs-empresa en Brasil. Sin embargo, la gran mayoría de estos clubs no juega en las principales competiciones (nacional y regional) y un número significativo de clubs-empresa sólo juega en competiciones juveniles, lo que caracteriza como 'equipos de negocios' para la compra y venta de jugadores. Además, estos 'clubs' están situados en su mayoría en el sudeste de Brasil, donde se encuentra el centro económico y financiero del país, a pesar de que "el club-empresa sigue siendo una 'inversión' rudimentaria, casi bajo una arcaica estructura 'familiar', restringida a un grupo cerrado de individuos y carente de la fuerza y el poder de los grandes conglomerados"[23].

En este sentido, el modelo de club-empresa en Brasil no es nada nuevo y está respaldado por la legislación brasileña. La inviabilidad del modelo asociativo frente a la profesionalización del fútbol y de la industria del espectáculo globalizado parte de la idea de que se trata de un modelo responsable del fracaso de la gestión de los clubes de fútbol; o sea, incompatible con el estatuto de negocio y de gestión empresarial adquirido por el deporte de alto rendimiento, principalmente a partir de modelos de todo el mundo que se han convertido en dominantes, tanto deportiva como financieramente[24].

De este modo, lo que actualmente se presenta en Brasil como un nuevo modelo (las SAF) puede entenderse como una nueva

---

[20] Marvio Pereira Leoncini, Entendendo o Negócio Futebol: um estudo sobre a transformação do modelo de gestão estratégica nos clubes de futebol, Tesis (Doctorado en Ingeniería), Universidade de São Paulo, 2001.

[21] Antonio Carlos Kfouri Aidar, Marvio Pereira Leoncini e João José Trinidade Oliveira, A Nova Gestão do Futebol, FGV Editora, 2000.

[22] Jonathan Ferreira e Luciano de Campos Prado Motta, "Clube-empresa no Brasil: um fenômeno geográfico", Boletim Campineiro de Geografia, 11(2), (2021), pp. 259-277. https://doi.org/10.54446/bcg.v11i2.537

[23] Ibídem, p. 271.

[24] Luciano Motta, *O mito do clube-empresa*, Sporto, 2020; Irlan Simões Santos, "Associações Civis, Sociedades Empresárias e Participações de Torcedores: proposta de

alternativa jurídica a la crisis paradigmática de la forma de gestión de las asociaciones deportivas desde los años 90.

SOCIEDADES ANÔNIMAS DE FUTEBOL (SAF): MODELO CORPORATIVO Y SITUACIÓN ACTUAL

Siguiendo una tendencia iniciada en la década de 1980 en Europa con la exportación de campeonatos y clubes como marcas, Brasil está entrando actualmente en el proceso de transformación de los clubes en corporaciones globales asociadas a grupos inversores a través del modelo de Sociedade Anônima do Futebol (SAF). Es importante destacar que la internacionalización del fútbol brasileño se está aproximando al proceso global de transformación del fútbol. Este proceso en Brasil, según Jonas Abreu[25], consiste en la pérdida de los controles de propiedad originales del club, donde los jugadores son "incluidos en un juego multicultural de identidades al servicio de contratos millonarios y se materializan nuevas relaciones comerciales, como la instrumentalización de los naming rights, la concesión para dar nombre a estadios o eventos".

En este escenario, el ordenamiento jurídico brasileño no ofrecía alternativas suficientes para atender a esta creciente demanda de fútbol hasta que la obra seminal *Futebol, Mercado e Estado*[26] aportó un mercado intelectual[27] que sería la Ley N. 14.193, de 6 de agosto de 2021, que instituyó la SAF a nivel nacional. Así, la legislación define que los clubes pueden migrar de la clasificación de asociación civil sin

tipologia de clubes de futebol no século XXI", *[SYN]THESIS*, 14(1), pp. 21-38, (2021). https://doi.org/10.12957/synthesis.2021.63707

[25] Jonas Abreu, "Do Modelo Institucional às Sociedades Anônimas: um Mapa do Futebol-Business", *Ciências Jurídicas* 24(1), (2023), p.105. https://doi.org/10.17921/2448-2129.2023v24n1p104-114

[26] Rodrigo R. Monterior de Castro e José Francisco C. Manssur, *Futebol, mercado e Estado: projeto de recuperação, estabilização e desenvolvimento sustentável do futebol brasileiro*, Editora Quartier Latin do Brasil, 2016.

[27] Según el periodista Rodrigo Capelo, el contenido de este estudio fue presentado al Congreso por el senador Rodrigo Pacheco (PSD-MG) en 2019. El proyecto de ley 5.519/2019, que culminó con la creación de la Ley SAF, fue redactado por el senador Carlos Portinho (PL-RJ).

fines lucrativos a la de club-empresa[28]. De este modo, es facultativo para los clubes que compiten en competencias profesionales adoptar la nueva forma de estructura jurídica, garantizando el mantenimiento de las condiciones deportivas en las que se encontraba el Club Original, o incluso, si esa es la intención, constituir desde el principio un nuevo club bajo la forma de SAF[29]. Asi, según el periodista Rodrigo Capelo[30] existen tres posibilidades para los clubes que vayan a adherirse a una SAF: (1) los clubes pueden fundarse directamente como SAF; (2) pueden pasar de ser una asociación civil a una SAF; o (3) pueden escindir su departamento de fútbol, transfiriendo todos los activos relacionados con la actividad futbolística a la empresa. Tras adherirse a uno de estos modelos, el 'propietario' de la SAF puede vender una parte mayoritaria, minoritaria o la totalidad de su capital a un nuevo propietario.

En este sentido, el acto de comprar se ha convertido en un proceso habitual en el mundo empresarial y puede entrar en conflicto con el capital de las asociaciones civiles. Suele haber una falta de comprensión por parte de los socios brasileños del club para visibilizar el 'negocio', por lo que tienden a confundir a los nuevos inversores como 'socios' o incluso como un acto de 'filantropía', de una persona que va a 'salvar' al club de la quiebra financiera y estructural. En este caso, el inversor estaría adquiriendo los activos de una institución centenaria (los clubes) en condiciones muy favorables, básicamente por el valor de las deudas que mantiene. Así, al adquirir la deuda, el inversor busca una compensación en los activos y, en el futuro, transforma todo el dinero desembolsado para adquirir la propiedad del club en inversiones que le favorecen.

---

[28] Brasil, Lei N.º 14.193, de 6 de agosto de 2021, Sociedade Anônima do Futebol. https://www.planalto.gov.br/ccivil_03/_ato2019-2022/2021/lei/14193.htm [Fecha de consulta: 26 de diciembre de 2023].

[29] José Eduardo Coutinho Filho, Carlos Magno Cerqueira e Heloisa Schmidt Fernandes Medeiros, *Sociedade Anônima do Futebol: Teoria e Prática*, Freitas Bastos, 2022.

[30] Rodrigo Capelo, "O que é SAF? Entenda formato que mudou o futebol brasileiro", *GE*, 02 de Septiembre de 2022, https://ge.globo.com/negocios-do-esporte/noticia/2022/09/02/o-que-e-saf-entenda-o-formato-de-clube-empresa-que-mudou-o-futebol-brasileiro.ghtml

Según Jonas Abreu[31], los fondos que han invertido en el fútbol brasileño desde 2021 entran en las categorías de *venture capital* o *private equity*, ya que la Ley 14.193, que estableció la SAF en el fútbol, no prevé ningún régimen específico para la emisión de acciones en Bolsa de Valores. Así, lo que existe actualmente es la posibilidad de emitir debentures, o sea, una "remuneración por tasa de interés no inferior al rendimiento anualizado de la cuenta de ahorro, con la estipulación acumulativa de remuneración variable permitida, vinculada o referenciada a las actividades o activos de la SAF" (Art. 26)[32].

Frente al aspecto de las ganancias financieras privadas de los clubes transformados en empresas, la Ley obliga a la SAF a realizar un retorno socioeducativo asociado al Programa de Desarrollo Educativo y Social de Brasil (PDE). Así, la ley estipula que la SAF debe, a través de un acuerdo con una institución pública de enseñanza, "promover medidas en favor del desarrollo de la educación, por medio del fútbol, y del fútbol, por medio de la educación"[33]. No se hace referencia al importe financiero que las FAS deben invertir en el PDE, pero se definen seis modalidades.

De este modo, en los últimos años se ha producido un boom de las SAF en las diferentes divisiones y, como señalan Jonathan Ferreira y Luciano Motta[34], la gran mayoría de los clubes de empresa tienen como objetivo competir en competiciones juveniles y acumular activos para la venta. Teniendo esto en cuenta, en este estudio se analizarán las SAF que juegan en las Series A y B del campeonato nacional brasileño (Tabla 1).

---

[31] Jonas Abreu, "Do Modelo Institucional às Sociedades Anônimas: um Mapa do Futebol-Business", *Ciências Jurídicas* 24(1), (2023), p.105. https://doi.org/10.17921/2448-2129.2023v24n1p104-114

[32] Brasil, Lei N.º 14.193, de 6 de agosto de 2021, Sociedade Anônima do Futebol. https://www.planalto.gov.br/ccivil_03/_ato2019-2022/2021/lei/14193.htm [Fecha de consulta: 26 de diciembre de 2023].

[33] Ibídem, Art. 28.

[34] Jonathan Ferreira e Luciano de Campos Prado Motta, "Clube-empresa no Brasil: un fenômeno geográfico", *Boletim Campineiro de Geografia*, 11(2), (2021), pp. 259-277. https://doi.org/10.54446/bcg.v11i2.537

Tabla 1 - SAF de las series A y B

Nombre del club	Estado	Serie	Fecha	Comprador o propietario	% adquirido	Importe invertido[1] R$ (plazo)
Cuiabá Esporte Clube	Mato Grosso	A	Diciembre de 2021	Familia Dresch	100%	-
América Futebol Clube	Minas Gerais	A→B	Enero de 2022	En negociación	-	-
Botafogo de Futebol e Regatas	Rio de Janeiro	A	Marzo de 2022	John Textor (Eagle Football Holdings Ltd.)	90%	700 millones
Cruzeiro Esporte Clube	Minas Gerais	B→A	Abril de 2022	Ronaldo Nazário (Tara Sports)	90%	400 millones (2026)
Clube de Regatas Vasco da Gama	Rio de Janeiro	B→A	Septiembre de 2022	777 Partners	70%	700 millones (2025)
Esporte Clube Bahia	Bahia	A	Mayo de 2023	City Football Group	90%	700 millones (2038)
Clube Atlético Mineiro	Minas Gerais	A	Julio de 2023	Galo Holding	75%	913 millones
Coritiba Football Club	Paraná	A→B	Junio de 2023	Treecorp Investimentos	90%	1.100 millones (2038)
Fortaleza Esporte Clube	Ceará	A	Septiembre de 2023	En negociación	-	-

La Tabla 1 muestra los compradores y propietarios de los principales clubes del país, así como los diferentes modelos de negocio. Clubs como Botafogo y Cruzeiro son propiedad del multimillonario estadounidense John Textor y del exfutbolista Ronaldo Nazário, respectivamente. Aunque se identifican a sí mismos como 'propietarios', operan según el modelo de los *Multi-Club Ownership Groups* (MCO), que adquieren e invierten en clubes de otros países. John Textor es el propietario de Eagle Football Holdings Ltd, una empresa que posee tres clubes profesionales en Europa: (1) Crystal Palace Football Club (Londres, Inglaterra); (2) Racing White Daring Molenbeek FC (Bruselas, Bélgica); (3) Olympique Lyonnais (Lyon, Francia). Ronaldo Nazário, por su parte, está utilizando actualmente Tara Sports, una empresa con sede en Madrid, España, para adquirir clubs, incluido el Real Valladolid en 2018. El hecho de que sea la 'cara' de la empresa facilita que los aficionados dirijan sus frustraciones y alegrías hacia los empresarios. En el caso del Cruzeiro, Ronaldo realizó una operación de relativo bajo coste dadas las condiciones financieras del club y si lo comparamos con las cifras de acuerdos de jugadores en Brasil. Un ejemplo de la baja inversión realizada por Ronaldo en la adquisición del Cruzeiro (400 millones de reales) fue la venta del delantero Vitor Roque del Athletic-PR al Barcelona (España) en una operación que podría alcanzar los 74 millones de euros (396 millones de reales)[35]. Además, después de 28 meses, Ronaldo vendió al Cruzeiro SAF a Pedro Lourenço, propietario de una cadena local de supermercados, obteniendo una ganancia de aproximadamente 550 millones de reales[36]. Aun así, Ronaldo fue considerado un héroe por rescatar al club de su infancia a la Serie A, al contrario que en España, donde el brasileño ha sido acosado por la mala trayectoria del club[37].

Además, en el Botafogo, la primera experiencia del estadounidense John Textor en suelo brasileño estuvo marcado por un excelente comienzo en el Campeonato Brasileiro de 2023 y luego una gran frustración al perder un título que se daba por descontado. Textor acusó a los dirigentes de la CBF de 'corruptos y ladrones', pidiendo la dimisión inmediata del presidente[38]. Por último, el empresario, que acabó suspendido por el Tribunal Brasileño de Deportes y demasiado por la CBF, está en conflicto público con la organización; contrató a la empresa privada *Good Game! New Deal for Sport* para elaborar un dossier de errores arbitrales es con el fin de justificar sus declaraciones[39].

---

[35] Laia Cervelló Herrero, "Barcelona agree deal to sign Vitor Roque from Athletico Paranaense", *The Athletic*, 12 de Julio de 2023, https://www.nytimes.com/athletic/4678995/2023/07/12/barcelona-vitor-roque-transfer/

[36] Bruno Furtado e Leonardo Gimenez, "Veja lucro milionário de Ronaldo com venda do Cruzeiro", *CNN Esportes*, 29 de abril de 2024, https://www.cnnbrasil.com.br/esportes/futebol/cruzeiro/veja-lucro-milionario-de-ronaldo-com-venda-do-cruzeiro/

[37] Redação do GE: "Torcida do Valladolid canta 'fora, brasileiros', e Ronaldo reggae", *GE*, 08 de Octubre de 2023, https://ge.globo.com/futebol/futebol-internacional/futebol-espanhol/noticia/2023/10/08/torcida-do-valladolid-canta-fora-brasileiros-e-ronaldo-reage.ghtml

[38] Matt Slater e Jack Lang, "Botafogo want Brazilian league games annulled for 'possible manipulation' after missing out on title", *The Athletic*, 9 de Diciembre de 2023, https://www.nytimes.com/athletic/5120819/2023/12/08/botafogo-palmeiras-brazil-title-textor/

[39] ESPN: "STJD arquiva de inquérito de Textor e Botafogo por arbitragens: 'Nem mínima possibilidade jurídica'", ESPN.com.br, 7 de Diciembre de 2023, https://www.espn.com.br/futebol/botafogo/artigo/_/id/12964242/

Junto con Botafogo, en los casos de SAF Vasco da Gama y Bahía, otros conglomerados de inversores extranjeros (MCO) han entrado en el fútbol brasileño, respectivamente desde Estados Unidos (*777 Partners*) y Oriente Medio y Asia (*City Football Group*). La *777 Partners*, una empresa de capital privado invierte en diversos sectores e industrias, y en clubes de fútbol es propietaria y accionista de clubes como el Sevilla (España, desde 2018), el Génova (Italia, desde 2021), el Standard de Lieja (Bélgica, desde 2022), el Estrella Roja (Francia, desde 2022), el Melbourne Victory (Australia, desde 2022), el Hertha Berlin (Alemania, desde 2023) y el Everton[40] (Inglaterra, desde 2023). La inversión en el fichaje de jugadores de *777 Partners* en 2023 no fue baja (107 millones de reales), generando expectación entre los aficionados vascaínos. Sin embargo, como ha ocurrido en otros países, la mala actuación del Vasco da Gama en el *Brasileirão* 2023 provocó una ola de protestas de los aficionados en Río de Janeiro (y también en la sede del club en Florida) exigiendo que *777 Panthers* 'abandonase' el club; revelando, como en otros países, una gestión conflictiva entre los aficionados (propietarios minoritarios) y los propietarios de SAF (propietarios mayoritarios). Además, en mayo de 2024, el 4º Juzgado de lo Mercantil del Tribunal de Justicia de Río de Janeiro aceptó la solicitud del Vasco y retiró el control de la SAF de manos de *777 Partners*. La solicitud del Vasco se basó en el artículo 477 del Código Civil Brasileño y tuvo en cuenta la situación financiera de *777 Partners*, que está siendo procesada por fraude en Estados Unidos[41].

En el caso del *City Football Club*, empresa privada propietaria de varios clubes en el mundo y cuyo principal inversor es el jeque Mansour bin Zayed Al Nahyan, de la familia real de Abu Dhabi (Emiratos Árabes Unidos), se estableció en Sudamérica adquiriendo el SAF de Bahía, uno de los clubes más tradicionales de Brasil. Con la

stjd-arquiva-pedido-inquerito-textor-botafogo-arbitragens-nem-minima-possibilida-de-juridica

[40] Aún necesita recaudar fondos para finalizar la compra.

[41] Rodrigo Capelo: "Justiça suspende contrato com a 777 e devolve controle do futebol ao Vasco", *GE*: Vasco, 15 de maio de 2024, https://ge.globo.com/futebol/times/vasco/noticia/2024/05/15/justica-aceita-pedido-do-vasco-e-tira-controle-da-saf-das-maos-da-777.ghtml

expectativa de revertir la situación del club de la Serie B en 2022, el *City Group* invirtió cerca de 5,9 millones de euros en la adquisición de jugadores en enero de 2023, una cifra inferior sólo a la inversión en el club insignia del conglomerado, el Manchester City, que gastó cerca de 11 millones de euros[42]. A pesar de las inversiones, el Bahía no tuvo un rendimiento satisfactorio y sólo se salvó del descenso del *Brasileirão* en la última jornada.

El ejemplo de Bahía (y de otras SAF de la Serie B) demuestra que la experiencia global de conglomerados deportivos y empresas privadas no es sinónimo de rendimiento deportivo en el fútbol brasileño. Esto difiere de América-MG, que se convirtió en la primera SAF de Brasil en 2023 en descender a la Serie B del Campeonato Brasileño, pero ha estado sin inversores desde 2022. Estando en la Serie B en 2024, aún no se sabe si esto puede ser un mayor obstáculo o un facilitador en la búsqueda de inversores; porque la tendencia es que cuanto menor es el valor de mercado del club (en deuda y en la Serie B), crece la tendencia a comprar y la aceptación de los hinchas de la llegada de uno o más inversores. Además, el América-MG es considerado uno de los tres grandes clubes de Minas Gerais, junto con el Cruzeiro y el Atlético-MG, lo que también convierte al estado de Minas Gerais en pionero en la entrada de los principales clubes en el mundo de la SAF.

En este sentido, la reciente formulación del SAF Atlético-MG revela otra tendencia empresarial en el fútbol brasileño, la creación de holdings por inversores brasileños (empresarios) que ya invierten en clubes y tienen una identificación como aficionados. Así, el principal accionista del Atlético-MG será un grupo llamado 'Galo Holding' (en referencia a la mascota del club), formado por cuatro empresarios que ya tienen inversiones con el club, además de otros dos fondos de inversores, formados por aficionados del Atlético-MG[43]. Galo

---

[42] Rafael Reis: "Bahia quebra recorde e só gasta menos que Manchester dentro do Grupo City", *UOL*, 26 de Enero de 2023, https://www.uol.com.br/esporte/futebol/colunas/rafael-reis/2023/01/26/bahia-quebra-recorde-e-so-gasta-menos-que-manchester-city-dentro-de-gupo.htm

[43] Lance!: "Guia de SAF do Atlético-MG: conheça valores, investidores e novo modelo de gestão", *Lance!biz*, 24 de Julio de 2023, https://www.lance.com.br/lancebiz/mercado-do-esporte/

Holding realizó la compra a través de una sociedad de inversión gestionada por Conedi Participações (especializada en la constitución, alquiler, gestión y venta de proyectos) y que cuenta con el apoyo financiero de los recursos generados por la familia controladora de MRV Engenharia e Participações y del Banco Inter (patrocinadores del club). Así, la aportación inicial al club será de 913 millones de reales, de los cuales sólo 600 millones serán en nuevas inversiones y el resto (313) millones sólo serán condonaciones de deuda con los empresarios del propio Galo Holding.

A diferencia de las anteriores, la venta del Coritiba a Treecorp Investimentos (1.100 millones de reales) llamó la atención por los montos y por una novedad en relación al modelo definido para la operación. La diferencia no está necesariamente en el valor total de la inversión, sino en la venta del club a través de una Unidad Productiva Aislada (UPI); o sea, el departamento del Coritiba fue 'separado' para ser vendido a Treecorp, sin que la empresa asumiera (legalmente) las deudas anteriores a la constitución de la SAF[44]. Este modelo inédito entre las SAF pretende dar mayor seguridad jurídica a los inversores, ya que en el caso del Coritiba, el club está en recuperación judicial desde agosto de 2022 con un total de más de 300 acreedores, entre deudas laborales y civiles. Treecorp, entre cuyos consejeros se encuentra el empresario brasileño Roberto Justus (22% de la compañía) y que actualmente invierte en 11 empresas de capital privado, inaugura la entrada de un fondo de *private equity* en las SAF brasileñas[45].

Otro tipo de SAF basado en el modelo del Bayern de Múnich (Alemania), en el que el club posee una participación mayoritaria, será creado en Brasil por el Fortaleza. El club pretende estar preparado

guia-da-saf-do-atletico-mg-conheca-valores-investidores-e-novo-modelo-de-gestao.html

[44] Felippe Scozzafave e Thiago Cara: "Por que venda de R$ 1,1 bilhão do Coritiba é novidade no modelo de SAFs do Brasil"; *ESPN.com.br*, 23 de Junio de 2023, https://www.espn.com.br/futebol/brasileirao/artigo/_/id/12225695/por-que-venda-r-11-bilhao-coritiba-novidade-modelo-safs-brasil

[45] Wesley Santana: "Treecorp adquiere 90% do Coritiba, na primeira transaç@ao de um private equity brasileiro no futebol", *InfoMoney*, 9 de Mayo de 2023, https://www.infomoney.com.br/negocios/treecorp-adquire-90-do-coritiba-na-primeira-transacao-de-um-private-equity-brasileiro-no-futebol/

para recibir inversiones, pero mantiene el control sobre futuros, es decir, contratos de jugadores, contratos de patrocinio, etc. También está aprovechando el mecanismo de la SAF para profundizar en los procesos de gobierno corporativo, gestión empresarial, auditoría y *compliance*[46].

Por último, el Cuiabá, primer club de la Serie A en convertirse en SAF en 2021, representa a un grupo de clubes de tamaño medio-bajo han sido club-empresa desde su fundación, pero que ahora han adoptado la nueva legislación para obtener beneficios fiscales[47]. En este sentido, el club del centro-oeste del país, fundado en 2001, consiguió cerrar una temporada con beneficios por primera vez en su historia en 2023. A pesar de ello, el modelo de gestión seguirá asociado a la 'Familia Dresch', propietaria de la industria del caucho Drebor (patrocinador principal del club), que, en 2009, con la confirmación de la ciudad de Cuiabá como una de las sedes del Mundial del 2014, invirtió en la compra del club y del estadio Arena Pantanal.

LA LIGA DE FÚTBOL PROFESIONAL: NUEVOS *PLAYERS* PARA UN VIEJO PROBLEMA

Considerada el gran "punto de inflexión" del fútbol brasileño, la creación de una liga profesional sigue sin despegar. Desde el intento con la *Copa União* en 1987, organizada por el Clube dos 13, hasta hoy, el problema sigue siendo el mismo: la falta de sinergia entre dirigentes cuyos principales intereses son personales, políticos y, por supuesto, los de sus clubes. Así, a pesar de las frecuentes quejas sobre el calendario del fútbol brasileño, la desigualdad de los premios y la falta de un arbitraje profesional, la organización del campeonato brasileño sigue bajo la tutela de la Confederación Brasileña de Fútbol

[46] Beatriz Carvalho e Thaís Jorge: "SAF do Fortaleza é aprovada com 1195 votos", *GE*, 23 de Septiembre de 2023, https://ge.globo.com/ce/futebol/times/fortaleza/noticia/2023/09/23/saf-do-fortaleza-e-aprovada-com-1195-votos.ghtml

[47] Olímpio Vasconcelos: "Clube-empresa desde a fundação, Cuiabá vira SAF e abre caminho dentro os times da Série A", *GE*, 14 de Diciembre de 2023, https://ge.globo.com/mt/futebol/times/cuiaba/noticia/clube-empresa-desde-a-fundacao-cuiaba-vira-saf-e-abre-caminho-dentre-os-times-da-serie-a.ghtml

(CBF). El último intento de desafiar la autoridad y el poder de las relaciones comerciales de la CBF fue la creación de la *Primeira* Liga en 2015, una versión actualizada de 15 clubes de lo que fue el desaparecido Clube dos 13. *La Copa Primeira Liga* se celebró en 2016 y 2017, pero sin respaldo político, acabó siendo otra competición vacía al comienzo del abarrotado calendario del fútbol brasileño.

La estructura del fútbol brasileño incluye un sistema asociativo entre la CBF y las federaciones regionales. Esta estructura se beneficia de la venta de derechos de retransmisión, patrocinios e ingresos de los partidos. Por ejemplo, el art. 90 del Reglamento General de Competiciones de la CBF[48] estipula que cada partido en el que un club sea el equipo local, debe pagar una tasa correspondiente al cinco por ciento (5%) de los ingresos brutos a la federación local. Como resultado, de todas las grandes ligas de fútbol del mundo, sólo el Brasileirão no está organizado por una liga profesional de clubes. El impacto de esto es una devaluación de los 'productos' (campeonato y clubes) en relación con otros mercados internacionales, generando un círculo vicioso de 'clubismo' y la 'manera brasileña' de hacer fútbol que implica históricas disputas políticas a cambio de favores y relaciones de poder entre federaciones y clubes.

Sin embargo, con la entrada de inversores internacionales a través de la regulación de la SAF y la expiración, en 2025, de los contratos de la CBF con los patrocinadores y su socio histórico para la transmisión de los partidos (TV Globo)[49], la creación de una liga de fútbol profesional en Brasil ha vuelto a la agenda, agitando los ánimos entre bastidores de los clubes y creando una división entre los mismos. Inicialmente, dos propuestas separaron a los clubes brasileños en bloques (Tabla 2), especialmente tras la creación, en mayo de 2022, de la *Liga do Futebol Brasileiro* (LIBRA) y, en junio del mismo año, de la *Liga Forte Futebol do Brasil* (LFF). Las diferencias en el reparto de las cuotas de televisión y de los premios, así como

[48] CBF: "Regulamento Geral das Competições - 2023", 14 de febrero de 2023, https://conteudo.cbf.com.br/cdn/202302/20230214221219_73.pdf

[49] Rodrigo Mattos: "Globo quer manter pay-per-view no próximo contrato do Brasileiro em 2025", *UOL*, 29 de Octubre de 2023b, https://www.uol.com.br/esporte/futebol/colunas/rodrigo-mattos/2023/10/29/globo-quer-manter-pay-per-view-no-proximo-contrato-do-brasileiro-em-2025.htm

las diferencias en el peso de los votos entre los clubes de la Serie A y de la Serie B, fueron los principales motivos de la división entre los clubes. Además, en julio de 2023, el *Grupo União* fue formado por cuatro clubes SAF y disidentes de la LIBRA y la LFF, buscando ser un grupo independiente en las negociaciones.

Tabla 2 - Bloques de clubes brasileños por ligas e inversores

Bloque	N	Clubes	Inversores
Liga do Futebol Brasileiro (LIBRA)	17	ABC, Atlético-MG, Bahia, Corinthians, Flamengo, Grêmio, Guarani, Ituano, Mirassol, Novorizontino, Palmeiras, Ponte Preta, Red Bull Bragantino, Sampaio Corrêa, Santos, São Paulo y Vitória.	Mubadala Capital
Liga Forte Futebol do Brasil (LFF)	21	Athletico-PR, América-MG, Atlético-GO, Avaí, Chapecoense, Ceará, Criciúma, CRB, CSA, Cuiabá, Figueirense, Fluminense, Fortaleza, Goiás, Internacional, Juventude, Londrina, Operário, Sport, Tombense y Vila Nova.	LCP y General Atlantic
Grupo União	4	Botafogo, Coritiba, Cruzeiro y Vasco	LCP y General Atlantic

Según el periodista Rodrigo Capelo[50], LIBRA se formó a partir de la unión de los clubes más populares de Brasil (Flamengo, Corinthians, São Paulo y Palmeiras) alentados por la intermediación de Codajas Sports Kapital, que negociaba con Mubadala Capital (Emiratos Árabes Unidos) la venta del 20% de los derechos comerciales del Brasileirão por 50 años y con una propuesta de TV Globo para vender los derechos de transmisión a partir de 2025. Ambas negociaciones no avanzaron, algunos clubes abandonaron el bloque y, hasta ahora (diciembre de 2023), están estancadas.

En el otro lado está la LFF, un bloque formado inicialmente como grupo de oposición a los dirigentes de LIBRA, apoyado por técnicos profesionales[51]. El principal punto de oposición de la LFF radica en el equilibrio en el reparto de las cuotas de retransmisión y, aunque no incluye a los clubes más populares del país, está más estructurado,

[50] Rodrigo Capelo: "Racha entre Libra e Forte expõe futebol a risco de receitas abaixo do potencial e desequilíbrio financeiro entre clubes", *GE*, 19 de Octubre de 2023, https://ge.globo.com/negocios-do-esporte/noticia/2023/10/19/racha-entre-libra-e-forte-expoe-futebol-a-risco-de-receitas-abaixo-do-potencial-e-desequilibrio-financeiro-entre-clubes-entenda.ghtml

[51] Ibídem.

con acuerdos en vigor. Por ejemplo, según el periodista Daniel Leal[52], la LFF se ha asociado con el *Grupo União* y ambos han aceptado una oferta de los gestores de inversiones Serengeti (Estados Unidos) y Life Capital Partners (Brasil) para comprar el 20% de los derechos de retransmisión de la primera y segunda división (50 años a partir de 2025), a través de XP Investimentos (Brasil). Los bloques formaron la llamada *'Liga Forte União'* y recibirán un primer desembolso de cerca de 1.200 millones de reales (clubes de la Serie A: 900 millones de reales y clubes de la Serie B: 400 millones de reales)[53]. Parte del dinero recaudado por XP Investimentos (cerca de 405 millones de reales) fue a través de la convocatoria pública de *Sports Media Futebol Brasileiro*[54], un fondo de inversión que fue interrumpido por decisión de los tribunales brasileños debido al uso indebido de las marcas de los clubes en materiales publicitarios. Con esta situación judicial, el fondo estadounidense Serengeti se retiró de la operación y otro fondo estadounidense, General Atlantic, se convirtió en inversor y completó la cantidad necesaria[55]. Así pues, a pesar de los progresos realizados, la inseguridad jurídica en Brasil sigue considerándose un problema para los inversores, especialmente los extranjeros.

CONSIDERACIONES FINALES

En este capítulo se pretendió repasar los procesos que condujeron al establecimiento de nuevas estructuras, marcos jurídicos y modelos de gobernanza, con el fin de analizar los impactos de la aplicación de la *Ley de Sociedades Anónimas de Futebol* (SAF) y el reciente

[52] Daniel Leal: "Liga Forte e Grupo União vendem direitos de TV dos próximos 50 anos", *CNN Brasil*, 1 de Noviembre de 2023, https://www.cnnbrasil.com.br/esportes/outros-esportes/liga-forte-e-grupo-uniao-vendem-direitos-de-tv-dos-proximos-50-anos-veja-valores/

[53] Sólo Brusque y Náutico, los clubs que estaban inicialmente en LFF, no aceptaron la oferta.

[54] Para obtener más información, visite: https://conteudos.xpo.com.br/fundos-de-investimento/sports-media-futebol-brasileiro-classe-a-advirsory-fip-mu/

[55] Rodrigo Mattos: "Fundo que comprou parte dos direitos da Liga Forte é accionista da XP", *UOL*, 9 de Noviembre de 2023c, https://www.uol.com.br/esporte/futebol/colunas/rodrigo-mattos/2023/11/09/fundo-que-comprou-parte-dos-tv-da-liga-forte-futebol-e-acionista-da-xp.htm

debate sobre la creación de una liga profesional, independiente de la Confederación Brasileña de Fútbol (CBF). En Brasil, la dinámica de gestión deportiva de los clubes de fútbol se basa en aspectos socio-políticos y culturales-asociativos arraigados en modelos federativos (nacional, regional y local) que son simultáneamente 'amateurs' y 'profesionalizados'.

Este fenómeno no es exclusivo del fútbol brasileño, pero las particularidades que forman parte del contexto de los recientes cambios que apuntan a una entrada 'forzada' y casi definitiva en el business globalizado del entretenimiento deportivo, se presentan en dos puntos cruciales: (1) en el aspecto financiero, debido al histórico y recurrente endeudamiento de los clubes agravado por la pandemia del COVID-19, haciendo que el modelo asociativo (dentro y fuera de la cancha) sea insostenible y una oportunidad para 'negocios de bajo costo', como en los casos de clubes masivos como Botafogo, Cruzeiro y Vasco da Gama; y (2) en el aspecto de la gestión, buscando un nuevo modelo para gestionar un volumen cada vez mayor de recursos financieros y demandas de comunicación (nuevos medios) para competir finalmente con los grandes mercados futbolísticos (Europa, Asia y Estados Unidos) y las 'marcas' de clubs ya establecidas globalmente.

En este sentido, la ley que institucionaliza las SAF en Brasil se ha convertido en una oportunidad de negocio con un importante respaldo legal para la estructuración de clubs que ya estaban asociados con empresas y empresarios de diferentes industrias, pero que ahora tienen beneficios en términos de reducción de deuda (en el caso del Atlético-MG) y de impuestos (en el caso del Cuiabá). Podemos ver que el fenómeno de las SAF está mucho más extendido en los clubes que no juegan en las Series A y B. Así, el impacto de las SAF como modelo sostenible en la gestión financiera en este momento parece estar asociado a clubes que ya proceden del modelo club-empresa, como es el caso del Cuiabá y otros no analizados aquí (por ejemplo, Red Bull Bragantino). También hay que destacar que, al igual que en otros países, los clubes que hoy son las grandes marcas ganadoras del fútbol brasileño (Flamengo y Palmeiras) no se han adherido al modelo SAF y operan de forma diferente en términos de gestión, ya sea con empresas privadas (Palmeiras y Crefisa) o en el modelo asociativo basado en una amplia base de socios y aficionados (Flamengo). En este sentido, dos preguntas casi opuestas necesitan aún tiempo para ser respondidas en el escenario actual de los clubes brasileños: ¿Es la SAF necesariamente una alternativa para competir interna y, sobre todo, internacionalmente ante la globalización del deporte? ¿Sobrevivirán los inversores extranjeros a las históricas disputas de poder y a la incipiente estructuración del modelo corporativo en los clubes brasileños?

Por último, la creación de una liga profesional podría ser el cambio estructural que necesita el fútbol brasileño. En este sentido, el *Brasileirão* pierde cada vez más terreno frente a otras ligas (por ejemplo, la *Major League of Soccer* de Estados Unidos) porque es una competición que carece de atractivo global y de objetivos estratégicos. Las históricas relaciones de poder y la falta de sinergia entre los gestores de los clubes siguen siendo el principal obstáculo para este cambio de paradigma. Sin embargo, mientras el debate y la mentalidad sobre la creación de la liga se basen en aspectos locales, orientados a beneficios individuales (clubes y rivalidades) y no se amplíe la discusión a (1) beneficios estructurales (mantener a los jugadores, ajustar el calendario, desvincularse de la CBF y sus socios comerciales) y (2) condiciones para ampliar la entrada en el mercado mundial del fútbol, será difícil romper con el actual sistema del fútbol brasileño.

EL NEGOCIO DEL FÚTBOL EN ESPAÑA: DEBATES SOBRE MODELOS DE PROPIEDAD, PRODUCTO MULTI-EXPERIENCIAL Y 'COOPETICIÓN' CON OTRAS MULTINACIONALES DEL ENTRETENIMIENTO

Xavier Ginesta
Universitat de Vic-Universitat Central de Catalunya

En 2003, la Liga Nacional de Fútbol Profesional, actualmente LaLiga, publicó el informe *Impacto del Fútbol Profesional en la economía española*, que cifraba el impacto total del sector del fútbol profesional en la economía española en 8.066 millones de euros. Estos datos suponían que el negocio del fútbol representaba el 1,7% del PIB del país en 2003, con unos ingresos anuales por el Estado de 821 millones de euros[1]. A modo de comparación, en Italia, en 2007, el negocio del fútbol estaba cifrado en 6.000 millones de euros, un 0,5% de su PIB[2]. Desde la publicación de este documento, la aportación de la industria del fútbol en la economía española ha variado en función del informe y del autor, pero ciertamente todos los sitúan entre el 1,3 y el 1,7%[3]. Que la actividad generada por un solo deporte pueda llegar a significar hasta el 1,7% del PIB de un país es un dato suficientemente significativo para detenernos a analizarlo más a fondo. Al menos, nos pone de manifiesto que los actores que pertenecen a este sector son importantes, tanto a nivel social y económico, pero también político.

El objetivo del presente capítulo es hacer una radiografía de la estructura económica y empresarial que sustenta el fútbol profesional en España partiendo de la histórica necesidad, a final de los años ochenta, de transformar los clubes en sociedades anónimas a

[1] Xavier Ginesta. *Les Tecnologies de la Informació i la Comunicació i l'esport: una anàlisi de la Primera Divisió espanyola de futbol (2006-2008)*, Bellaterra, 2009.

[2] El Periódico, "Una indústria de 6.000 millones", *El Periódico, Cuaderno de Domingo*, 11 de febrero de 2007, p. 5.

[3] PwC. *Impacto económico, fiscal y social del fútbol profesional en España*, Madrid, 2018; Xavier Ginesta, *La disneyització del futbol*, Vic, 2001.

causa de su delicada situación económica, así como la consiguiente transformación de LaLiga y los mismos clubes en multinacionales del entretenimiento en un pasado más reciente. La firma del acuerdo entre la LaLiga y el fondo de inversión CVC en 2021 marca un hito en el devenir del negocio del fútbol profesional en España, en un momento que ya el Real Madrid y el FC Barcelona han consolidado, individualmente, un valor de marca global que les permite competir con los grandes holdings del entretenimiento global[4]. Para hacer este capítulo se ha partido del análisis de la documentación oficial de LaLiga, disponible en su página web, y la investigación cualitativa a partir de entrevistas en profundidad a gestores deportivos que el autor hizo y anteriormente publicó en el libro *La disneyització del futbol*[5].

CONSIDERACIONES NORMATIVAS POR LAS QUE SE RIGE EL FÚTBOL ESPAÑOL

Hasta la aprobación de la reciente Ley 39/2022, la Ley 10/1990 del Deporte, de 15 de octubre, era el principal texto normativo que enmarcaba el deporte, y también el fútbol, a nivel español[6]. La principal consecuencia de su aprobación fue el establecimiento de las Sociedades Anónimas Deportivas (SAD). Aquel texto diferenciaba claramente dos ámbitos en los que se practica deporte: por un lado, aquel que el ciudadano realiza como actividad espontánea y lúdica y, por el otro, el espectáculo profesional deportivo, "que se ha convertido en un fenómeno de masas cada vez más profesionalizado"[7]. En el primer caso, se prevé la creación de los clubes deportivos elementales –forma jurídica para fomentar el asociacionismo deportivo de base–, mientras que para la práctica del deporte profesional la ley preveía la creación de las SAD como modelo que fijaba las responsabilidades económicas y jurídicas de la entidad.

4 Mike Ozanian y Justin Teitelbaum, "The World's Most Valuable Soccer Teams 2022: Real Madrid, Worth $5.1 Billion, Is Back On Top", *Forbes*, 26 de mayo de 2022, https://www.forbes.com/sites/mikeozanian/2022/05/26/the-worlds-most-valuable-soccer-teams-2022-real-madrid-worth-51-billion-back-on-top/

5 Xavier Ginesta, *La disneyització del futbol*, Vic, 2021.

6 Ángel Barajas, *El valor económico del fútbol. Radiografía financiera del fútbol español*. Pamplona, 2005.

7 Ibídem, p. 26.

La Ley preveía también la creación de asociaciones deportivas de segundo grado, como las federaciones deportivas, claves para promover el deporte y la organización de las competiciones. Sin embargo, "para el deporte profesional se establece la obligatoriedad de la constitución, dentro de las federaciones, de ligas integradas para todos los clubes que participan en competiciones oficiales de carácter profesional. Estas ligas [como LaLiga] tienen la misión de organizar su propia competición y de hacerlo en coordinación con las respectivas federaciones"[8]. Por último, aquella ley preveía la creación del Consejo Superior de Deportes (CSD), un organismo autónomo y adscrito al Ministerio de Educación y Ciencia, que se encargaría de la actuación administrativa del Estado en el ámbito del deporte. Sus competencias vienen definidas por el artículo 8 de la Ley 10/1990.

LA CONVIVENCIA DE DOS FORMAS JURÍDICAS EN EL SENO DE LAS COMPETICIONES PROFESIONALES DEL FÚTBOL

La ley de 1990 dispone que, para la práctica del deporte profesional, las organizaciones tendrán que adoptar la forma de la SAD. Sin embargo, existe una particularidad: la Disposición Adicional Séptima de la ley de 1990 permitía a determinadas organizaciones mantener su forma jurídica previa, siempre que "a la entrada en vigor de la presente Ley participen en competiciones oficiales de carácter profesional en la modalidad deportiva del fútbol, y que en las auditorías realizadas por encargo de la Liga de Fútbol Profesional, desde la temporada 1985-86, hayan obtenido en todas ellas un saldo patrimonial neto de carácter positivo"[9]. La misma disposición establece una serie de cinco condiciones por las que se regirán estas asociaciones que no adopten la forma de SAD.

De esta forma, en las organizaciones participantes de la Primera División de fútbol en España conviven dos formas jurídicas diferentes: las SAD y los clubes deportivos. Aunque ambas formas jurídicas

[8] Ibídem, p. 27.

[9] España. *Ley 10/1990*, de 15 de octubre, de Deporte. http://noticias.juridicas.com/base_datos/Admin/l10-1990.html [Fecha de consulta: 28 de julio de 2008].

presentan características diferenciadas –la principal es que las SAD están sujetas al reglamento general de Sociedades Anónimas (SA), tal y como prevé el artículo 19.1 de la Ley 10/1990 y pueden cotizar en bolsa desde 2002–, la estructura orgánica de las organizaciones no se diferencia mucho entre ellas. Ahora bien, a nivel identitario, los clubes tradicionalmente han hecho bandera de su especificidad frente a las SAD: esto es, que el club pertenece a sus socios a partes iguales, siendo definido como una organización sin ánimo de lucro. De esta forma justificaba José Gómez, el director general del CA Osasuna en 2007, esta especificidad: "Ser un club significa que el socio no es un cliente, no es alguien que paga su entrada por ir al cine. Es alguien que se pone el carnet en la cartera y lleva un pedazo de las cosas que le pertenecen en el bolsillo porque él es propietario del club, le corresponde una parte proporcional de éste"[10].

Sin embargo, conviene recordar cuáles fueron las causas que llevaron a establecer las SAD como formas jurídicas necesarias para permitir a las organizaciones deportivas participar de las competiciones profesionales. Según explica el profesor Ángel Barajas, "podemos afirmar que el legislador pretendía con esta medida, tal y como manifiesta la Disposición Adicional Decimoquinta de la Ley 10/1990, regularizar la situación económica de los clubes de fútbol profesional. Una situación económica que, años antes, había alcanzado niveles alarmantes"[11]. Los clubes habían llegado a una delicada situación financiera, en parte debido a las grandes reformas que se les exigió hacer a sus estadios con motivo del Mundial de Fútbol de España de 1982 y el no cubrir estos gastos con los ingresos derivados del Mundial, así como la dificultad posterior de conseguir créditos. Sólo lo consiguieron aquellos clubs que presentaron avales particulares y voluntarios de sus directivos, pero nunca basados en la solvencia de los clubs. En enero de 1985, la entonces Liga Nacional de Fútbol Profesional (actualmente, LaLiga) presentó ante la Administración Pública un cuadro comprensivo

---

[10] Xavier Ginesta. *Les Tecnologies de la Informació i la Comunicació i l'esport: una anàlisi de la Primera Divisió espanyola de futbol (2006-2008)*, Bellaterra, 2009, p. 199.

[11] Ángel Barajas, *El valor económico del fútbol. Radiografía financiera del fútbol español.* Pamplona, 2005, p. 29.

de los pasivos exigibles de los clubes que integraban la Primera División, la Segunda División y la Segunda División B: el total de la deuda contraída por los clubes ascendía a 20.727 millones de pesetas (124,57 millones de euros)[12].

El primer Plan de Saneamiento que firmaron LaLiga y el CSD, el 11 de junio de 1985, acordaba financiar las deudas reconocidas con el 2,5% de la recaudación de las Apuestas Mutuas Deportivas Benéficas. Sin embargo, este convenio fracasó, ya que los ingresos por quinielas cayeron estrepitosamente por la emergencia de otros juegos estatales y comunitarios (Lotería Primitiva, Bonoloto, etc.). Por tanto, con la Ley 10/1990 se presentaba un segundo plan que preveía, a partir de un Real Decreto posterior, "fijar la participación de los clubes de fútbol en la recaudación de las Apuestas Deportivas del Estado, con el fin de cubrir las obligaciones financieras derivadas del Plan de Saneamiento".[13]

LALIGA Y LA GESTIÓN DEL NEGOCIO DEL FÚTBOL EN ESPAÑA: DEL MONO-PRODUCTO AL PRODUCTO MULTI-EXPERIENCIAL

LaLiga, nacida en 1983 como resultado de las reuniones del Comité de Fútbol Profesional de la RFEF, es la encargada de "la organización y promoción de las competiciones oficiales de carácter profesional en el ámbito estatal [ligas de Primera y Segunda División], al igual que su explotación comercial"[14]. Como organismo de segundo grado a instancias de la Ley 10/1990, LaLiga se encarga de tutelar, velar y controlar disciplinariamente a sus afiliados, siempre que estén dentro del orden establecido por la RFEF.

De acuerdo con sus estatutos, LaLiga tiene la competencia de explotar comercialmente las competiciones que organiza (artículos 2.2. y 2.3). Por este motivo, inicialmente creó la Sociedad Española

[12] Xavier Ginesta. *Les Tecnologies de la Informació i la Comunicació i l'esport: una anàlisi de la Primera Divisió espanyola de futbol (2006-2008)*, Bellaterra, 2009.
[13] Ángel Barajas, *El valor económico del fútbol. Radiografía financiera del fútbol español*. Pamplona, 2005, p. 30.
[14] Ibídem, pp. 41-42.

de Fútbol Profesional (SFP), jurídicamente separada de ella, para intentar aprovechar la fuerza de los clubes para conseguir contratos en varios ámbitos. De esta forma, la SFP se convertía, en la práctica, en una "central de compras y ventas" para los clubs, ya que de esta forma podrían "conseguir mejores precios porque existe una negociación única y homogénea" y podrían "acceder a canales de distribución y comercialización que, difícilmente, podrían disfrutar individualmente"[15]. Las competencias y estructura de la SFP se definieron en tres ámbitos[16]: a) comunicación y marketing (planificación publicitaria, gestión de datos de audiencia y asistencia, diseño de productos corporativos y patrocinios), b) informática e ingeniería, para poner la tecnología al servicio del espectáculo deportivo, e c) infraestructuras, para apoyar la implementación de los proyectos definidos por los otros dos ámbitos de gestión.

No obstante, el gran impulso del negocio de LaLiga vino de la mano del presidente Javier Tebas, que asumió el liderazgo de la organización en 2013 y continúa presidiéndola hasta la actualidad. Su presidencia ha estado marcada por la implementación del sistema de venta centralizada de derechos audiovisuales desde la temporada 2016-17, la estrategia de internacionalización y desarrollo tecnológico, así como la implementación del control económico que ha permitido reducir las deudas de los clubes participantes con hacienda, desde el año 2013, en 629 millones de euros (un 92%). El control económico de LaLiga se suma al que ya, desde 2010, la UEFA impulsó, sobre tres principios básicos: solvencia, estabilidad y control de costes. La UEFA limita el gasto en salarios de jugadores y entrenadores, traspasos y honorarios a agentes al 70% de los ingresos del club, con una aplicación gradual y siendo la temporada 2025-26 la que se considera que ha de quedar implantado totalmente entre todos los clubes con licencia para competir en Europa[17].

---

[15] Ibídem, pp. 44-45.

[16] Xavier Ginesta. *Les Tecnologies de la Informació i la Comunicació i l'esport: una anàlisi de la Primera Divisió espanyola de futbol (2006-2008),* Bellaterra, 2009.

[17] UEFA, "Juego Límpio Financiero", 2003, https://es.uefa.com/insideuefa/protecting-the-game/news/0211-0e7586d4a195-24e9fd81f422-1000--juego-limpio-financiero/

La expansión internacional de LaLiga ha posibilitado la apertura de 11 oficinas internacionales, contar con 45 delegados que forman LaLiga Global Network y 3 alianzas estratégicas en formato de *joint venture* con Relevent (en Norte America y México), así como Mediapro y Supersports (en China)[18].

Con los años, y a nivel global, el saneamiento de los clubes y las competiciones ha supuesto una mayor atracción del negocio del fútbol por parte de los fondos y la banca de inversiones[19]. De esta manera, en 2021, LaLiga cerró un acuerdo estratégico con el fondo de inversión CVC Capital Partners, que la valoró en 24.250 millones de euros, para impulsar el crecimiento global de LaLiga y sus clubes. Los clubes, a través de un préstamo participativo, se aseguran una inyección total de 1.994 millones de euros, mientras que el fondo CVC se queda con una participación del 8,2% del holding que aglutina todo el negocio comercial y tecnológico de LaLiga, así como percibirá entre el 10,5 y el 11,4% de los ingresos netos por televisión. La vigencia del acuerdo es por 50 años[20]. Los clubes participantes del acuerdo, no así el FC Barcelona, Real Madrid, el Athletic Club de Bilbao y la UD Ibiza que quedaron al margen, deberán destinar los fondos de la siguiente manera: 70% para infraestructuras, 15% para liquidar deuda y 15% para fichajes de jugadores (LaLiga, 2023).

El actual valor económico de LaLiga en el marco de la economía española se puede ver en las siguientes tablas (1 y 2). En la primera, se detallan las cifras del impacto del fútbol profesional en la economía española, mientras que en la segunda se compara el valor de los últimos *tenders* audiovisuales de las *Big-5*, tanto en valor doméstico como internacional, ya que el fútbol es el producto *driver* de la industria audiovisual europea, el que genera mayor capacidad de atracción y retención de la audiencia.

---

[18] LaLiga, "Qué es LaLiga", 2003, http://www.laliga.com/sala-de-prensa/que-es-laliga

[19] Xavier Ginesta, *La disneyització del futbol*, Vic, 2021.

[20] 2Playbook, "LaLiga Impulso ya es una realidad: los clubes firman la entrada de CVC a cambio de 1.994 millones", *2Playbook*, 10 de diciembre de 2021, https://www.2playbook.com/competiciones/laliga-impulso-ya-es-realidad-clubes-firman-operacion-2000-millones-con-cvc_6138_102.html

Tabla 1. Datos cuantitativos del impacto del fútbol profesional en España[21].

Variable	Unidad
Número de clubes y SAD	42
Ingresos por temporada	5.029 millones
Audiencia televisiva global	2.800 millones
Operadores de televisión global	107
Valor anual total de los derechos de televisión (nacionales e internacionales)	2.000 millones
Impacto en redes sociales	140 millones de seguidores
Impacto en el PIB	1,37%
Empleos generados	185.000

Tabla 2. Valor de los derechos de televisión de las principales ligas europeas de fútbol[22].

Competición	Periodo	Valor doméstico (millones de euros)	Valor internacional (millones de euros)	Operadores nacionales
Premier League	2022-2025	5.745	6.300	Sky, BT, Amazon, BBC
LaLiga	2022-2027	4.950	4.485	Movistar+, Dazn
Ligue-1	2021-2024	1.989	480	Amazon, Canal+
Bundesliga	2021-2025	1.100	683	Sky, Eurosport, Dazn
Serie A	2021-2024	927,5	615	Dazn, Sky

Con el acuerdo con CVC, se consolidan los planes de LaLiga para intentar competir, cara a cara, con el poder histórico y económico

[21] LaLiga, "Qué es LaLiga", 2003, http://www.laliga.com/sala-de-prensa/que-es-laliga

[22] Álvaro Carretero, "Las ligas europeas hacen las maletas: atan 43.000 millones por TV gracias a la venta internacional", *2Playbook,* 10 de febrero de 2023, https://www.2playbook.com/media/ligas-europeas-hacen-maletas-atan-43000-millones-por-tv-gracias-venta-internacional_10974_102.html

de la Premier League para convertirse en la mejor competición futbolística del mundo[23]. No obstante, más allá de la inyección económica concreta que tienen los 37 clubes participantes del acuerdo, la consolidación de este partenariado nos permite inferir algunas tendencias de futuro del negocio del fútbol.

En primer lugar, la transformación del fútbol de élite en espectáculo es innegociable para los clubes y las competiciones[24]. Pasar de un modelo *mono-producto*, de partido y comercialización de derechos audiovisuales, a un modelo *multi-producto* y *multi-experiencial* es clave en un momento donde la diversificación de ingresos es totalmente necesaria, más y todo cuando hay síntomas que el mercado audiovisual podría llegar a un punto de saturación[25]. La consolidación de LaLiga, *per se*, como una nueva multinacional del entretenimiento es una realidad viéndose, por ejemplo, también, los acuerdos con el parque temático Port Aventura para impulsar centros experienciales o la puesta en marcha de LaLigaSportsTV, como plataforma multidispositivo de la competición impulsada por la filial tecnológica de LaLiga, LaLiga Tech. Así pues, en este proceso de redefinición del negocio, la transformación digital deviene clave. Las grandes oportunidades se encuentran en el entorno digital, donde aparecen nuevas oportunidades de patrocinio y *fan engagement*, por ejemplo, a través de la eclosión del negocio de las criptomonedas y los *fan tokens* que ya son nuevos *partners* del fútbol profesional en España. Mejorar la comercialización del producto deportivo, a todos los efectos, solo se puede hacer a través de la transformación digital. Se consolida lo que denominaríamos el perfil del "fan digital".

En segundo lugar, el actual negocio de LaLiga, como el de toda la industria del entretenimiento, pasa por la omnicanalidad. La omnicanalidad pasa del impacto a la empatía, donde la experiencia es

---

[23] Peter Millward, *The Global Football League: Transnational Networks, Social Movements and Sport in the New Media Age*, Nueva York, 2011.

[24] Ferran Soriano, *La pilota no entra per atzar*, Barcelona, 2009; Xavier Ginesta, *La disenyització del futbol*, Vic, 2021.

[25] Álvaro Carretero, "Las ligas europeas hacen las maletas: atan 43.000 millones por TV gracias a la venta internacional", *2Playbook*, 10 de febrero de 2023, https://www.2playbook.com/media/ligas-europeas-hacen-maletas-atan-43000-millones-por-tv-gracias-venta-internacional_10974_102.html

el último territorio de diferenciación de las marcas. En un entorno de omnicanalidad hay convergencia de medios, una totalidad sistémica en un entorno de audiencias migratorias y donde el alcance es lo importante. Por este motivo, la omnicanalidad nos habla de integrar canales desde el punto de vista del consumidor, recolectar datos, entender momentos y contextos y, sobre todo, desencadenantes (*triggers*) que nos permitan que los consumidores pasen de compradores pasivos a activos.

En tercer lugar, cabe valorar el "efecto multiplicador" del acuerdo entre LaLiga y CVC, a largo plazo. Para los clubes, tener una nueva fuente de ingresos directa podría permitir mejorar el balance competitivo de LaLiga. Para LaLiga, hacer la competición atractiva para los clubes es clave para evitar futuros flirteos de los grandes (Real Madrid, FC Barcelona y Atlético de Madrid) con proyectos como el de la Superliga Europea[26]. De hecho, CVC también había estado detrás de posibles revisiones del modelo competitivo y proyectos de nuevas competiciones (en realidad, ¡nuevos productos!). LaLiga, en sí misma, es una marca que compite y coopera, a la vez, con las dos grandes marcas del fútbol español: el Real Madrid y el FC Barcelona[27].

En definitiva, la entrada de CVC en el negocio de LaLiga, igualmente como hizo en Francia un año más tarde asociándose a la LFP[28], nos permite cuestionarnos hacia dónde evoluciona el fútbol profesional. En otros momentos hemos hablado de un proceso de americanización del fútbol europeo, siguiendo la manera como las *Big-4* de los Estados Unidos han mercantilizado el deporte y lo han convertido en un espectáculo multiplataforma 24/7. No obstante, y más que de americanización del fútbol europeo, es mejor hablar que avanzamos hacia una *disneyización* del fútbol[29], donde los procesos de tematización e hibridación de espacios de consumo devienen

---

[26] Xavier Ginesta y Carles Viñas, "The geopolitics of the European super league: A historiographical approach and a media analysis of the failed project in 2021", *Front. Sports Act. Living,* 5 (2023a), 1148624. doi: 10.3389/fspor.2023.1148624

[27] Marc Menchén, *Futbol i negoci: el camí de la gespa al monopoly.* Barcelona, 2021.

[28] EFE, "La liga francesa se asocia con CVC", *As,* 18 de marzo de 2022, https://as.com/futbol/2022/03/18/internacional/1647615706_299852.html

[29] Alan Bryman, *The Disneyization of society,* Londres, 2004; Xavier Ginesta, *La diseny-ització del futbol,* Vic, 2021.

esenciales cuando queremos pasar de un modelo de negocio *mono-producto* a uno de *multi-experiencial.*

DEL NEGOCIO DE LAS LIGAS AL DE LOS CLUBES: EL 'BOOM' DE LOS HOLDINGS MULTIPROPIEDAD

LaLiga se focaliza en ampliar su negocio y el aficionado ha pasado a ser un consumidor[30]. El fútbol, entendido como industria, hace que el concepto *club* sea una reminiscencia del pasado, o simplemente una manera de edulcorar los modelos de gestión hiper-comercializados que se han implementado en todas las organizaciones participantes de las competiciones profesionales de este deporte. Por lo menos, atendiendo a lo que pasa en las *Big-5* europeas (las primeras divisiones de Inglaterra, España, Francia, Alemania e Italia), que siguen la estela del modelo de gestión del deporte que exporta los Estados Unidos.

El fútbol profesional, como define el profesor David L. Andrews[31] cuando analiza la industria del deporte contemporáneo, es un deporte que crece sobre la base del consumismo, la creación de espectáculo, la creación de celebridades y la adopción de modelos corporativos. Sin ir más lejos, la UEFA tiene registrados 180 clubs, 82 de ellos en las primeras divisiones europeas, que forman parte de holdings futbolísticos y que congregan a unos 6.500 jugadores[32].

El *boom* de los holdings multipropiedad, el ejemplo más conocido por los aficionados es el City Football Group (CFG) que en 2023 tiene un valor de 5.960 millones de USD según *Forbes*[33], muestra cómo la adopción de estrategias empresariales propias de empresas

[30] David L. Andrews, *Making Sport Great Again: The Uber-Sport Assemblage, Neoliberalism, and the Trump Conjuncture,* Nova York, 2019; Xavier Ginesta, *La disneyització del futbol,* Vic, 2021.

[31] David L. Andrews, *Making Sport Great Again: The Uber-Sport Assemblage, Neoliberalism, and the Trump Conjuncture,* ...

[32] Javier Izquierdo, "EEUU agita el 'boom' de los holdings futbolísticos: 80 grupos, 180 clubes y 6.500 jugadores". *2Playbook,* 10 de febrero de 2023, https://www.2playbook.com/clubes/eeuu-agita-boom-holdings-futbolisticos-80-grupos-180-clubes-6500-jugadores_10976_102.html

[33] Mike Ozanian y Justin Teitelbaum, "The World's Most Valuable Sports Empires 2023", *Forbes,* 24 de enero de 2023, https://www.forbes.com/sites/mikeozanian/2023/01/24/the-worlds-most-valuable-sports-empires-2023/?sh=78105 43248e5

multinacionales de otros sectores (alimentación o *retail*, por ejemplo) es también de aplicación al mundo del deporte: economías de escala, maximización de recursos, cooperación entre unidades de negocio, eficiencia en la gestión o creación de filiales. Entre estos holdings destacan unos de un ámbito geográfico muy concreto: los de capital estadounidense. Las inversiones norteamericanas en el fútbol –sea por ejemplo en el cada día más estable mercado europeo o en el creciente mercado brasileño– son una tendencia al alza, más con la perspectiva de acoger su nuevo Mundial de la FIFA en 2026.

Hoy, 17 clubes de las *Big-5* pertenecen a propietarios norteamericanos, entre ellos el 50% de clubes de la Premier League. Muchas de estas empresas, además, no sólo están focalizadas en el negocio del fútbol, sino que tienen la mirada puesta en la globalidad del negocio del entretenimiento. Aquí recae una de las claves para entender por qué, hoy, los clubes de fútbol han pasado a competir en un mercado mucho más agresivo, complejo y transnacional que trasciende el producto meramente deportivo[34].

Cuando se hace este análisis, nos damos cuenta de que los dos grandes del fútbol español, FC Barcelona y Real Madrid, que no son sociedad anónima, tienen enfrente a conglomerados que les cuadruplican su valor de mercado: según la revista *Forbes*[35], mientras el Real Madrid es el club de fútbol más valorado (5.100 millones de USD) y el Barça el segundo (5.000 millones), el primer holding deportivo mundial tiene un valor de 20.800 millones (tabla 3). Éste es Liberty Media, propietario de la F1. El segundo es Kronke Sports (12.750 millones de USD), que entre otros activos es propietario del Arsenal de la Premier League. El tercero de este ranking de "imperios deportivos" es el conglomerado de Jerry Jones (propietario de la agencia Legends encargada, entre otros, de trazar el *business plan* para el futuro Spotify Camp Nou) que tiene un valor de 11.320 millones.

---

[34] Xavier Ginesta, *La disneyització del futbol*, Vic, 2021.

[35] Mike Ozanian y Justin Teitelbaum, "The World's Most Valuable Soccer Teams 2022: Real Madrid, Worth $5.1 Billion, Is Back On Top", *Forbes*, 26 de mayo de 2022, https://www.forbes.com/sites/mikeozanian/2022/05/26/the-worlds-most-valuable-soccer-teams-2022-real-madrid-worth-51-billion-back-on-top/

Tabla 3. Principales 'imperios deportivos' según su valor de mercado (2023). Fuente: *Forbes*[36]

Nombre del holding	Valor de mercado (millones USD)
Liberty Media	20.800
Kronke Sports	12.750
Jerry Jones	11.320
Fenway Sports Group	10.400
Madison Square Garden	9.170

Tabla 4. Relación de clubes de las 'Big-5' según tipología y origen de la propiedad[37].

Según la tipología de la propiedad		Según el orígen de la propiedad	
Club	Tipología de la propiedad	Club	Orígen de la propiedad
55	Inversores individuales privados de más de 1 millón de USD	56	Capital local
16	Socios	17	Estados Unidos
12	Fondos y banca de inversiones	7	Otro capital europeo
5	Fondos soberanos	6	Oriente Medio
5	Corporaciones	6	Otros países asiáticos
5	Accionariado atomizado	6	Atomización geográfica del capital

A la fuerza que tienen estos conglomerados para condicionar el mercado, cabe añadir la que tienen los fondos soberanos de estados rentistas (Arabia Saudita, Qatar o Abu Dhabi), que ya controlan 5 de los clubes de las *Big-5*: PSG (Qatar Sports Investments); Manchester City, Troyes y Girona FC (Abu Dhabi United Group, City Football Group), Newcastle United (Public Investment Fund, de

[36] Mike Ozanian y Justin Teitelbaum, "The World's Most Valuable Sports Empires 2023", *Forbes*, 24 de enero de 2023, https://www.forbes.com/sites/mikeozanian/2023/01/24/the-worlds-most-valuable-sports-empires-2023/?sh=78105432 48e5

[37] Giles Turner, *et al.*, "Who really owns your football club?", *Bloomberg*, 8 de junio de 2023, https://www.bloomberg.com/graphics/2023-european-football-owners-premier-league-la-liga-serie-a/?leadSource=uverify

Arabia Saudita) (véase tabla 4). La entrada de estos fondos soberanos en el negocio del fútbol en Europa hace que la esfera política y la económica queden emparentadas, convirtiendo definitivamente estas organizaciones en actores de la denominada geopolítica económica[38] y siendo partícipes de las estrategias de diplomacia deportiva desplegadas por sus estados de origen. Sobre todo, el emirato de Qatar antes del Mundial de 2022[39] y actualmente Arabia Saudita.

¿DÓNDE QUEDAN LOS MODELOS DE PROPIEDAD GENUINOS DEL FÚTBOL ESPAÑOL?

En la temporada 2022-23, en la LaLiga había 12 clubes controlados por inversores individuales privados, 2 clubes de accionariado atomizado (Betis y Real Sociedad), 4 clubes que no son SAD propiedad de sus socios (Real Madrid, FC Barcelona, Osasuna y Athletic Club de Bilbao), uno que es propiedad de un fondo soberano (Girona FC) y otro que lo es de una corporación (RCD Espanyol). La tipología de propiedad y su origen se puede ver en la tabla 5[40].

---

[38] Simon Chadwick, "From utilitarianism and neoclassical sport management to a new geopolitical economy of sport", *European Sport Management Quarterly*, 22(5) (2022). pp. 685-704. https://doi.org/10.1080/16184742.2022.2032251

[39] Diana Galeeva, *Qatar. The practice of rented power*, Abingdon, 2022.

[40] Giles Turner, et. al., "Who really owns your football club?", *Bloomberg*, 8 de junio de 2023, https://www.bloomberg.com/graphics/2023-european-football-owners-premier-league-la-liga-serie-a/?leadSource=uverify

Tabla 5. Propiedad y origen de la propiedad de los clubes de la Primera División española en la temporada 2022-23[41].

Club	Propietario	Porcentaje accionarial	origen de la propiedad
Girona	CFG	48%	Abu Dhabi
Almería	Turki Al-Sheikh	96%	Arabia Saudita
Atlético de Madrid	Miguel A. Gil	Accionista mayoritario	España
Cadiz	Manuel Vizcaino	Accionista minoritario	España
Celta de Vigo	Carlos Mouriño	Accionista mayoritario	España
Elche	Christian Bragarnik	90%	Argentina
Getafe	Ángel Torres	100%	España
Mallorca	Robert Sarver	98%	Estados Unidos
Rayo Vallecano	Raúl Martín Presa	100%	España
Real Valladolid	Ronaldo Nazario	82%	Brasil
Sevilla	José del Nido & Partners, Família Carrión, Sevillistas del Nervión	38% cada uno de los tres	España
Valencia	Peter Lim	85%	Singapur
Villarreal	Família Roig	99%	España
Athletic Club	Socios	100%	España
FC Barcelona	Socios	100%	España
Betis	Ángel Haro y José Miguel Lopez Catalán	Accionistas minoritarios	España
Osasuna	Socios	100%	España
Real Madrid	Socios	100%	España
Espanyol	Rastar Group	100%	China
Real Sociedad	Accionariado atomizado	100%	España

En este contexto, en España se produce una casuística muy específica que ya se apuntaba en la sección anterior: los dos grandes del fútbol, que además son los dos clubes de fútbol con más valor de

[41] Giles Turner, *et al.*, "Who really owns your football club?"...

mercado del mundo en 2022 según *Forbes*[42], no son jurídicamente empresas[43]. Igual que Athletic Club y Osasuna. Las cuatro organizaciones son entidades sin ánimo de lucro propiedad de sus socios.

Como clubes, al margen de su idiosincrasia, no son diferentes a otras multinacionales del entretenimiento que deben construir su marca produciendo entretenimiento, gestionando conocimiento, mejorando su eficiencia gracias a la obtención y gestión de datos, y maximizando el uso de la tecnología para crear contenido, controlar la distribución y mejorar el producto. No obstante, ¿qué les hace diferentes? Su simbolismo: la propiedad colectiva, así como el arraigo a una comunidad, región o país[44]. Lo local. Pero ¿podrán sobrevivir tal y como son vistas las dinámicas homogeneizadoras de la geopolítica económica global?[45]

La respuesta a esta pregunta es muy particular de cada caso, esto es, viendo la situación individual de cada uno de estos cuatro clubes. No hay duda de que, por lo menos, Osasuna y Athletic Club pueden sobrevivir con sus modelos de propiedad genuinos si son capaces de focalizarse en el mercado español, con un objetivo deportivo que es maximizar el rendimiento en las competiciones domésticas (liga y Copa del Rey) y continuar trabajando en la formación de jugadores de sus academias.

Pero, los debates que han de afrontar FC Barcelona y Real Madrid son de fondo. Por ejemplo, ¿debe ser una asamblea de socios compromisarios, elegidos por sorteo en el FC Barcelona o en representación de otros socios en el del Real Madrid, los que deben tener la última

---

[42] Mike Ozanian y Justin Teitelbaum, "The World's Most Valuable Soccer Teams 2022: Real Madrid, Worth $5.1 Billion, Is Back On Top", *Forbes*, 26 de mayo de 2022, https://www.forbes.com/sites/mikeozanian/2022/05/26/the-worlds-most-valuable-soccer-teams-2022-real-madrid-worth-51-billion-back-on-top/

[43] Que los clubes no sean jurídicamente empresas no significa que, para mejorar su negocio, hayan creado o participado de empresas que explotan comercialmente la marca. En el caso del FC Barcelona, por ejemplo, destacan Barça Vision, que explota en formato de *joint venture* los activos digitales del club, o el Barça Innovation Hub.

[44] Xavier Ginesta y Carles Viñas, "Football and the City: A Sport Place Branding Perspective of Barcelona and Manchester", en S. Chadwick, P. Widdop, M.M. Goldman (eds.), *The Geopolitical Economy of Sport. Power, Politics, Money, and the State*, 2023, pp. 210-216.

[45] Simon Chadwick, Paul Widdop, Michael M. Goldman, (Eds.), *The Geopolitical Economy of Sport. Power, Politics, Money, and the State,* Abingdon, 2023.

palabra sobre presupuestos de más de 1.200 millones de euros? Socios que, además, tienen todos los derechos, pero ningún deber. ¿Cómo mejorar su representatividad? Y, más allá de los socios, ¿cómo dar voz a los más de 400 millones de fans esparcidos por todo el mundo (en algunos casos peñistas) que también quieren expresar su opinión sobre la gobernanza de estos clubes? ¿Cómo dar voz al nuevo "fan digital" que consume las marcas desde otros países o continentes?

En el caso del Real Madrid su junta directiva ya funciona, *de facto*, como el consejo de administración de una empresa a causa de las limitaciones que los estatutos del club, a partir de 2012, ponen a quién quiere presentarse a la presidencia: un aval bancario del 15% del presupuesto, acorde con la Ley 10/1990, con la única y exclusiva garantía de su patrimonio personal; dos décadas de antigüedad como socio y tener la nacionalidad española[46]. ¿Cuántas fortunas personales en España, con más de 20 años de antigüedad como socio del club, pueden soportar el aval? Muy pocas.

No es el caso del FC Barcelona, que con unos estatutos más laxos (el aval del 15% del presupuesto no ha de ser sobre la base del patrimonio personal, y se exigen 10 años mínimo de socio al presidente) se abre la puerta a que haya más candidaturas provenientes de la sociedad civil y empresarial catalana durante cada periodo electoral[47]. Así pues, la entrada de una u otra junta directiva acaba reorganizando toda la estructura ejecutiva de la entidad, tal y como pasa con los cargos de confianza en la administración pública cada vez que hay elecciones. Emerge, pues, otro debate cuando consideramos que el FC Barcelona se comporta como una empresa multinacional: ¿Se deben profesionalizar la junta directiva o consolidar la estabilidad de una doble estructura (directivos y ejecutivos)? En definitiva, todo acaba en una misma cuestión: ¿es éste el modelo de organización

---

[46] Jorge Martín, "¿Qué se necesita para ser presidente del Real Madrid?", *Dazn.com*, 11 de febrero de 2023, https://www.dazn.com/es-ES/news/f%C3%BAtbol/necesita-presidente-real-madrid/1uai9of6c6yvg1v8kktf1rukxf#:~:text=Dos%20d%C3%A9cadas%20de%20antig%C3%BCedad%20como,como%20socios%20del%20equipo%20blanco.

[47] Sport, "¿Cuánto ha tenido que avalar Laporta y por qué es necesario el aval?", *Sport*, 16 de marzo de 2021, https://www.sport.es/es/noticias/barca/cuantos-millones-aval-laporta-11583076

que, en un entorno hiper-competitivo, puede competir de tú a tú con holdings y jeques que *dopan* permanentemente al mercado?

Para maximizar las opciones de éxito deportivo y económico en la actual industria del fútbol, no existen estudios serios que nos digan que ser una sociedad anónima sea mejor que mantener una estructura de organización sin ánimo de lucro, o viceversa. Todo depende de la voluntad de quienes dirigen la organización, de sus competencias profesionales, capacitaciones y la transparencia de su gestión. Incluso de cómo se comunican y qué comunican. De la narrativa. La Real Sociedad, que como organización es una sociedad anónima muy atomizada, y Athletic Club de Bilbao, que es propiedad de sus socios, compiten sobre el terreno de juego, a la hora de promocionar a los mejores de sus academias de Zubieta y Lezama, respectivamente, y tejen narrativas distintas en lo local (la Real como representante de la provincia de Guipúzcoa y el Athletic Club de la de Bizkaia) e identitario (el Athletic Club solo juega con futbolistas euskaldunes desde 1912). Pero, ambas organizaciones son actores socio-políticos indispensables para tejer la diplomacia pública vasca, la voluntad de Euskadi de explicar al mundo su voluntad de ser y su existencia como nación sin estado. La Real Sociedad y el Athletic Club compiten y al mismo tiempo cooperan, *coopiten*[48].

El FC Barcelona y el Real Madrid también *coopiten*, entre ellos, con otros clubes, sociedades anónimas deportivas y otras organizaciones deportivas o del mercado del entretenimiento; si no, ¿por qué ambos se alían cuando han de defender sus intereses ante LaLiga o quieren crear una Superliga Europea? Pero ¿hasta qué punto LaLiga puede expandir su negocio sin alinear estas dos grandes marcas globales a sus intereses corporativos?[49]. Incluso, estos clubes, junto con LaLiga, también *coopiten* con The Walt Disney Company, Madison Square Garden, Liberty Media, Legends o Sixth Street. Por ejemplo, tanto el FC Barcelona como el Real Madrid han confiado con Legends,

[48] Carlos Pulleiro, "Sub-state governments and international sports statehood. Limitations and strengths of Basque Sports Diplomacy". Conferencia en el World Congress on Sports Diplomacy, Donostia, 28-29 de junio de 2023.

[49] Xavier Ginesta y Carles Viñas, "The geopolitics of the European super league: A historiographical approach and a media analysis of the failed project in 2021", *Front. Sports Act. Living,* 5 (2023a), 1148624. doi: 10.3389/fspor.2023.1148624

la agencia especializada en hospitality y experiencias *premium* controlada por Jerry Jones (véase tabla 3), para maximizar el negocio de sus futuros estadios; también, han confiado en el fondo de inversión Sixth Street como palanca para obtener nuevos ingresos, siendo este partícipe del negocio del Santiago Bernabéu[50] o comprando un 25% de derechos de televisión del FC Barcelona[51].

CONSIDERACIONES FINALES

Este capítulo ha intentado radiografiar el panorama empresarial y corporativo que abraza el fútbol español, con especial incidencia a los cambios que la Ley 10/1990 impuso, y situándolo en un entorno mundial marcado por las dinámicas del capitalismo global, también en el deporte profesional: consumismo, corporativismo, espectáculo y celebridades[52]. En España se produce una casuística muy concreta: las dos marcas futbolísticas más importantes (FC Barcelona y Real Madrid) no son gestionadas por empresas privadas, sino que ambos clubes son propiedad de sus socios. No obstante, se comportan como grandes multinacionales del entretenimiento, situándose como actores determinantes de la *disneyización* de la sociedad[53], y que *coopiten* por necesidad con otras grandes organizaciones del mercado del entretenimiento global: sea la propia liga española (LaLiga) u otras empresas (Jerry Jones o Sixth Street).

En este sentido, no existen informes que nos digan que las sociedades anónimas deportivas sean más útiles que las organizaciones sin ánimo de lucro para competir en el actual mercado futbolístico.

---

[50] Real Madrid, "Acuerdo estratégico entre el Real Madrid, Sixth Street y Legends", *Real Madrid,* 19 de mayo de 2022, https://www.realmadrid.com/noticias/2022/05/19/acuerdo-estrategico-entre-el-real-madrid-sixth-street-y-legends

[51] 2Playbook, "El Barça cierra la colocación de un 25% de sus derechos de TV a Sixth Street por 519 millones", *2Playbook,* 22 de julio de 2022, https://www.2playbook.com/clubes/barca-cierra-colocacion-25-sus-derechos-tv-sixth-street-por-519-millones_9007_102.html

[52] David L. Andrews, *Making Sport Great Again: The Uber-Sport Assemblage, Neoliberalism, and the Trump Conjuncture,* Nova York, 2019

[53] Alan Bryman, *The Disneyization of society,* Londres, 2004; Xavier Ginesta, *La diseny-ització del futbol,* Vic, 2021.

Por lo menos, en el marco de la casuística española. Aunque las SAD pueden tener mayor facilidad para obtener inyecciones de capital (ejemplos lo son el Almería de capital saudita, el Espanyol de capital chino o el Mallorca de capital norteamericano), tanto el control económico de LaLiga, significativamente más estrictas que el *Financial Fair Play* de la UEFA, como la narrativa individual de cada organización (la intersección entre lo local y lo global, su historia y simbolismo)[54], son en España condicionantes que marquen la capacidad competitiva de los clubes.

[54] Xavier Ginesta y Carles Viñas, "Football and the City: A Sport Place Branding Perspective of Barcelona and Manchester", en S. Chadwick, P. Widdop, M.M. Goldman (eds.), *The Geopolitical Economy of Sport. Power, Politics, Money, and the State*, 2023, pp. 210-216.

ESTE LIBRO SE TERMINÓ DE IMPRIMIR
EN EL MES DE DICIEMBRE DE 2024